TOPOGRAPHIE
DE THESSALONIQUE

THÈSE COMPLÉMENTAIRE

POUR LE DOCTORAT

PRÉSENTÉE

A LA FACULTÉ DES LETTRES DE L'UNIVERSITÉ DE PARIS

PAR

O. TAFRALI

Ancien secrétaire au Musée des Antiquités de Bucarest,
Ancien chargé de cours à l'École des Langues Orientales Vivantes de Paris.

PARIS
LIBRAIRIE PAUL GEUTHNER
13, RUE JACOB, 13

1912

TOPOGRAPHIE
DE THESSALONIQUE

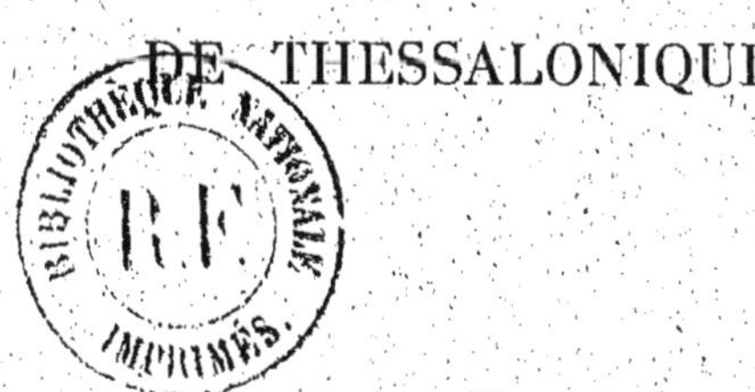

MACON, PROTAT FRÈRES, IMPRIMEURS

TOPOGRAPHIE
DE THESSALONIQUE

THÈSE COMPLÉMENTAIRE
POUR LE DOCTORAT

PRÉSENTÉE

A LA FACULTÉ DES LETTRES DE L'UNIVERSITÉ DE PARIS

PAR

O. TAFRALI

Ancien secrétaire au Musée des Antiquités de Bucarest,
Ancien chargé de cours à l'École des Langues Orientales Vivantes de Paris.

PARIS
LIBRAIRIE PAUL GEUTHNER
13, RUE JACOB, 13

1912

A

M. JACQUES DOUCET

Hommage de reconnaissance.

AVANT-PROPOS

—

Ce ne fut pas sans un certain émoi que le monde savant
et ceux qui s'intéressent aux études d'histoire et d'archéologie de l'Orient, apprirent, il y a deux ans, qu'on
allait démolir les anciennes murailles de Thessalonique.
Ce bruit, si invraisemblable qu'il pût être, n'en imposait
pas moins le devoir d'étudier de près et de photographier
ces très intéressantes constructions, pendant qu'il en était
encore temps.

M. Jacques Doucet, dont la libéralité pour les études
d'art et d'archéologie est universellement connue, mis au
courant de cette question par nos maîtres, a bien voulu
nous charger d'une mission à Salonique.

Nous sommes arrivé à cette ville — dont nous étudions
l'histoire depuis déjà plusieurs années — en septembre
1911, muni de recommandations de nos maîtres et de
M. Paul Boyer, administrateur de l'École des Langues
Orientales vivantes, auprès des autorités turques et fran-
çaises de la localité. D'autre part, M. Jean Kalindéro,
membre de l'Académie roumaine, a aussi bien voulu
nous recommander à M. C. Contzesco, consul général de
Roumanie.

Grâce à ces hautes interventions, nous avons eu partout
un très bienveillant accueil.

Son Excellence le gouverneur du vilayet de Salonique,

Ibrahim Pacha, à la suite de la présentation de M. C. Contzesco, a bien voulu nous accorder toutes les facilités désirables pour l'heureuse issue de notre mission. Un agent de police fut mis en permanence à notre disposition avec ordre de nous accompagner partout et de nous protéger.

Nous avons commencé par étudier les remparts, qui, hélas ! ont été depuis en partie démolis.

Dans nos excursions autour de la ville, non exemptes de périls, nous avons été accompagné par deux amis éclairés et dévoués, MM. A. Sadoul et M. Boudet, professeurs au lycée français de Salonique. C'est grâce à leur bienveillant concours que nous avons pu repérer les divers points intéressants de la cité, prendre les mesures nécessaires et relever nos plans.

Mais le but de nos études, restreint au début, s'est élargi par la suite. Nous nous étions proposé d'étudier les murailles et de relever les inscriptions, surtout chrétiennes, et petit à petit nous nous sommes vu obligé de nous intéresser aussi aux monuments anciens et byzantins de Thessalonique. Tâche bien difficile ; car nous savions que ceux-ci furent déjà à plusieurs reprises étudiés et décrits par des devanciers illustres, tels Paul Lucas, Dapper, abbé Belley, Leake, Clarke, Félix de Beaujour, Cousinéry, Pouqueville, Th. Tafel et Zachariae au xviiie siècle et dans la première moitié du xixe ; Ch. Texier, Ch. Bayet et Mgr Duchesne, Daumet et Heuzey, A. Choisy dans la seconde moitié du xixe siècle, et plus récemment, MM. J. Laurent, Gabriel Millet, Kinch, N. Kondakoff,

Th. Uspenskij, M. Le Tourneau, ainsi que M. Charles Diehl, qui prépare en ce moment une étude détaillée des mêmes monuments.

Après les recherches et études de ces savants, notre tâche était bien modeste. Nous croyons l'avoir accomplie dans les limites du possible dans la présente *Topographie de Thessalonique*, où nous avons étudié et décrit brièvement ces monuments. Nous nous sommes surtout attaché à l'étude de leur histoire, de leur identification et de leur emplacement.

En publiant le présent travail, qui contient une grande partie des recherches faites pendant notre mission, nous prenons la liberté d'adresser l'expression de notre profonde reconnaissance à M. Jacques Doucet. Qu'il nous permette de lui dédier ce livre en témoignage de notre respect et admiration.

Nous remercions bien vivement nos maîtres, MM. Charles Diehl et Gabriel Millet, qui ont bien voulu nous recommander à la haute libéralité de M. Doucet. Nous remercions aussi M. Paul Boyer, qui nous a toujours montré une grande bienveillance.

Nous sommes très reconnaissant envers M. Jean Kalindéro, qui nous a pris sous sa haute protection.

Nous adressons nos vifs remerciements aux autorités et aux fonctionnaires turcs qui nous ont fait un très bienveillant accueil, ainsi qu'à M. C. Contzesco, qui, par ses interventions, a assuré le succès de notre mission.

Nous prions les professeurs du lycée français de cette ville, MM. M. Boudet, A. Sadoul, Mme et M. G. Surgot,

Mme et M. G. Ozou, ainsi que M. Wachmann, directeur de la Banque Roumaine de Salonique, d'agréer l'expression de notre profonde gratitude pour leur amitié et pour les services rendus.

M. P. Perdrizet a bien voulu nous prêter quelques plans de Salonique et M. P. N. Papageorgiu nous a envoyé ses nombreux articles concernant l'histoire et l'archéologie de la ville. Qu'ils nous permettent de leur adresser ici l'hommage de notre reconnaissance.

Nous sommes non moins reconnaissants envers M. René Jean, conservateur de la Bibliothèque d'art et d'archéologie, fondée par M. Jacques Doucet, pour sa bienveillance et sa sollicitude. Nous remercions, enfin, M. Devismes, qui a bien voulu mettre à notre disposition ses connaissances artistiques en photographie.

O. TAFRALI.

Paris, avril 1912.

I. SOURCES

Acta et diplomata graeca, éd. Miklosich et Müller. Vindobonnae, 1860 et s., t. I-VI.

Actes de saint Démétrius, éd. de Bije. *Patrologie grecque de Migne*, t. CXVI.

Actes du monastère de Xénophon, éd. L. Petit. Vizantijskij Vremennik, X (1903).

Actes du monastère de Zographou, éd. W. Regel, E. Kurtz et B. Korablev. *Vizant. Vrem.*, XIII (1906).

Acropolite (Constantin). *Sermon sur S. Démétrius*. A. Papadopoulos-Kérameus. *Analecta*, I. S.-Pétersbourg, 1898.

Acropolite (Georges), A. Heisenberg, Lpz. Teubner, 1903.

Alberti Milioli Notarii Regini. *Chronica imperatorum. Monumenta Germaniae historica*, t. XXXI.

Ammien Marcellin, éd. C. U. Clark. Berlin, Weidmann, 1910.

Anonyme. Πολιτικῆς πρακτικὸν μέρος ἤτοι περὶ στρατηγικῆς. H. Köchly u. W. Rüstow. *Griechische Kriegschriftsteller*. Leipzig, 1855, t. III.

Anagnoste (Jean). Διήγησις περὶ τῆς τελευταίας ἁλώσεως τῆς Θεσσαλονίκης (De extremo Thessalonicensi excidio narratio, a. 1430). Bonn, 1838.

Anson (L.). *Numismata graeca. Greek Coin-type*, Vᵉ partie : *Architecture*. London, 1910.

Apollodore de Damas. *Les Poliorcétiques d'Apollodore de Damas*, composées pour l'empereur Hadrien, trad. du texte publié par Ch. Wescher, Paris, 1867, par Ernest Lacoste. Paris, 1890.

Barclay V. Head. *A Catalogue the greek coins in the British Museum. Macedonia.* London, 1879.

Bryennius (Nicéphore). *Histoire*, éd. de Bonn, 1836.

Caméniate (Jean). Εἰς τὴν ἅλωσιν τῆς Θεσσαλονίκης (De excidio Thessalonicensi narratio, a. 904). Bonn, 1838.

Cantacuzène (Jean). *Histoire.* Bonn, 1828-32, t. I-III.

Cédrénus. *Histoire.* Bonn, 1838-9, t. I-II.

Chalcocondyle (Laonicos). *Histoire.* Bonn, 1843.

Chronicle of Morea, éd. John Smith. London, 1904.

Chumnos (Nicéphore). Θεσσαλονικεῦσι συμβουλευτικός. J. Fr. Boissonade. *Anecdota graeca*, t. II. Paris, 1829.

Cicéron. *De provinciis proconsulariis*, éd. R. Klotz, Lpz. Teubner, 1851-56 et éd. G. Friedrich, Lpz. 1878-1884.

Idem. *In L. Pisonem*, mêmes éditions.

Cohen (H.). *Monnaies de l'empire romain*, Paris, 1884, t. IV.

Constantin Porphyrogénète. *De administrando imperio.* Bonn, 1839-40.

Idem. *De thematibus.* Bonn, 1839-40.

Corpus Inscriptionum graecarum, passim.

St. David. *Leben des heil. David von Thessalonich*, éd. Valentin Rose. Berlin, 1887.

Diodore de Sicile, éd. Vogel, Lpz. 1888 et éd. Dindorf, Lpz. Teubner, 1866-1868.

La Noë (G. de). *Principes de la fortification antique.* Paris, 1890, t. II.

Dmitrievskij. *Opisanie liturgičeskich rukopissej.* I. Typica. Kiev, 1895.

Ducas. *Histoire.* Bonn, 1834.

Étienne de Byzance. *De Urbibus*, éd. C. Holstenius, A. Berkelius et Th. De Pinedo. Lipsiae, 1825.

Eunapii. *Excerpta.* Bonn, 1839.

Eustathe de Thessalonique. *Contra injuriarum memoriam.* Migne, CXXXVI, col. 408 et s.

Idem. Συγγραφὴ τῆς κατ᾽αὐτὴν ἀλώσεως. (De Thessalonica a Latinis capta, narratio, a. 1185.) Bonn, 1842.

Idem. *Laudatio S. Demetrii.* Migne, CXXXVI.

Idem. *Sermo de S. Alpheo et sociis.* Migne, CXXXVI.

Eutropius. *Breviarium ab urbe condita,* éd. H. Droysen. Berlin, 1878, et éd. Fr. Ruehl, Lpz. Teubner, 1887.

(Γρηγόριος ὁ Κληρικός.) *Vie de sainte Théodora,* éd. Kurtz. *Mémoires de l'Acad. imp. des sciences de S.-Pétersbourg,* VIIIe sér., cl. hist. phil., vol. VI, n° 1 (1902).

Grégoire Cyprius. *Encômion à l'empereur Andronic Paléologue.* Boissonade. Anecdota graeca, II. Paris, 1829.

Grégoras (Nicéphore). *Histoire,* t. I-III. Bonn, 1829, 1830, 1855.

Hérodote, éd. K. Abicht, Lpz., Teubner, 1884.

Hiéroclès, éd. Aug. Burchard. Leipzig, 1893.

Ibn Batoutah. *Voyages,* trad. Sanguinetti et Défréméry, t. IV, Paris, 1853-9.

Ἱέρακος Χρονικόν. C. N. Sathas. Μεσαιωνικὴ βιβλιοθήκη, t. I. Venise, 1872.

Ignace de Smolensk. *Itinéraires russes en Orient,* trad. de Mme Khitrovo. Genève, 1889.

Innocent III. *Lettres,* éd. Baluze, t. II. Paris, 1682.

Kydonis (Démétrius). Μονῳδία ἐπὶ τοῖς ἐν Θεσσαλονίκῃ πεσοῦσιν. Migne, CIX, col. 640 et s.

Latyšev. *Sbornik grečeskij nadpisej christianskich vremeni s južnoj Rossij* [*Recueil des Inscriptions grecques de l'époque chrétienne de la Russie méridionale*] (en russe). S.-Pétersb., 1896.

Leonis imperatoris *Tactica.* Migne, CVII.

Lingenthal (E. Z. v.). *Einige ungedruckte Chrysobulen. Mémoires de l'Acad. impér. des Sc. de S.-Pétersbourg,* t. XLI, n° 3 (1893).

Lingenthal (Z. v.). *Jus graeco-romanum,* Leipzig, 1854, t. III.

Malalas (Jean). *Histoire*. Bonn, 1831.

Mamertini. *In gratiarum actione Juliano Augusto*. Migne, *Patrol. lat.*, XVIII, col. 407.

Mansi (Johannes Dominicus). *Sacrorum conciliorum collectio*. Paris, 1644, t. X.

Menandri. *Exerpta*. Bonn, 1829.

Mercatti. *Gli anneddoti d'un codice Bolognese*. Byz. Zeit., VI (1897).

Michel le Rhéteur. *Discours à Manuel Comnène*. V. Regel. *Fontes rerum byzantinorum*. S.-Pétersbourg, 1891.

Pachymère (Georges). *Histoire*. Bonn, 1835.

Palamas (Grégoire). *Homélies*. Migne, CLI.

Pline. C. Plinii Secundi *Naturalis Historiae libri XXXVII*, éd. J. Sillic. Leipzig, 1831.

Philothée. *Encômion à Grégoire Palamas*. Migne, CLI.

Phocas (Nic.). Περὶ παραδρομῆς πολέμου (De velitatione bellica). Migne, *Patrol. gr.* CXVII, col. 925 et s.

Idem. *Traité de tactique connu sous le titre* : Περὶ καταστάσεως ἀπλήκτου « traité de castramétation », rédigé, à ce qu'on croit, par ordre de l'empereur Nicéphore Phocas, éd. Charles Graux et Albert Martin. Paris, 1898.

Peutinger. *Die Weltkarte des Kastorius, gennant die Peutingerische Tafel*, éd. D. K. Müller. Ravensburg, 1888.

Phrantzès (Georges). *Chronique*. Bonn, 1838.

Procope. *De aedificiis*, t. III. Bonn, 1838.

Idem. *De bello persico*, t. I. Bonn, 1833.

Ptolémée. *Géographie*, éd. C. Müller. Paris, Didot, 1883.

Robert de Clary. *Chronique*. Hopf. *Chroniques gréco-romanes*. Berlin, 1873.

Sabatier (Henry). *Description générale des monnaies byzantines*, t. II. Paris, 1862.

Sathas (C.). *Documents inédits relatifs à l'histoire de la Grèce au moyen âge*. Venise, 1882-1888, t. IV.

Sicard de Crémone. *Chronique. Monumenta Germaniae historica*, t. XXXI.

Syméon de Thessalonique. *Secunda praecatio*. Migne, CLV, p. 19.

Strabon. Éd. Krammer et éd. Aug. Meineke. Leipzig, 1852-3.

Staurakios (Jean). *Homélie sur S. Démétrius*. Migne, CXVI (fin).

S. Théodore de Stoudion. *Lettres à Platon et Naucratius*. Migne, IC.

Théodoreti. *Ecclesiasticae historiae libri V*, éd. H. Valesii et Th. Gaisfordi, Oxonii, 1854.

Theodosiani libri XVI. Éd. Th. Mommsen et P. M. Meyer. Berlin, Weidmann, 1905.

Théophane continué. *Chronographies*. Bonn, 1838.

Thomas Magistros. *Lettre à Isaac*, éd. Treu. *Neue Jahrbücher f. Philologie u. Pedagogic*, XXVII (suppl.), 1892.

Thucydide. Éd. Bekker, Berlin, 1878 et éd. A. Croiset. Paris, Hachette, 1886.

Timarion. Éd. Hase. *Notices et Extraits*, t. IX, 2ᵉ partie. Paris, 1813 ; et éd. Ellissen, *Analekten der mittel-u. neugriechischen Literatur*, 4ᵉ partie. Leipzig, 1860.

Tite-Live. 2ᵉ éd. Wilh. Weissenborn et Maur. Müller. Leipzig, 1904-1908.

Pompeius Trogus. *Hist. Philipp. Epit.*, éd. Fr. Ruehl. Leipzig, 1886.

Vasiljewskij. *Chrysobulle d'Alexis I Comnène. Viz. Vremennik*, III (1896).

Végèce. Flavii Vegetii Renati. *Epitome rei militaris*, éd. Carolus Lang. Leipzig, 1869.

Villehardouin. *La Conquête de Constantinople*, texte et trad. nouvelle par Ém. Bouchet. Paris, 1891, t. I-II.

Vitruvius. *De architectura libri X*, éd. Valentin Rose et H. Müller-Strübung. Leipzig, 1867.

Zonaras (Jean). *Chronique*. Bonn, 1844, 1845 et 1897, t. I-III.

Zosime. *Histoire*. Bonn, 1837.

II. SOURCES INÉDITES

Diverses notices extraites des manuscrits grecs suivants : 389, 770, 1189, 1213, 2953, 735 (suppl.), 146 (Coislin), de la Bibliothèque Nationale de Paris ; 49 de la bibliothèque du gymnase grec de Salonique.

III. OUVRAGES CONSULTÉS

Ballu (Albert). *Les ruines de Timgad*. Paris, 1897.

Beaujour (Félix de). *Tableau du Commerce de la Grèce*. Paris, 1800, t. I-II.

Idem. *Voyage militaire dans l'Empire Othoman*. Paris, 1829, t. I-II.

Belley (Abbé). *Observations sur l'histoire et sur les monuments de la ville de Thessalonique*. Mémoires de l'Académie des Inscr. et Belles-Lettres, XXXVIII (1777), sect. hist.

Bérard (Victor). *La Macédoine*. Paris, 1897.

Beurlier (E.). *Neocorus*. Daremberg et Saglio, *Dictionnaire des antiquités*.

Boeswillwald (E.), Cagnat (R.) et Ballu (A.). *Timgad*. Paris, 1905.

Boué (Ami). *Recueil d'itinéraires dans la Turquie d'Europe*. Vienne, 1854, t. I-II.

Burthon (Ern.). *The politarchs in Macedonia and elsewhere*. The American Journal of Theology, t. II (1898).

Canina (L.). *La prima parte della via Appia dalla porta Capena a Boville*, t. II. Roma, 1853.

Choisy (Auguste). *L'art de bâtir chez les Byzantins*. Paris, 1882.

Idem. *Marques d'ouvriers grecs à Salonique. Rev. archéol.*, 1876, pp. 356-359.

Idem. *L'art de bâtir chez les Romains.* Paris, 1882.

Clarke (E.-D.). *Travels*, London, 1813, t. II.

Cousinéry (M.-E.). *Voyage dans la Macédoine.* Paris, 1831, t. Iᵉʳ.

Dapper. *Les isles de l'Archipel.* Amsterdam, 1703.

Desdevises-du-Dezert (Th.). *Géographie ancienne de la Macédoine.* Paris, 1862.

Diehl (Charles). *Afrique byzantine.* Paris, 1896.

Idem. *Justinien et la civilisation byzantine au VIᵉ siècle.* Paris, 1901.

Idem. *Les origines asiatiques de l'art byzantin. Études byzantines.* Paris, 1905.

Idem. *Manuel d'art byzantin.* Paris, 1910.

Diehl (Ch.) et Letourneau. *Les mosaïques de Sainte-Sophie de Salonique.* Monuments et mém. publiés par l'Acad. des Inscript. et Belles-Lettres. Fondation Piot, t. XVI.

Dimitsas (M.). Ἀρχαία γεωγραφία Μακεδονίας. Athènes, 1870, t. II.

Idem. Ἡ Μακεδονία ἐν λίθοις φθεγγομένοις καὶ μνημείοις σωζομένοις. Athènes, 1896.

Droysen (J.-G.). Ἱστορία τοῦ Μακεδονικοῦ ἑλληνισμοῦ, t. II. Ἱστορία τῶν διαδόχων, trad. J. Pantazidès, Athènes, 1897.

Idem. T. III. Ἱστορία τῶν Ἐπιγόνων, trad. J. Delliou. Athènes, 1903.

Du Cange (Charles Dufresne). *Glossarium ad scriptores mediae et infimae graecitatis.* Lugduni, 1688.

Duchesne et Bayet. *Mémoire sur une mission au mont Athos.* Paris, 1876.

Dumont (Albert). *Mélanges d'archéologie et d'épigraphie.* Paris, 1892.

Ebersolt (Jean). *Le grand palais de Constantinople.* Paris, 1910.

Escott (T. H. S.). *La Turquie*, trad. J. de Caters. Paris, s. d.

Forchheimer (Philipp) u. Strzygowski (Josef). *Die byzantinischen Wasserbehälter von Konstantinopel.* Wien, 1893.

Friedrich. *Ueber die Sammlung der Kirche von Thessalonich und das päpstliche Vicariat für Illyricum.* Sitzungsberichte d. ph.-philol. u. hist. Cl. d. K. b. Akademie der Wissensch. zu München. 1891. H. V.

Gédéon (M.-J.). Βυζαντινὸν ἑορτολόγιον. Ἑλληνικὸς φιλολογ. Σύλλογος, t. XXVI (1895).

Idem. Ὁ Ἄθως. Constantinople, 1885.

Gelzer (H.). *Ungedruckte und wenigbekannte Bistümerverzeichnisse der orientalischen Kirche. Byz. Zeit.,* I (1892).

Germain (Jean-Baptiste), consul de France à Salonique. *Inscriptions prises sur les marbres antiques qui se trouvent dans la ville de Salonique,* 1745 et 1748. H. Omont, *Rev. Archéol.,* XXIV (1894).

Gsell (Stéphane). *Les monuments antiques de l'Algérie.* Paris, 1901.

Hadji Ioannou. Ἀστυγραφία Θεσσαλονίκης. Salonique, 1881.

Idem. Θερμαΐς, ἤτοι περὶ Θεσσαλονίκης. Athènes, 1879.

Hammer. *Geschichte des Osmanischen Reiches.* Pest, 1827, t. Iᵉʳ et trad. fr. par M. Dochez. Paris, 1844, t. Iᵉʳ.

Heuzey et Daumet. *Mission de Macédoine.* Paris, 1876.

Holzinger (H.). *Die altchristliche und byz. Baukunst.* Stuttgard, 1899.

Jollois (M.). *Mémoire sur les antiquités romaines et gallo-romaines de Paris.* Mémoires de l'acad. royale des inscript. et belles-lettres, 1843.

Kalligas (P.). Μελέται βυζαντινῆς ἱστορίας. Athènes, 1894.

Kinch. *L'arc de triomphe de Thessalonique.* Paris, 1890.

Kondakoff (N.). *Makedonija, archeologičeskoe putešestvie.* (*La Macédoine, voyage archéologique.*) S.-Pétersbourg, 1909.

Idem. *Pamjatniki christianskago iskustva na Afonje* (Monuments d'art chrétien au Mont Athos). S.-Pétersbourg, 1902.

Kurth (Jules). *Die Mosaikinschriften von Salonik*. Mittheilungen der Kais. deutsch. archäolog. Instituts. Athènes, XXII (1897).

Labarte (Jules). *Le palais impérial de Constantinople et ses abords*. Paris, 1861.

Lampros (Sp.). Ἡ περίμετρος τῆς Κ/λεως, τῆς Θεσσαλονίκης, τῆς Βερροίας καὶ τῆς Ἀνδριανουπόλεως. Νέος Ἑλληνομνήμων, I, 2 (1904), p. 243.

Langlois (Victor). *Le mont Athos et ses monastères*. Paris, 1867.

Laurent (J.). *Sur la date des églises de Saint-Démétrius et Sainte-Sophie à Thessalonique*. Byz. Zeit., IV (1895).

Leake (W.-M.). *Travels in northern Greece*. London, 1835, t. III.

Lelewel (Joachim). *Géographie du moyen âge*. T. III. Bruxelles, 1852.

Lenoir. *Statistique monumentale de Paris*. Paris, 1867.

Leporskij (P.). *Istorija Thessalonikskago ekzarhata* (Histoire de l'exarchat de Thessalonique). S.-Pétersbourg, 1901.

Le Quien (M.). *Oriens Christianus*, t. I-III. Paris, 1740.

Lingenthal (E. Z. v.). *Die Handbücher des geistlichen Rechts*. Mémoires de l'Académie impériale des sciences de Saint-Pétersbourg. VIIe série, t. XXVIII, n° 7 (1881).

Lucas (Paul). *Voyages*. Amsterdam, 1714, t. I-III.

Martin (Albert). *Hippodromos*. Daremberg et Saglio. *Dictionnaire des Antiquités*.

Millet (Gabriel). *L'art byzantin*. André Michel, *Histoire de l'art*. Paris, 1905, t. I.

Millingen (A. Van). *Byzantine Constantinople*. London, 1899.

Mommsen (Th.). *Geschichte des röm. Münzwesen*. Berlin, 1860.

Mordtmann. *Inscriptions byzantines de Thessalonique*. Rev. Archéol., 37 (1879).

Mordtmann (J.-H.). *Inschriften aus Makedonien. Athen. Mittheilungen*, XXI (1896).

Moraïtopoulos. Τοπογραφία Θεσσαλονίκης. Athènes, 1883.

Mystakidis (B.-A.). Διάφορα περὶ Θεσσαλονίκης σημειώματα. Ἑλλ. φιλολ. σύλλογος, t. XXVII (1900).

Papaconstantinos. P.-G. Ἱστορικὴ καὶ γεωγραφικὴ ἔρευνα Ἡμαθίας. Athènes, 1888.

Papadopoulos-Kérameus (A.). Ἐπιγραφὴ Θεσσαλονίκης τοῦ 1316 ἔτους. Δελτίον τῆς ἱστορ. ἑταιρ. τῆς Ἑλλάδος, II (1885).

Idem. Ἔκθεσις παλαιογραφικῶν καὶ φιλολογικῶν ἐρευνῶν ἐν Θράκῃ καὶ Μακεδονίᾳ. Ὁ ἐν Κ/λει ἑλλ. φιλολ. σύλλογος. Ἀρχαιολ. ἐπιτρ. Suppl. au t. XVII (1886).

Papageorgiu (N. Petros). Ἀρχαία εἰκὼν ἁγίου Δημητρίου. *Byz. Zeit.*, I (1892).

Idem. Αἱ Σέρραι. *Byz. Zeit.*, III (1894).

Idem. Περὶ χειρογράφου εὐαγγ. Θεσσαλονίκης. *Byz. Zeit.*, VI (1897).

Idem. Ἐκδρομὴ εἰς τὴν μονὴν τῆς ἁγίας Ἀναστασίας τῆς Φαρμακολυτρίας. *Byz. Zeit.*, VII (1898).

Idem. Ἡ μονὴ τῶν Βλαταίων. *Byz. Zeit.*, VIII (1899).

Idem. Θεσσαλονίκης βυζαντινοὶ ναοὶ καὶ ἐπιγράμματα αὐτῶν. *Byz. Zeit.*, X (1901).

Idem. *Zur Vita des hl. Theodora von Thessalonike. Byz. Zeit.*, X (1901).

Idem. Μνημεῖα τοῦ ἁγίου Δημητρίου. *Byz. Zeit.*, XVII (1908).

Idem. *Un édit de l'empereur Justinien II.* Leipzig, 1900.

Idem. *Inschriften von Thessalonik. Berliner philologische Wochenschrift*, 1883.

Idem. *Berliner philol. Wochenschr.*, t. XXII (1902).

Idem. *Die* Ἱέρεια-Θύσα. *Inschrift von Saloniki.* Triest, 1901.

Idem. Θεσσαλονίκης κατεσφραγισμένον βιβλίον ἀνοιχθέν (Ἀνατύπωσις ἐκ τοῦ Μικρασιατικοῦ Ἡμερολογίου, 1907, Ἑλένης Σ. Σβορώνου). Samos, 1907.

Idem. *Unedierte Inschriften von Mytilene.* Leipzig, 1900.

Idem. Ἐργατῶν σήματα καὶ ὀνόματα ἐπὶ τῶν μαρμάρων τοῦ θεάτρου τῆς Θεσσαλονίκης. Ἀρχ. Ἐφημ. 1911, pp. 168-173.

Idem. Θεσσαλονίκης ἱστορικὰ καὶ ἀρχαιολογικά. Athènes, 1912.

Perdrizet (P.) *Le cimetière chrétien de Thessalonique.* Mélanges d'archéol. et d'hist. École fr. de Rome. XIX (1899).

Petit (L.). *Les évêques de Thessalonique. Échos d'Orient,* t. IV.

Pouqueville (F.-C.-H.-L.). *Lettre à Tafel.* Tafel. *De Via Egnatia,* Tubingae, 1841.

Idem. *Voyage de la Grèce,* 2° éd., III. Paris, 1826.

Pococke (Richard). *Voyages en Orient,* trad. Paris, 1772, t. I-VII.

Preller (L.). *Griechische Mythologie,* 4° éd., Berlin, Weidmann, 1894.

Prochorov. *Pamjatniki vizantijskago cerkovnago zodčestva v Thessalonikije* (Monuments byzantins religieux de Thessalonique). *Christianskija Drevnosti i Archeologija,* 1872.

Rambaud (A.). *De byzantino hippodromo.* Paris, 1870.

Reclus (E.). *Nouvelle géographie universelle,* Paris, 1876, t. I.

Ripostelli (J.) et Marucchi (H.). *La via Appia.* Rome, 1908.

De Rochas d'Aiglun. *La poliorcétique des Grecs.* Paris, Tanera, 1872.

Idem. *Principes de la fortification antique.* Paris, 1881.

Schlumberger (Gustave). *Mélanges d'archéologie byzantine.* Paris, 1895.

Smith (William). *Dictionary of greek and roman geography.* Londres, 1872, t. II.

Smirnov (W.). *O vremeni mozaik. sv. Sofij Solunskoj* (Sur la date des mosaïques de Sainte-Sophie de Salonique. *Vizantijskij Vremennik,* V (1898), p. 365 et s.

Sommerard (E. du). *Catalogue du musée de Cluny.* Paris, 1883.

Struck (A.). *Die Eroberung Thessalonikes durch die Saraze-nen im J. 904. Byz. Zeit.*, XIV (1905).

Strzygowski (J.). *Kleinasien ein Neuland d. Kunstgeschichte*, Leipzig, 1903.

Idem. *Die Sophienkirche in Salonich*. Oriens Christianus, t. I, p. 153 et s.

Tafel (Th.-L.-Fr.). *De Via militari Romanorum Egnatia*. Tubingae, 1841.

Idem. *De Thessalonica ejusque agro*. Berolini, 1839.

Tafrali (O.). *Sur la date de l'église et des mosaïques de Saint-Démétrius de Salonique. Rev. Archéol.*, 1909.

Texier (Charles) et Pullan (R. Popplewell). *L'architecture byzantine*. Londres, 1864.

Texier (Ch.). *Description de l'Asie Mineure*. Paris, 1839, t. III.

Tocilescu (G.-Gr.). *Das Monument von Adam-Clissi*. Wien, 1895, éd. roumaine. Vienne, 1895.

Uspenskij (Th.). *O vnov otkrytych mozaikach v cerkvi sv. Dmitrija v Solun* (Quelques mosaïques de l'église Saint-Démétrius de Salonique). *Izvjestija russkago archeologičeskago instituta v Klje*, t. XIX, 1909.

Vivien de Saint-Martin. *Nouveau dictionnaire de géographie universelle*. Au mot : Salonique.

Weigand (Gustav). *Die Aromunen*. Leipzig, 1894-5, t. Ier.

Wescher (Ch.). *La poliorcétique des Grecs*. Paris, 1867.

Van Berchem (Max) et Strzygowski (J.). *Amida*, Heidelberg, 1910.

Wulff (O.). *Die Koimesiskische in Nicaea und ihre Mosaïken*. Strassburg, 1903.

Zerlentis (P.). Θεσσαλονικέων μητροπολῖται. *Byz. Zeit.* XII (1903), p. 131 et s.

LIVRE PREMIER

CHAPITRE PREMIER

Fondation, Nom, Port
et Situation de Thessalonique.

Il y a peu de cités en Orient qui, par le rôle qu'elles ont joué dans l'histoire et par les monuments qu'elles conservent encore, puissent rivaliser, surtout pour la période byzantine, avec Thessalonique.

Deux versions circulaient déjà sur sa fondation à l'époque romaine.

L'une, ayant pour appui l'autorité de Strabon, l'attribuait à Cassandre. Ce roi réunit sur l'emplacement de la ville de Therma, les habitants de vingt-six bourgades des environs [1], et donna à la nouvelle cité le nom de son épouse, sœur d'Alexandre le Grand — issue d'une autre mère [2] — appelée Thessaloniké.

L'autre, par contre, accordait à Philippe II l'honneur de cette fondation. Il était, dit-on, désireux de faire perpétuer

---

1. Strabon donne les noms de quelques-unes de ces bourgades : Chalestra, Aineia, Kissos. *Géogr.*, VII, fin, éd. Krammer.

2. Étienne de Byzance nous apprend, d'après Lucillus Tarraeus dont le livre sur la ville de Thessalonique est malheureusement perdu, que « Philippe ayant vu une jeune fille belle et noble, sœur de Jason, l'épousa ; mais elle mourut vingt jours après avoir accouché d'une enfant, que Philippe donna à élever à Niké et l'appela Thessaloniké. La mère s'appelait Nikasipolis. » Stephanus Byzantinus. *De Urbibus*, éd. C. Holstenii, A. Berkelii et Th. de Pinedo, t. 1, p. 205.

la mémoire de la victoire, qu'il aurait remportée en cet endroit sur les Thessaliens — Θεσσαλῶν νίκη — et en même temps d'honorer sa fille.

Cependant, cette dernière version est sujette à caution. Si la ville doit son nom à une victoire de Philippe II sur les Thessaliens, celle-ci devait être importante et l'histoire nous en eût, si vaguement que ce fût, conservé la mémoire. Mais elle se tait complètement. Philippe II s'immisçait, il est vrai, dans les affaires de la Thessalie, mais il le faisait en ami, cherchant à flatter les susceptibilités de ses habitants. Or, en politique fin qu'il a toujours été, même en admettant une victoire, à nous inconnue, il est peu probable qu'il ait fondé une ville et donné à sa fille un nom, qui pouvait froisser continuellement ses sujets de Thessalie. Hadji Joannou, qui fait ces justes remarques, croit que Thessaloniké ne signifie pas « victoire thessalienne » [1], et que ce n'est qu'un simple nom, commun à cette époque dans la région de la Thessalie et de la Macédoine [2]. On relève, en effet, dans les inscriptions de Thessalonique d'autres noms analogues, tel que Stratoneiké [3].

Il est beaucoup plus probable, que ce fut Cassandre le fondateur de Thessalonique.

En effet, il avait levé les armes contre Olympias, mère d'Alexandre le Grand ; il avait brisé sa résistance, et s'était laissé aller jusqu'à ordonner sa mort. Mais à la suite de cet acte, son crédit baissa beaucoup. Pour effacer la mauvaise impression, produite sur les Macédoniens, il devait une réparation à la famille royale. C'est pourquoi, au lendemain de

---

1. Du reste, Θεσσαλῶν νίκη signifie plutôt victoire des Thessaliens.

2. M. Hadji Joannou, Θερμαΐς, ἤτοι περὶ Θεσσαλονίκης. pp. 13-14. L'auteur soutient que Thessaloniké serait le nom d'une néréide thessalienne, comme Thessalos, fils d'Héraclès, est celui d'un héros de la Thessalie.

3. Dimitsas, Ἡ Μακεδονία. Inscript. n° 416, p. 466.

son triomphe complet, en 315, il épousa Thessaloniké, qu'Olympias aimait comme sa propre fille [1]. Cette habile manœuvre porta ses fruits politiques. Mais Cassandre fit mieux. Pour abriter les habitants, dont les villes avaient été ruinées pendant la guerre [2], il fonda la ville de Cassandreia sur la presqu'île de Pallène ; en même temps il voulut qu'une autre ville portât le nom de son épouse. Ainsi, surgit une nouvelle cité, environ l'an 316, qui s'appela Thessaloniké.

Les Byzantins, en général, fascinés par le nom glorieux de Philippe II, relevèrent plutôt la version, qui faisait de celui-ci le fondateur de la ville [3]. Cependant quelques autres recueillirent la première version [4], si bien que la tradition a pu conserver toutes les deux jusqu'à la basse époque.

Le nom de la ville connut plusieurs orthographes, avant qu'une d'elles prévalût : Θεσσαλονικεία, Θεσσαλονείκη et Θεσσαλονίκη.

Aux premiers siècles avant et après notre ère, on employait plutôt la forme Θεσσαλονικεία, qui fut adoptée par Strabon [5]. La terminaison -eia était assez fréquente à cette époque. On a les villes, par exemple, d'Alexandreia, Cassandreia, Stratonikeia.

On relève aussi la forme Θεσσαλονείκη et Θεσσαλονεικέων | πόλις | sur les monnaies des règnes d'Auguste, d'Alexandre Sévère,

1. J. G. Droysen, Ἱστορία τοῦ Μακεδονικοῦ ἑλληνισμοῦ, t. II : Ἱστορία τῶν διαδόχων, trad. p. 260.

2. *Ibid.*, p. 261. Cf. Diodore XIX, 51 ; Strab. VII, p. 231 ; T. Liv. XLIV, 10, 11 ; Scylax, p. 620.

3. Const. Porphyrogénète, *De Them.*, II, Bonn, t. III, pp. 49-51 ; Malalas, *Chron.*, Bonn, p. 190 ; Zonaras, *Ann.*, XII, 26, Bonn, t. II, p. 605 ; Constantin Acropolite, *Sermon sur saint Démétrius* dans les *Analecta* de Papadopoulos-Kérameus, I, p. 166 ; Michel le Rhéteur, *Discours à Manuel Comnène* dans les *Fontes rerum byzantin.*, éd. V. Regel, p. 131.

4. Cédrenus, Bonn, p. 273 ; Tzetzès (XIIe s.), cité par Tafel. *De Thessalonica*, proleg., p. VIII.

5. *Géogr.*, VII, 7, 4.

de Maximin et de Gordien III le Pieux [1], ainsi que dans quelques inscriptions funéraires [2]. Elle peut être décomposée en Θεσσαλο- et Νείκη ou Νείκα [3], noms qu'on lit assez souvent sur les pierres tombales de Thessalonique de la même époque, ce qui prouve qu'ils étaient des noms habituels.

Néanmoins la forme Θεσσαλονίκη apparut également de bonne heure, et elle subsista à côté des autres, jusqu'au moment où elle put prendre l'avantage.

Adoptée par les lettrés, elle était aussi employée par la population de la cité jusqu'à la plus basse époque. Toutefois, à côté d'elle, une autre petit à petit se faisait jour : l'abréviation Saloniki [4].

C'est sous ce dernier nom, parfois légèrement modifié, que les documents des cités commerciales de l'Italie, certains auteurs occidentaux [5], ainsi que quelques œuvres en grec vulgaire [6], désignent le plus souvent la ville [7].

Un acte de l'an 1261 l'appelle même Saronichi [8], forme

1. Barclay V. Head, *A Catalogue of the greek coins in the British Museum. Macedonia*, pp. 114, 123, 125.

2. Dimitsas, *o. c.*, pp. 513-514.

3. Duchesne et Bayet, *Mission au Mont Athos*. Inscript. nos 34, 35, 47, pp. 30, 31, 39.

4. Dans le récit de la vie de sainte Matrona on trouve aussi la forme Σαλονικέων πόλις. Alex. Dmitrievskij, *Opisanie liturgičeskich rukopisej*. I. *Typica*, p. 64.

5. Villehardouin écrit Salenique (*Hist.*, passim); Robert de Clary aussi, Salenike (Hopf., *Chroniques gréco-romanes*, pp. 76-77, etc.) ; Sicard, évêque de Crémone, dans sa *Chronique* emploie la forme Salonich (*Monumenta Germaniae historica*, t. XXXI, p. 173, l. 5).

6. *La Chronique de Morée*, éd. Smith, passim, connaît également la forme Σαλονίκιον ; Tafel, *o. c.*, p. 18, cite un auteur anonyme occidental du XIIᵉ siècle, qui appelle la ville Salonichium.

7. *La Chronique de Morée* connaît aussi la forme Thessaloniki (vers 1017), ainsi que certains documents des villes maritimes italiennes (*Monumenti storici*, V, p. 166).

8. Bulle d'or de Michel Paléologue. Migne, CLXI, col. 1026, et Z. v. Lingenthal, *Jus graeco-romanum*, III, p. 575.

altérée par suite d'un phénomène bien connu en philologie,
de la transformation du *l* en *r*. Parfois l'on rencontre, dans
les actes rédigés en latin, les formes Salonica [1] et Thessau-
lonie [2], que les habitants de la ville devaient, vraisemblablement, ignorer.

Le voyageur juif bien connu du xiie siècle, Benjamin de
Tudèle, la désigne sous le nom de Salouski [3], tandis que le
géographe arabe Edrisi l'appelle correctement Salonik [4].

Enfin, les populations voisines et les conquérants ont modifié,
à leur tour, le nom de Thessalonique, conformément à l'es-
prit de leur langue. Ainsi les Bulgares l'appellent Soloun ou
Seloun, les Coutsovalaques Săruna [5], et les Turcs Selanik,
Salnek et Salonik.

Mais quelques-uns des écrivains byzantins emploient trois
autres noms : Halia, Hémathia et Therma.

Étienne de Byzance nous apprend que Thessalonique s'appelait antérieurement Halia [6]. Nous ignorons si Halia et
Therma sont bien la même ville, comme on l'a déjà pensé.
Peut-être Thessalonique avait-elle porté jadis ces deux noms :
Therma, à cause des eaux thermales de sa proximité, Halia,
nom donné probablement par les habitants de l'intérieur pour
désigner la cité maritime, le port par excellence de leur pays.

Thessalonique est appelée Hémathia par Zonaras [7], ainsi

1. Monachus S. Mariani (a. 1185). Trecis, 1609, p. 88, cité par Tafel,
o. c., p. 18.

2. Alberti Milioli Notarii Regini. *Chronica imperatorum* (xiie s).
Monum. germ. hist., t. XXXI, pp. 655, l. 40 et s., et 644, l. 11. Mais le
même auteur emploie aussi la forme Thessalonica.

3. Lelewel, *Géographie du moyen âge*, III, pp. 39-42.

4. *Ibid.*, p. 44.

5. G. Weigand, *Die Aromunen*, t. 1, p. 224. Cette forme s'explique
par le phénomène connu sous le nom de rhotacisme, c'est-à-dire la
transformation des *l* et *n* en *r*.

6. *De Urbibus*, o. c., p. 205.

7. *Ann.*, XII, Bonn, t. II, p. 604.

que dans quelques listes qui donnent les noms anciens des villes byzantines [1]. C'est le nom de la province Hémathia, prêté à son principal port, qui fut Thessalonique [2]. Ovide donne même à Alexandre le Grand le surnom d'Hémathius [3].

Le nom de Therma est invariablement employé par Chalcocondyle [4]. Il se trouve aussi dans les listes mentionnées, à côté de celui de Hémathia.

D'après la tradition, Thessalonique fut bâtie sur l'emplacement qu'occupait auparavant la petite ville de Therma.

Certains érudits modernes, surtout Dimitsas, ont élevé des objections sur l'identification de deux villes. L'un de leurs arguments est le fait, que l'on n'a trouvé à Thessalonique, comme l'on devait s'y attendre, aucune trace de monuments anciens, surtout antérieurs au ive siècle de notre ère. Therma, d'après eux, doit être cherchée ailleurs. Elle serait située entre les caps Petit et Grand Cara-Bournou, où l'on voit encore quelques ruines [5].

1. Hiéroclès, éd. Aug. Burchard. Lips. Teubner, 1893. *Urbium nomina*, appendix I, p. 64, I[a], p. 65 ; app. III : Θέρμη ἡ Θεσσαλονίκη καὶ Ἡμαθία. Cf. Ms. gr. Paris. 2953, f. 237 v.

2. M. Papaconstantinos croit, que le nom d'Hématia désigne non pas Thessalonique, mais une autre ville macédonienne, située près de l'embouchure des rivières Lydias et Haliacmon. Ἰστορικὴ καὶ γεωγραφικὴ ἔρευνα Ἡμαθίας, p. 62.

3. *Trist.*, III, 5, 59 ; cf. Tafel, *o. c.*, proleg., p. iv.

4. *De rebus turcicis*, Bonn, pp. 46, 51, etc.

5. Dimitsas. Ἡ Μακεδονία, pp. 403, 404, 422. Id. Ἀρχαία γεωγραφία Μακεδονίας, t. II, p. 263. La question est plus amplement traitée par le même auteur dans l'Ἀθήναιον, VII, fasc. IV, pp. 258-269. L'opinion de Dimitsas trouve un défenseur en M. Lampros, Νέος Ἑλληνομνήμων, 1910, p. 12, et des détracteurs en MM. Hadji Ioannou, Θέρμαϊς, p. 12, et P. N. Papageorgiu, *Byzantin. Zeitschrift*, VII, p. 58. M. Hadji Ioannou soutient, du reste sans nous en donner des preuves, qu'à l'endroit où l'on veut placer Therma il n'y a pas de ruines d'une ville, mais d'un bâtiment isolé, *l. c.* Sur les doutes que certains passages des Anciens peuvent susciter sur ce sujet, voir Tafel, *o. c.*, p. 14 et s.

L'argument serait décisif, si des fouilles systématiques, exécutées dans la ville même de Thessalonique, prouvaient l'absence totale de vestiges de monuments grecs de l'époque classique ou antérieurs. Malheureusement on n'a pas fait de fouilles, ni à l'intérieur de Thessalonique — ce qui serait presque impossible — ni à l'endroit indiqué par Dimitsas comme emplacement de Therma. On ne saurait, par conséquent, être assez prudent pour se prononcer pour ou contre son hypothèse.

Néanmoins, le fait qu'un auteur du vi^e siècle, Étienne de Byzance, affirme que le nom ancien de Thessalonique est Halia et non pas Therma, pourrait donner une certaine vraisemblance à l'hypothèse de Dimitsas.

Il se peut que Thessalonique ait été bâtie par Cassandre, non pas sur l'emplacement même de Therma, mais un peu à l'ouest, où était peut-être située la bourgade d'Halia. Mais, encore une fois, faute de preuves matérielles, la question ne peut être convenablement résolue.

Thessalonique joua autant avant qu'après notre ère un rôle des plus considérables. C'est pour cela qu'on lui a donné des épithètes très flatteuses. Elle était la capitale de la Macédoine, la métropole, comme le dit Strabon [1], et on l'appelait souvent « la première cité des Macédoniens [2] ».

Antipatros de Thessalonique [3] l'appelle, plus poétiquement encore, « Mère de toute la Macédoine [4] », expression qui a fait fortune à travers le moyen âge [5].

---

1. VII, fin 24.

2. Th. Mommsen, *Geschichte der römischen Münzwesens*, pp. 692, 803, 844.

3. Né à Thessalonique, il vécut sous le règne d'Auguste. Pauly-Wissowa, *Antipatros*, 23 ; Croiset, *Hist. de la litt. grecque*, V, p. 447.

4. *Anth. Pal.*, IX, 428, éd. Didot : Μήτηρ πάσης Μακεδονίας.

5. Τὴν τῶν ἑσπερίων μητέρα, *Vie de sainte Théodora*, éd. Kurtz. *Mémoires*

Elle était aux yeux d'un Strabon la ville peuplée ou habitée par des « hommes beaux [1] ». Pour l'historien ecclésiastique du ve siècle Théodoret, elle est la « cité très grande et populeuse [2] ».

Au IIe siècle les Romains, y ayant amené des colons, lui donnèrent le titre de *Colonie* [3]. Pline l'Ancien l'appelle cité libre (liberae conditionis) [4]. Sur certaines monnaies de Thessalonique du temps d'Auguste on lit la légende : Θεσσαλονιχέων ἐλευθερίας [5]; sur d'autres on lit : νεωχόρος, gardienne de temples, titre qui lui fut donné cinq fois pour ses constructions de temples, consacrés, selon toute vraisemblance, au culte des empereurs romains [6]. Mais c'est surtout au moyen âge, que les épithètes se multiplièrent.

Dans les *Actes de saint Démétrius*, écrits en grande partie vers le milieu du VIIe siècle, Thessalonique est appelée « la grande ville [7] », titre qui n'est donné qu'à un très petit nombre de cités, telles que Rome et Constantinople, par

---

de *l'Acad. imp. des sciences de S.-Pétersbourg*, VIIIe sér., cl. hist. phil., vol. VI, n° 1 (1902), p. 11.

1. *Géogr.*, VII, 7, 4.

2. Μεγίστη καὶ πολυάνθρωπος, *Hist. eccl.*, 5, 17.

3. L'on croyait, il y a encore quelques années, que la ville avait reçu ce titre au IIIe siècle de notre ère (Tafel, o. c., p. XXXVIII ; Duchesne et Bayet, o. c., p. 14 ; Th. Mommsen, *Archaeologisch epigr. Mittheil.*, t. 17, p. 118, sous Décius). Cependant M. P. N. Papageorgiu eut la chance de trouver une inscription de l'an 145 ap. J.-Ch., qui donne à la ville les deux titres de métropole et de colonie. *Berlin. philolog. Wochenschrift*, t. 22 (1902), p. 952, et Ἀλήθεια (Salonique), n° 192 (40), 16 sept. 1904.

4. *Nat. hist.*, lib. IV, ch. 10 (17).

5. Eckhel, *Doctrina Nummorum veterum*, t. II, p. 79 ; Mionnet, *Descript. de médailles antiques*, t. I, p. 495.

6. E. Beurlier, *Neocorus. Dictionn. des antiquités* de Daremberg et Saglio.

7. Μεγαλούπολις, *Actes*. Migne, CXVI, col. 1256 ; Acte de l'an 1274 Miklosich et Müller, *Acta*, IV, p. 336.

exemple [1] ; elle est « la métropole des Thessaloniciens gardée par Dieu [2] », ou « par le martyr saint Démétrius [3] », ou même tout simplement la cité « gardée par le saint [4] », sous-entendu Démétrius, ou encore « cité que Dieu a sauvée [5] ».

Aux IXe et Xe siècles on lui donnait quelquefois l'épithète de « la très brillante [6] ». Enfin l'archevêque Eustathe, au XIIe siècle, l'appelle « la très ancienne Thessalonique [7] ».

Elle était la capitale d'une province dont l'étendue variait selon les époques. Ainsi, le pouvoir de son gouverneur à l'époque byzantine s'étendait sur les anciennes provinces : la Chalcidique, l'Amphaxitie, la Bisaltie, la Mygdonie, la Bothiée, l'Hémathie et la Piérie. C'était, par conséquent, un territoire qui faisait le tour du golfe Thermaïque [8].

Les écrivains byzantins vantent les beautés de ce golfe et le considèrent comme appartenant au domaine de la ville [9].

Les magnifiques sites de ses côtes émerveillent, en effet, le voyageur, qui fait route sur Thessalonique.

Largement ouvert au sud-est, il va en se rétrécissant progressivement vers le nord-ouest, et ensuite vers le nord-est,

---

1. Du Cange, *Gloss. inf. graec.*, au mot mégalopolis.

2. Θεοφρούρητος ou Θεφύλακτος τῶν Θεσσαλονικέων μητρόπολις, *Actes*, *l. c.*, col. 1204 et 1213.

3. Μαρτυροφύλακτος, *ibid.*, col. 1204.

4. Ἁγιοφύλακτος, *ibid.*, col. 1340.

5. Θεοσώστου E. Z. v. Lingenthal, *Einige ungedruckte Chrysobullen. Mémoires de l'Académie impér. de S.-Pétersbourg*, t. XLI, n° 4 (1893), pp. 18-19.

6. Λαμπροτάτη. Tafel, *o. c.*, pp. 30-31.

7. Ἡ πρεσβυτάτη Θεσσαλονίκη. Eustathe, *Narration de la prise de Thessalonique par les Normands* (a. 1185), Bonn, chap. 81.

8. Sur la situation de Thessalonique, voir Hérodote, 7, 128 ; Strabon, 8, 1, 3 ; Ptolémée, *Geogr.*, 3, 13 ; Pline, *Nat. hist.*, 4, 10 (17).

9. S. Théodore de Stoudion, *Lettre à Platon*. Migne, 1C, col. 918 ; Jean Caméniate, Bonn, pp. 492-493 ; Th. Magistros, *Lettre à Isaac*, éd. M. Treu dans les *Neue Jahrbücher f. Philologie u. Pedagogie*, XXVII (suppl.), p. 6.

jusqu'aux derniers contreforts du mont Corthiat, l'ancien Kissos ou Dyssoron [1], qui lui barrent le chemin. L'on pourrait comparer ce golfe, quant à la forme générale, à une sorte de bonnet phrygien, dont la pointe serait rabattue au nord-est [2].

Il est formé de trois sections [3]. Les deux premières, qui constituent la partie extérieure, ont leurs axes orientés vers le même sens, du sud-est au nord-ouest, de sorte que la mer y entre sans aucun obstacle. La troisième, dont la direction y fait presque un angle droit avec les deux autres, forme un véritable abri pour les navires ; car les vagues de la mer houleuse, contrariées par ce changement de direction et arrêtées par le promontoire, qui s'avance d'une lieue vers l'ouest [4] — l'Ainaion des Anciens, l'Embolon des Byzantins [5], le Cara-Bournou des Turcs [6] — y sont moins redoutables.

1. Desdevise-du-Desert, *Géographie ancienne de la Macédoine*, p. 22 ; Cousinéry, *Voyage dans la Macédoine*, t. I, pp. 54-55.

2. Vivien de Saint-Martin, *Nouv. dictionn. de géogr. univ.* au mot Salonique.

3. La première est comprise : au sud, entre les caps Kissovo ou Kissabos et Possidion ou Possidi, sur la presqu'île de Pallène ou Cassandra, transformée depuis longtemps en île par un canal artificiel (Chrysobulle d'Alexis I Comnène, de l'an 1084. Vasilievskij, *Viz. Vremennik*, III, p. 122) ; au nord, entre les promontoires Athérida et Touzla ou Apanomi. La distance entre les deux premiers est de près de 46 kilom. ; celle des autres ne dépasse pas 19 kilom. La longueur de l'axe de cette partie du golfe mesure 65 kilom. ; et la plus grande largeur, 66 kilom. La seconde section, d'une largeur à peu près de 18 kilom., est limitée au nord par le cap le Grand Cara-Bournou et la pointe la plus avancée du delta du Vardar. La largeur de l'entrée est de 6 kilom. Enfin, la troisième partie, longue de 21 kilom. et large d'autant, forme le golfe intérieur, véritable rade de Thessalonique. Vivien de Saint-Martin, *l. c.*

4. Félix de Beaujour, *Tabl. du Commerce de la Grèce*, p. 20.

5. S. Théodore de Stoudion, *l. c.* (viiie siècle) ; Valentin Rose, *Leben der heil. David von Thessalonich* (ixe s.), p. 13 ; Jean Caméniate (xe s.), Bonn, p. 492. La lecture ἔκβολον dans cette dernière édition est fausse, car tous les autres textes donnent ἔμβολον.

6. P. N. Papageorgiu, *Byz. Zeit.*, VII, p. 57.

En effet, le marin, après avoir affronté leur fureur, se voit ici en sécurité : une eau bourbeuse et verdâtre, due aux alluvions charriées par les fleuves, par le Vardar surtout, et qui contraste avec l'azur bleu de la mer, une surface lisse et paisible [1] comme celle d'un lac, le rassure et lui promet un repos bien mérité [2]. Si quelquefois il s'y produit une certaine houle, surtout vers le soir, ou lorsque soufflent les bourrasques du nord [3], ou même le vent du sud-ouest [4] — qui l'été se transforme en une brise bienfaisante soufflant régulièrement, à des heures fixes [5], du côté de la Grèce — le port de Thessalonique, si loué par les Byzantins [6], n'est pas loin pour que le refuge ne soit certain.

Dès qu'on a passé le détroit [7], qui livre l'accès du golfe intérieur, on a en face un paysage admirable.

Une vaste plaine, couverte par-ci par-là de marais et sillonnée de rivières, s'étend à l'ouest sur une distance de plusieurs kilomètres. Elle est barrée du côté nord-est par les montagnes Daout-Baba qui lèvent leur cime derrière la ville de Thessalonique.

Pendant la belle saison, cette plaine offre un aspect bigarré

1. E. Reclus, *Nouvelle géogr. universelle*, t. 1, p. 168.
2. Nicéphore Chumnos (xiv⁰ s.), Τοῖς Θεσσαλονικεῦσι συμβουλευτικός. Boissonade, *Anecd. gr.*, II, p. 141.
3. Th. Magistros (xiv⁰ s.), *Lettre citée*, l. c., p. 17 ; Tafel, o. c., pp. 220-221 ; V. Bérard, *La Macédoine*, p. 150.
4. Vivien de Saint-Martin, l. c.
5. Jean Caméniate (x⁰ s.), ch. 23, Bonn, p. 549 ; cf. un texte de *Acta Sanctorum*, cité par Tafel, o. c., *ibid*.
6. Dém. Kydonis (xiv⁰ s.), *Monodie*. Migne, CIX, col. 644.
7. Sa largeur, de 6 kilom., diminue d'année en année par suite des apports incessants des fleuves, qui viennent se jeter à cet endroit. Cet envahissement perpétuel des terres sur la mer, si l'on ne prend pas de mesures nécessaires, compromettra pour l'avenir l'accès de la rade de Thessalonique (Vivien de Saint-Martin, l. c.).

très pittoresque : ses cultures, ses jardins et vignobles, ses pâturages abondants, voire même ses marécages égayent les yeux.

Le delta du Vardar et la plaine immédiate, couverte de marais, de roseaux, de saules, sépare la ville du fameux mont Olympe, qui dresse son pic au sud par-dessus toutes les autres hauteurs. Pour le spectateur qui, monté sur l'acropole de Thessalonique, regarde la mer, cette montagne semble fermer l'entrée du golfe intérieur, qui paraît ainsi transformé en un véritable lac. C'est assis, peut-être à ce même endroit, que Xerxès, ainsi que nous l'apprend Hérodote [1], admira ce paysage de la fameuse Grèce qu'il voulait conquérir.

Du côté oriental, la contrée, d'un aspect très gai, s'étend jusqu'aux pieds du Corthiat. Ses coteaux, tapissés de cultures et de vignobles, les villas qui surgissent au milieu de la verdure des arbres, les petits bosquets qui décorent les vallées, le Corthiat enfin, lui-même boisé, et plus loin les montagnes nues qui rappellent celles de l'Attique, offrent un panorama des plus pittoresques.

Ces larges et belles vues autour de la rade — dont la forme est presque ovale [2], à peine interrompue par deux pointes saillantes à l'est et à l'ouest [3] — se complètent avec le très beau panorama de la ville même de Thessalonique, située en face de l'entrée, vers le nord-est [4]. Elle apparaît, pour le voyageur qui arrive du côté de la mer, comme une belle miniature au milieu d'un décor merveilleux (fig. 1).

1. Hérodote, 7, 128.

2. Jean Caméniate, *l. c.*, ch. 4, Bonn, p. 493.

3. L'une est formée par le point le plus avancé du delta du Vardar, l'autre par le cap Petit Cara-Bournou, au sud-est de Thessalonique éloigné d'elle d'une lieue et demie et d'autant du Grand Cara-Bournou (F. de Beaujour, *Tabl. du Comm. de la Grèce*, I, p. 20 ; cf. Tafel, *o. c.*, p. 248). P. N. Papageorgiu identifie le petit Cara-Bournou à la *Mélaina Acra* des Anciens (*Byz. Zeit.*, VII, p. 57).

4. 40°, 37′, 28″ lat. N.; 20°, 37′, 48″ long. E. Elle est à 540 kilom. SOS. de distance de Constantinople (Vivien de Saint-Martin, *l. c.*).

Fig. 1. — Thessalonique avant 1831, d'après une esquisse de Cousinéry.

Entourée de ses vieilles murailles, qui lui ont assuré à travers les âges la sécurité et la prospérité, et qui aujourd'hui sont détruits journellement en faveur des boulevards et des maisons modernes, Thessalonique s'étend sur les pentes d'un assez haut contrefort occidental du mont Corthiat [1], qui dresse majestueusement, à l'est, ses deux pics boisés, visibles à l'entrée même du golfe Thermaïque [2]. Les maisons, rangées en amphithéâtre sur la colline, étaient auparavant entourées de jardins, plantés de cyprès, qui offraient de loin un très agréable coup d'œil [3]. En haut, tel un couronnement, l'on voit encore aujourd'hui la citadelle, avec son château fort dominant les alentours.

Le port dans l'antiquité et le moyen âge avait un tout autre aspect que celui d'aujourd'hui.

Les Byzantins parlent de plusieurs ports de Thessalonique, qu'ils nous représentent d'une beauté et d'une sécurité particulières [4].

Il y avait, en effet, dans le golfe intérieur, plusieurs endroits où les navires pouvaient accoster. Mais le véritable port, dû aux travaux de l'ingénieur [5] exécutés au IVe siècle de notre ère, se trouvait dans la partie occidentale de la ville, du côté où sont installées aujourd'hui des tanneries, dans le voisinage du Tophané.

---

1. F. de Beaujour, *Voyage milit. dans l'Emp. Ottom.*, I, p. 199; *Id.*, *Tableau de Comm. de la Grèce*, I, p. 20. Dimitsas, Ἡ Μακεδονία, p. 397.

2. E.-M. Cousinéry, *Voyage dans la Macéd.*, I, p. 26.

3. F. de Beaujour, *Tabl.*, I, p. 27.

4. J. Caméniate, *o. c.*, ch. 4, p. 492; Nicétas Choniatès, I, 7, p. 385; Eustathe, *o. c.*, Bonn, p. 464; Nic. Chumnos, Boissonade, *An. gr.*, II, p. 141. Par contre, Démétrius Kydonis dans sa *Monodie*, ch. 2, parle d'un seul port.

5. Ὃν ἐκ τῆς λοιπῆς θαλάσσης ὁ τεχνίτης ἀπέτεμε. Jean Caméniate, *l. c.*, p. 492.

Ce fut Constantin le Grand qui le fit construire. Cet empereur, arrivé à Thessalonique pour préparer la guerre contre Licinius, ordonna la construction d'un port, « qui n'existait pas auparavant [1] ». Il en avait, du reste, grandement besoin, parce qu'il préparait en Orient contre son rival une flotte formidable [2].

Cette information de Zosime fut mise en doute par certains savants. Il leur avait paru peu probable qu'une ville de l'importance de Thessalonique, capitale de la Macédoine, centre commercial de tout premier ordre, qui depuis longtemps déjà jouait un rôle très important en Orient, eût attendu une époque relativement si tardive pour se ménager un port [3].

Mais on n'a pas remarqué que Zozime parle du port artificiel, tout en sachant que la ville avait plusieurs endroits où les navires pouvaient trouver abri. Il nous dit tout simplement qu'avant Constantin le Grand il n'existait point à Thessalonique un bassin creusé dans la terre, et pourvu de tout le confort nécessaire.

Aujourd'hui ce port est complètement comblé de terres [4] et couvert sur une grande partie de constructions modernes. Néanmoins l'on peut déterminer avec précision sa position.

D'abord, les indigènes appellent « vieux port » un endroit qui se trouve tout près et à l'est du Tophané, où les tanneurs ont installé leurs fabriques [5].

Texier, qui avait visité la ville avant la démolition du mur maritime, donne dans son livre sur *L'Architecture byzantine*, un plan de Thessalonique, malheureusement fort sommaire,

---

1. Πρότερον οὐκ ὄντα. Zosime, Bonn, II, 22, p. 86.

2. *Ibid.*

3. Tafel, *o. c.*, proleg., p. xxvi ; Dimitsas, Ἀρχ. Γεωγρ. Μακεδ., I, p. 248.

4. Struck croit qu'en 1430, lorsque la ville fut prise par les Turcs, ce port, depuis longtemps négligé, n'avait aucune valeur pratique, étant entièrement ensablé. *Die Eroberung Thess. Byz. Zeit.*, XIV, p. 549.

5. Dimitsas, Ἀρχ. Γεωγρ. Μακεδ., I, p. 248 ; cf. Tafel, *o. c.*, p. 189.

indiquant vers l'ouest, à l'endroit mentionné, un port creusé dans la terre, affectant la forme plus ou moins carrée [1].

Sur l'esquisse, représentant une vue d'ensemble de la cité, publiée dans l'ouvrage de Cousinéry, composé au commencement du XIXe siècle, l'on voit aussi, à la même place, le mur maritime se reculer vers l'intérieur [2]. Du reste, le même auteur ne nous laisse aucun doute dans sa description sur l'emplacement du vieux port. « On voit encore, écrit-il, les traces de ce travail du côté de l'ouest, hors de la ville. Ce creusement a été comblé, et les tanneurs, corporation d'ouvriers très considérable à Salonique, y ont établi leurs manufactures. La tradition rappelle l'existence de ce port, et des anneaux de fer attachés encore au mur de la ville, en sont aussi un témoignage [3]. » Pouqueville confirme à son tour les dires de Cousinéry. « On retrouve, dit-il, d'après Saint-Sauveur, dans le quartier des tanneurs, le port creusé par l'empereur Philippe [4] » (Constantin le Grand).

Enfin le voyageur arabe Hadji Chalfa le place au même endroit [5].

Des faits matériels corroborent ces témoignages.

Il reste, en effet, quelques traces du mur maritime, qui entourait ce port.

Du côté occidental, celui-ci était limité, sur une assez longue distance, par le mur oriental du Tophané et par un autre, qui avançait vers le sud dans la direction de la mer. On voit encore aujourd'hui quelques débris de ce dernier mur. Il dépasse celui du Tophané, et suit la direction de la mer, perpendiculairement, sur une distance de plus de cinq mètres.

---

1. Texier et Pullan, *Archit. byz.*, p. 165.
2. Cousinéry, *Voyage dans la Macéd.*, p. 23.
3. *Ibid.*, p. 30.
4. Pouqueville, *Lettre à Tafel* (a. 1833) dans Tafel, *De Via Egnatia*, p. 10. C'est peut-être cette partie que les *Actes de S. Démétrius* appellent τῶν Βρόχθων.
5. Tafel, *o. c.*, p. 4.

Cette partie n'est qu'un reste de la jetée, qui avançait dans la mer pour protéger le port contre les vagues de l'ouest [1] et pour empêcher l'approche des ennemis [2]. Jean Anagnoste l'appelle διατείχισμα et nous apprend que ses contemporains des xive et xve siècles, l'appelaient *Tscrempoulon* [3].

Tafel croit que cette jetée n'est qu'une sorte d'aqueduc, par lequel les eaux s'introduisaient dans la ville, ce qui paraît bien étrange et tout à fait inadmissible [4]. Plus juste est l'opinion de Hammer, qui considère le *Tscrempoulon* comme une digue [5]. Le récit de Dapper, qui visita la ville au début du xviiie siècle sinon avant, paraît y faire allusion. Voici, en effet, ce qu'il dit à ce sujet : « Quai où l'on débarque, qui avance dans la mer [6] ». Ce quai pourrait bien être le mur, dont nous avons relevé les traces, et dont il fut question plus haut.

Au nord, le port était limité par un mur, qui, partant du Tophané, allait de l'ouest à l'est, suivant une ligne presque

1. Ὅν (le port) ἐκ τῆς θαλάσσης ὁ τεχνίτης ἀπέτεμε, μέσον γὰρ ἀπείρξας διά τινος τείχους τὴν τῶν ὑδάτων ἐπίρροιαν, συναπεῖρξεν ἐκ τοῦ πρὸς θάλασσαν καὶ τῶν πνευμάτων τὸν κλύδωνα· ἡ θάλασσα γὰρ τῷ βυθῷ φυσωμένη καὶ τὴν ἐκδρομὴν πρὸς τὴν χέρσον ἐφευγομένη, τῷ διαφράγματι τοῦ τῇδε τείχους κωλυομένη μὴ ἔχουσα τίνι τὴν ἀπειλὴν ἐπαφήσει, χωρεῖ τοῖς ἐφ᾽ἑκάτερα τοῦ τείχους μέρεσι, καὶ τὸ ὕδωρ, ἠρέμα πως ὀλισθῆσαν, ζάλης ἁπάσης ἐκτὸς τὸν τοιοῦτον ὅρμον διατηρῇ. J. Caméniate, Bonn, p. 492.

2. Voici ce que le traité de Philon de Byzance nous apprend à ce sujet : « Si les murs, dit-il, sont baignés en quelque endroit par une mer profonde, il faudra protéger ces murs au moyen d'une jetée, pour que l'approche n'ait pas lieu de ce côté-là, et afin que l'ennemi ne puisse détruire les remparts au moyen de l'éperon de ses grands navires, ou s'emparer de quelques tours en jetant des ponts », trad. Wescher. De Rochas d'Aiglun, *Principes de fortification antique*, p. 47.

3. Διὰ τοῦ κατὰ θάλατταν προβεβλημένου διατειχίσματος, Τζερέμπουλον τοῦτο καλεῖν πάντες εἰώθαμεν. J. Anagnoste, ch. 13, Bonn, p. 508.

4. Tafel, o. c., p. 208.

5. *Geschichte des Osm. Reiches*, 1, p. 434.

6. Dapper, *Les isles de l'Archipel*. Amsterdam, 1703, p. 346.

parallèle à la voie Egnatienne et à une distance d'à peu près 200 mètres. On retrouve quelques traces de ce mur disparu. Ainsi dans une petite arrière-cour d'un petit restaurant tenu par un bulgare, à l'ouest et non loin de l'église de Saint-Ménas et sur la même rue, y a-t-il des restes de ce mur, qui mesurent trois à quatre mètres de longueur, deux de largeur et environ un et demi de hauteur. On nous a dit que, il y a quelques années, l'on pouvait suivre ces restes, depuis démolis, dans la direction du Tophané, sur une distance de 25 à 30 mètres.

C'est au travers de ce mur, que s'ouvrait, non loin de l'église de Saint-Ménas, à l'ouest, une des portes maritimes. On appelle encore aujourd'hui cet endroit *Ghiali Porta* ou *Ghiali Capou*, en grec Πόρτα τοῦ Γιαλοῦ, Porte de la plage [1].

Le mur, qui fermait le port du côté oriental, descendait tout près de cette porte, à l'ouest de Saint-Ménas pour aller se joindre au mur maritime, qui longeait la côte du golfe. La jonction se faisait probablement par une tour, située en face de celle qui terminait le *Tserempoulon*.

Le port, par conséquent, ne s'étendait à l'est que presque jusqu'à l'église de Saint-Ménas, car celle-ci est un édifice byzantin ancien, mentionné déjà dans les textes, au ixe siècle. Malheureusement toute trace du mur oriental du port a disparu pour que l'on puisse déterminer avec certitude son trajet. Cependant, selon toute vraisemblance, il suivait une ligne parallèle à celle du mur actuel oriental du Tophané ; car le port avait une forme quadrangulaire, d'après le témoignage de Jean Caméniate [2].

---

1. Cette expression tend à se corrompre davantage. A Salonique on nous a souvent expliqué que l'endroit mentionné s'appelait τὰ γιαλάδικα, parce que, autour de l'église de Saint-Ménas, il y a des boutiques vendant des verreries (γιαλί)! Mais certains autres habitants nous ont dit que le quartier s'appelle Ghiali Capou ou Porta, sans toutefois se rendre compte pourquoi.

2. Ὁ μὲν λιμὴν τετράσι γωνίαις ἐμπεριείληπται, ch. 4, Bonn, p. 493.

Son entrée, défendue par les deux tours mentionnées, ne devait pas être trop large, parce que, en cas de danger, on pouvait l'obstruer facilement. Ce qui arriva au viie siècle, lors des attaques, par mer et par terre, des Slaves [1], et en 904, lorsque la ville fut de nouveau assiégée par la flotte des Sarrasins. A cette dernière occasion on a pu fermer l'entrée par quelques navires coulés et par une chaîne tendue de part à part [2].

Les *Actes de saint Démétrius* parlent d'un port, pourvu d'un môle en pierre, qu'on appelait au viie siècle *Escale Ecclésiastique*. Il était défendu par une tour, au voisinage de laquelle existait une poterne, qui livrait l'accès de la ville.

La situation exacte de cette escale est difficile à déterminer, le texte des *Actes* n'étant pas très clair. Il dit, en effet, que les ennemis avec leurs navires se sont approchés de la ville, « les uns du côté de la tour, qui se trouve derrière l'Escale Ecclésiastique où il y a une poterne, les autres du côté dépourvu de murs, où est situé le port (σοῦδα) [3] ».

Faut-il chercher ces deux endroits, l'un à l'est, l'autre à l'ouest de la ville, ou bien du même côté, tout près l'un de l'autre ? On ne saurait le dire. Il se peut bien qu'un des deux, soit l'*Escale Ecclésiastique*, soit la *Souda*, corresponde au port de Constantin le Grand, dont on ne conservait plus le nom au viie siècle. Mais tout cela est du domaine de l'hypothèse. En tout cas, étant donné que le port était dépourvu de défense, au viie siècle, le mur dont nous avons relevé les traces, n'est qu'une œuvre du xe siècle, exécutée après la prise de la ville par les Sarrasins, c'est-à-dire après l'an 904.

Les « ports » de Thessalonique étaient capables d'abriter

---

1. *Actes.* Migne, CXVI, col. 1328.
2. Jean Caméniate, ch. 25, p. 508.
3. *Actes.* Migne, CXVI, col. 1329.

jusqu'à trois cents navires [1]. Une flotte pourtant plus considérable pouvait trouver au besoin refuge dans les autres petites anses du golfe [2]. C'est ainsi, nous apprend l'auteur des *Actes de saint Démétrius*, qu'un vent violent, ayant provoqué une forte houle dans la rade de Thessalonique, obligea les navires slaves, qui assaillaient cette ville au viie siècle, à se réfugier dans les petits ports naturels, qui existaient du côté oriental du golfe. L'un d'eux s'appelait *Kellarion* [3], que Tafel veut identifier avec celui de Clopas, mentionné au xive siècle par Cantacuzène [4].

L'accès de certaines parties de la plage devant la ville n'était pas toujours facile. Ainsi, les Normands qui assiégeaient Thessalonique en 1185, ne purent-ils approcher leurs navires du côté occidental, parce que les eaux n'avaient pas la profondeur nécessaire [5]. Cela s'explique, du reste, par les alluvions du Vardar, qui n'est pas trop éloigné de cet endroit. Ce sont ces mêmes alluvions, qui ont contribué à ce que le port de Constantin le Grand fût comblé. Par contre, le côté oriental fut toujours accessible aux navires de n'importe quel tonnage.

Le fait d'être un excellent port a rendu à la ville de très grands services. Elle fut de tout temps l'entrepôt naturel de la Macédoine et des autres régions voisines. De grandes et de petites routes la liaient aux villes et aux villages de l'intérieur. Quelques-unes traversaient toute la Péninsule Balkanique pour aboutir aux bords du Danube [6]. Les commerçants des pays les plus lointains suivaient ces voies pour arriver à Thessalonique et pour s'y embarquer sur les navires, afin de continuer par mer leur voyage en Orient et en Occident.

1. Tafel, o. c., p. 211.
2. Eustathe, o. c., p. 464.
3. *Actes*, col. 1328.
4. *Hist.*, III, Bonn, p. 63.
5. Eustathe, o. c., ch. 59 ; cf. Tafel, o. c., p. 211.
6. Const. Porphyrogénète, *De Adm. Imp.*, ch. 42, Bonn, p. 177.

C'est ainsi que les négociants de Novgorod pour aller à Alexandrie passaient assez souvent par la Macédoine et sa capitale [1]. Mais la voie, qui avait entre toutes la plus grande importance, c'était celle que les rois macédoniens avaient construite, la *Via Regia* [2], devenue sous les Romains la *Via Egnatia*. Elle commençait à Dyrrhachium pour aboutir à Constantinople [3], traversant Thessalonique de l'ouest à l'est et formant une de ses principales rues : la *Léôphoros* de Byzantins [4], l'actuelle *Grand'rue du Vardar* [5].

De tous côtés les produits pouvaient être ainsi transportés facilement à Thessalonique, où plusieurs fois par an, et surtout à la fête de saint Démétrius, avaient lieu des foires, renommées dans le monde entier.

Mais d'autres circonstances ont contribué aussi à la prospérité de la ville. Si elle a réussi à se relever, après tant de sièges et de malheurs, si elle a triomphé de toutes les difficultés et pu se maintenir à travers les siècles au rang de première cité de la Macédoine, elle le doit surtout à la région extrêmement riche qui l'entoure. Ses terres très fertiles ne restaient jamais longtemps désertes. Les habitants, que les invasions et les guerres chassaient vers les montagnes ou dispersaient aux quatre vents, revenaient toujours à leurs chers foyers saccagés. S'ils les trouvaient occupés par des usurpateurs — comme cela arriva aux temps des invasions slaves — le malheur n'était nullement irréparable : il restait toujours assez de place pour tout le monde.

A l'occident s'étend une large plaine dont une partie est

---

1. Fallmerayer, *Fragm. aus dem Orient*, II, p. 191.
2. T. Live, XXXIX, 27.
3. Tafel, *De via Egnatia*, p. 4 et s.
4. Jean Caméniate, ch. 9, Bonn, p. 500; Gr. Palamas, *Homélie*, XLIII, Migne, CLI, col. 544; C. Harménopoulos Ms. gr. Salonique, n° 49, f. 45.
5. La population grecque indigène l'appelle φαρδύς ou μεγάλος δρόμος et les Turcs Djatéghyol.

appelée Bothiée par les anciens, Campania par les Byzantins
de la basse époque [1].

Arrosée par les fleuves Haliacmon (Vistritsa ou Carassou),
Axios (Vardar) avec son affluent Lydias (Mavronéri ou Kara-
schmac) et le Echédorus (Galico), ainsi que par les lacs
qu'ils forment avec leurs nombreux affluents, elle offre un sol
des plus fertiles [2].

Un auteur du xe siècle, Jean Caméniate, nous apprend que
cette contrée était de son temps, ainsi qu'elle est encore
aujourd'hui, dépourvue d'arbres [3]; mais en revanche elle
donnait des récoltes abondantes et des vins d'une assez
bonne qualité [4].

Un autre écrivain thessalonicien du xive siècle, Démétrius
Kydonis n'hésite pas à affirmer avec enthousiasme, que les
produits de sa patrie l'emportaient sur ceux de l'Égypte [5].
Elle était surtout riche en gibier. Sous les Romains l'on orga-
nisait des fêtes, destinées aux jeux et aux chasses, ainsi que
nous l'apprennent certaines inscriptions [6]. Le fleuve Axios

1. Cantacuzène emploie souvent le nom ancien. *Hist.*, Bonn, III,
p. 63, etc. ; mais sur les listes des xiiie et xive siècles des évêchés suffra-
gants de Thessalonique figure l'évêché de Campania. Tafel, *De Thessalonica*, p. 56 ; Gelzer, *Byzant. Zeitschrift*, 1, p. 257 ; P. Leporskij,
Istorija Thessalonikskago ekzarhata, p. 217 ; Ms. gr. Paris. N°s 1339,
1259, 1375, suppl. 67.

2. J. Caméniate, *o. c.*, ch. 6, Bonn, p. 495 ; Timarion, *Notices et
Extraits*, t. IX, 2e partie, pp. 169-170 ; Nic. Chumnos, Boissonade,
Anecdota gr., 11, p. 140 ; cf. Belley, *Observations sur l'histoire de la
ville de Thessalonique. Mémoires de l'Acad. des Inscript. et Belles Lettres*,
XXXVIII (1777), pp. 121-146 ; Pouqueville, *Voyage de la Grèce*, 2e éd.,
III, pp. 108, 377-378 ; Escott, *La Turquie*, tr. fr., pp. 103-104 ; Heuzey
et Daumet, *Mission archéol. de Macédoine*, p. 178. Tous ces auteurs
décrivent la contrée avec beaucoup de détails intéressants.

3. Ἄξυλον. J. Caméniate, ch. 6, Bonn, pp. 495 et 533.

4. Timarion, *l. c.*, pp. 169-170 ; Nic. Chumnos, *l. c.*, p. 140.

5. *Monodie*. Migne, CIX, col. 644.

6. Heuzey et Daumet, *o. c.*, p. 274 ; Duchesne et Bayet, *Misssion au
Mont Athos*, p. 10. Inscription datant du règne d'Antonin le Pieux.

était, comme il l'est encore aujourd'hui, le « rendez-vous »
des chasseurs [1]. Outre le gibier, les riches pâturages de la
plaine nourrissaient un grand nombre de troupeaux appartenant, soit aux montagnards des environs, soit à la population rustique de la plaine même, soit aux citoyens des
villes voisines.

D'immenses vignobles et des jardins plantés de toutes
sortes d'arbres fruitiers, voire d'oliviers, couvraient les environs de chaque ville et village. Le voyageur, qui se rendait à
Thessalonique, était obligé de traverser, pendant des heures
entières, un riche terroir de plantations de vignes et d'arbres [2].

Certaines inscriptions anciennes nous montrent que l'on
s'intéressait beaucoup à la culture de la vigne [3]. Sur quelques
monnaies de Thessalonique, antérieures à la domination
romaine, l'on voit également figurer une grappe de raisin [4],
ce qu'on relève souvent sur les monnaies des villes, qui
honoraient Bacchus d'une façon spéciale.

La terre était labourée par le paysan, soit pour son propre
compte, soit pour les riches propriétaires, laïques ou religieux,
habitant les villes voisines et notamment Thessalonique [5].
Il y avait de nombreux villages entre celle-ci et la ville de
Verria, occupés surtout par les Dragoubites et les Sagoudates,
établis sur cette région à la suite des guerres slaves des VIe

1. Timarion, o. c., pp. 169-170 ; Pouqueville, o. c., 2e éd., III, p. 109 ;
Tafel, o. c., p. 276.

2. Pouqueville, o. c., III, pp. 95 et 378.

3. Duchesne et Bayet, o. c. Inscript., n° 44, pp. 34-35 ; P. N. Papageorgiu, Die Ἱέρεια-(Θ)ύσα-Inschrift von Saloniki. Triest, 1901, p. 2.

4. Barclay v. Head, A Catalogue the greek coins in the British
Museum. Macedonia, p. 109.

5. « L'étendue et la fécondité des plaines de Salonique et de Pella,
écrit Cousinéry, obligent, depuis un temps immémorial, le grand propriétaire à se pourvoir un peu avant la récolte des grains, des moisson-
neurs montagnards, qui viennent se répandre dans toutes les métairies
en deçà et au delà de l'Axius. » Voyage dans la Macédoine, I, p. 93.

et viie siècles [1] ; il y avait aussi tout près de Thessalonique quelques établissements religieux, qui devaient contribuer également à la prospérité de l'agriculture [2]. Les *Actes de saint Démétrius* en mentionnent surtout deux, qui existaient encore au viie siècle : le monastère-château fort de Sainte-Matrona [3] et le monastère des trois saintes martyres Chioné, Matrona et Agapé.

Le premier était si important et si bien fortifié que les Avares, faisant irruption de nuit, le prirent pour la ville même de Thessalonique et lui donnèrent l'assaut pendant plusieurs heures [4].

On ignore malheureusement l'emplacement exact de ces deux monastères. Les *Actes* disent tout simplement que le second, c'est-à-dire celui consacré aux trois saintes martyres, était situé « tout près de la ville [5] ». Le texte ajoute que, plus tard dans la première moitié du viie siècle, tous les deux furent saccagés par les Avares et les Slaves, qui avaient attaqué la ville, lorsqu'elle avait à sa tête l'archevêque Jean [6]. Il est probable que ces monastères ne furent pas entièrement détruits, car les *Actes* laissent entendre que celui des trois saintes martyres existait encore après les invasions et les sièges subis par la ville [7], aux temps où ces actes furent composés, c'est-à-dire vers la fin du viie siècle [8].

Non moins fertiles sont les charmantes vallées du côté est et sud-est de Thessalonique, abondantes en sources, en petits

---

1. Jean Caméniate, ch. 6, p. 496.
2. *Ibid.*, cf. Tafel, o. c., pp. 233 et 277.
3. *Actes*, Migne, CXVI, col. 1288.
4. *Actes*, col. 1277 et 1288.
5. *Ibid.*, col. 1277.
6. *Ibid.*, col. 1345.
7. « Le monastère, qui comme *vous le savez...* » disent les *Actes. Ibid.*
8. O. Tafrali, *Sur la date de l'église et les mosaïques de Saint-Démétrius de Salonique. Rev. archéol.*, 1909, 4e sér., t. XIII, pp. 83-101.

ruisseaux, voire même en sources thermales. Surtout celle qui longe la rive du golfe intérieur, s'étendant, depuis la ville, sur la côte nord-ouest de la Chalcidique, est parmi toutes la plus belle et la plus recherchée.

Toute cette contrée, aujourd'hui assez déboisée, était autrefois couverte de vergers, de jardins, de vignobles, qui, l'été et l'automne, pendant les vendanges surtout, charmaient « l'œil épris du beau [1] ».

Au moyen âge on lui a donné le surnom de *Bon Endroit*, Kalamaria [2], à cause de la fertilité de son sol et de ses sites pittoresques [3]. Une petite rivière, aux rives fleuries, la Anthémus des anciens [4] (aujourd'hui Vasilikiotiko potami [5]), la traverse de l'ouest à l'est et vient se jeter dans le golfe Thermaïque près du cap le Grand Cara-Bournou, au voisinage duquel il y a aussi des salines [6].

Kalamaria a inspiré à plus d'un écrivain byzantin ou moderne des descriptions enthousiastes [7]. Les anciens aussi avaient donné à son principal cours d'eau, le nom de « rivière fleurie », à tel point les avaient charmés ses rives enchanteresses. Du reste, Kalamaria mérite bien son renom, et la

---

1. J. Caméniate, *o. c.*, τὸν φιλόκαλον ὀφθαλμόν.

2. Théophane continué, l. IV, pp. 189 et 372. Ce nom dérive de Καλὴ μερία, bon endroit. Tafel, *o. c.*, p. 254; Cousinéry, *o. c.*, I, p. 53. D'après une légende locale, recueillie par M. Papageorgiu le nom de Kalamaria serait dû à une impératrice, appelée Marie, qui avait pris le voile de religieuse. Pour sa grande bonté, on l'avait surnommée la *Bonne Marie*, Καλὴ Μάρα. *Byz. Zeit.*, VII, p. 57.

3. J. Caméniate l'appelle πεδίον παγκαλὲς καὶ ἐράσμιον, ch. 5, Bonn, p. 494.

4. Hérodote, 5, 94; Thucydide, 2, 92, 100. Eschyne, *Parapresb.*, 34, 36; Diodore, 15, 8; Étienne de Byzance, *De Urbib.*, au mot.

5. P. N. Papageorgiu, *Byz. Zeit.*, VII, p. 58.

6. Idem, *Un édit de l'Empereur Justinien II*. Leipzig, 1900, p. 44; cf. Tafel, *o. c.*, p. 279.

7. J. Caméniate, *l. c.*; Pouqueville, *o. c.*, III, p. 377; P. N. Papageorgiu, *Byz. Zeit.*, VII, p. 57 et s.

ville moderne de Thessalonique, le quartier véritablement européen, s'étend de plus en plus sur une partie de cette admirable campagne.

Au delà de Kalamaria, à l'est, la région est très belle aussi. La pente orientale du Corthiat, riche, comme tout le massif du reste, en gibier — de cerfs et de chevreuils surtout [1] — descend sur une autre vallée, appelée Langada, au fond de laquelle quelques lacs étalent leurs eaux et dont les plus importants sont Langaza (Aïos Vasilios ou Kioutchouk Bechik) et Bolbé ou Bouïouk Bechik). Ils communiquent entre eux, ainsi qu'avec le golfe d'Orfano. Ils fournissaient aux Thessaloniciens des poissons délicieux, dont ils étaient très friands [2].

Cette région a également des eaux minérales, surtout sulfureuses, à l'est des villages modernes de Carali et Mandjaridès [3], ainsi que des sources thermales sur le bord septentrional du lac Langaza [4].

C'est dans cette vallée de Langada, que certains écrivains Byzantins du xiii⁰ siècle placent la localité appelée le *Jardin du Berger* (Κῆπος τοῦ προβατᾶ), dont il est souvent question dans les auteurs byzantins. Elle était éloignée de Thessalonique de huit stades [5].

Dans toute cette région orientale il y avait aussi un assez grand nombre de maisons et de monastères, non éloignés les uns des autres [6]. Construits, soit sur les pentes des montagnes, soit au milieu des vallées, ils offraient de loin un agréable

---

1. J. Caméniate, *o. c.*, pp. 494-495.

2. *Ibid.*, p. 494.

3. P. N. Papageorgiu, *o. c.*, p. 58.

4. Dimitsas, Ἀρχαία γεωγραφία Μακεδονίας, I, p. 197.

5. Acropolite, éd. Migne, col. 1076 ; Cantacuzène, III, 38, Bonn, p. 236 ; J. Anagnoste, ch. 6, Bonn, p. 492 ; Hadji Ioannou est enclin à l'identifier à la localité appelée *Mille-Arbres*, Χίλια δένδρα. Ἀστυγρ. Θεσσαλονίκης, p. 49.

6. J. Caméniate, *o. c.*, Bonn, p. 494.

coup d'œil et servaient en même temps d'asile aux voyageurs et aux Thessaloniciens mêmes, qui s'y réfugiaient pendant les grandes chaleurs.

Aux abords immédiats du mur oriental de la ville, existait le faubourg de *Sainte-Galaktéri*, dont il est souvent question dans divers actes des xe et xive siècles [1]. Il y avait également non loin de Thessalonique une source miraculeuse, près de laquelle un homme pieux avait construit une église, consacrée au saint patron, d'après ce que nous apprend Jean Staurakios, écrivain du xiiie siècle. Cette église s'appelait Saint-Démétrius-la-Source [2].

Dans les montagnes voisines il y avait aussi des grottes, où vivaient des moines solitaires, qui de temps en temps entraient dans Thessalonique pour entendre la messe dans une église quelconque. Il est question d'eux dans la *Vie de sainte Théodora*, écrite par l'ecclésiastique Grégoire, au ixe siècle [3]. Plus tard, aux xiiie, xive et xve siècles, il existait sur le Corthiat, un monastère, aujourd'hui en ruines, qui portait le nom de Chortaïte [4].

Enfin, la région septentrionale est d'un relief très accidenté.

1. A. Dmitrievskij, *Opisanie liturgičeskich rukopisej. Typica*. Kiev, 1895, I (monastère du Pantocrator, d'après un ms. n° 85 de la Bibl. de Chalki a. 1749), p. 698 ; Typikon de Jean Paléologue (xive s.). Ms. gr. Paris. 389, f. 56.

2. J. Staurakios, *Homélie sur s. Démétrius*. Migne, CXVI, col. 1393 et Ms. gr. Paris. (Coislin), 146, f. 64 v°.

3. Édition E. Kurtz, *Mémoires de l'Académie des Sciences de S. Pétersb.*, viiie s., cl. hist.-ph., vol. VI, n° 1 (1902), p. 34.

4. Innocent III, épist. 15, 70 ; Nic. Grégoras, Bonn, I, p. xvi et 8, 11, 6 ; Cantacuzène, I, 31, Bonn, I, p. 53 ; J. Anagnoste, ch. 11 ; Eustathe parle de deux villages, Mamytsa et Strobilos, qui n'étaient pas trop éloignés de Thessalonique (*Opuscula*, p. 358). Mais nous ignorons de quel côté ils étaient situés. Étienne de Byzance mentionne aussi un village voisin de la ville, appelée Altos, dont l'emplacement est également ignoré. Étienne de Byzance au mot Altos.

Deux des plus importants fleuves de la Macédoine, le Vardar et le Galico, la traversent. Dans leur parcours, ils forment, avec leurs affluents, un certain nombre de lacs. Ainsi, l'affluent Mavronéri donne naissance au lac Yénidjé, tandis que Ardjan, affluent du Vardar, forme le lac Sarighiol. En outre, entre l'Ardjan et le Galico il y a un autre lac appelé Dobiros ou Doriané [1].

Les rives et les alentours de ces eaux sont couverts de saules et d'autres arbres, et surtout de roseaux. C'est dans ces fourrés que les envahisseurs, vaincus et poursuivis par les armées romaines ou byzantines, s'étaient souvent cachés, et ce fut très difficile de les en déloger [2].

Cette région est également accessible aux travaux agricoles et capable de prodiguer aux travailleurs une vie aisée.

Tel est, très brièvement décrit, le pays que commande Thessalonique. Il lui donne à plus d'un point de vue de grands avantages. Mais il présente aussi quelques inconvénients.

Le climat de la ville, à cause du grand nombre de lacs disséminés aux environs et du delta du Vardar, est loin d'être excellent [3]. Les maladies, surtout la fièvre, due aux piqûres de légions de moustiques, véritables maîtres du pays, sévissent souvent avec fureur. Elles sont pourtant moins dangereuses pour l'indigène que pour l'étranger de passage. Maintes fois des personnages de marque, voire même des empereurs, sont tombés malades après un court séjour dans la ville.

C'est pourquoi les Thessaloniciens, lorsqu'aucun danger extérieur ne les menaçait, quittaient la ville en été, comme

---

1. Dimitsas, Ἀρχ. Γεωγρ. Μακεδονίας, I, p. 197.
2. Zozime, IV, 48, Bonn, p. 231 ; Eunapii, *Excerpta*, Bonn, p. 85.
3. Seul Démétrius Kydonis, écrivain Thessalonicien du xive siècle, soutient que le climat de sa patrie est « très sain ». *Monodie.* Migne, CIX, col. 644.

ils le font encore aujourd'hui [1], pour se rendre en villégiature, soit dans la région montagneuse, soit dans la vallée de
Kalamaria. Mais durant les invasions des Huns, des Goths,
des Avares et des Slaves, et plus tard, des Bulgares, des
Serbes, des Catalans et des Turcs, ces récréations n'étaient
guère faciles à prendre. De grands dangers guettaient le
citoyen qui s'aventurait hors de la ville, dans l'intérieur
de laquelle, confiant aux formidables murailles qui l'entouraient, il se sentait complètement à l'abri.

1. Hadji Chalfa, cité par Tafel, *o. c.*, p. 17 ; Pouqueville, *o. c.*, p. 110.
« La plupart des consuls, écrit Boué, et gens riches ont des maisons
de campagne en deçà de la baie au sud de Salonique ou bien dans les
gorges, au pied du Corthiat. » *Recueil d'itinéraires de Turquie d'Europe,*
I, p. 154.

CHAPITRE II

Les Remparts.

I

HISTORIQUE

Thessalonique fut de très bonne heure fortifiée.

C'est elle qu'Antigone, vaincu par Pyrrhus roi d'Epire, choisit comme suprême refuge, pour y refaire ses forces, préparer la défense et essayer de nouveau le sort des armes [1].

De l'enceinte hellénistique il ne reste aujourd'hui que quelques vestiges en divers endroits de l'enceinte byzantine qui l'a remplacée.

Au premier siècle avant notre ère les remparts de la ville étaient en assez mauvais état. Cicéron qui, exilé de Rome, y avait séjourné pendant quelque temps, nous apprend que les habitants, lors d'une invasion des Thraces barbares, cherchèrent refuge dans la citadelle, où ils exécutèrent quelques travaux de restauration [2]. Le fait d'avoir abandonné la ville pour l'acropole prouve que les remparts n'étaient plus en état de servir [3].

Sous la domination romaine on y a fait quelques réparations et quelques constructions nouvelles.

Ainsi, la porte occidentale de la voie Egnatienne, la Porte d'Or et le mur contigu, furent construits, selon toute vraisemblance, au premier siècle de notre ère [4].

Thessalonique subit sous Décius, en 253, un premier siège des Goths, qui furent repoussés ; une nouvelle tentative sous

---

1. Justin, *Hist. Philipp.*, 25, 3, 7 ; Pomp. Trogue, *Hist. Phil. Epit.*, éd. Roehl, pp. 168-169 ; cf. J. G. Droysen, Ἱστορ. τοῦ Μακεδ. ἑλληνισμοῦ, t. III, Ἱστορ. τῶν Ἐπιγόνων. μετάφρ. 1. Δελλίου, p. 254.

2. Macedonia... sic a barbaris, quibus est propter avaritiam pax erepta, vexatur, ut Thessalonicenses, positi in gremio imperii nostri, relinquere oppidum et arcem munire cogantur. Cicéron, *De prov. procons.*, ch. 2 ; Id., *In L. Pisonem*, ch. 17.

3. Tafel, *o. c.*, p. 176.

4. Heuzey et Daumet, *Mission archéol. de Macédoine*, p. 273.

Claude II, en 269, des mêmes barbares, échoua également [1].
Les murs, par conséquent, étaient déjà restaurés et mis en
état de défense, soit par la sollicitude du gouvernement impérial, comme ce fut le cas pour d'autres villes [2], soit par la
propre initiative du démos thessalonicien.

L'empereur Galère choisit Thessalonique comme résidence
au commencement du IVe siècle [3]. Il y construisit un palais
et donna des jeux de cirque. Les Thessaloniciens, pour célébrer ses succès en Orient, lui érigèrent un arc de triomphe
sur la voie Egnatienne, du côté oriental [4]. A cette époque les
villes de la Macédoine et de la Thrace étaient sous la menace
perpétuelle des invasions des barbares. Il y a donc tout lieu de
croire que Galère, partant en guerre contre les Perses, avait
estimé que l'enceinte de Thessalonique était en état de résister contre une attaque.

Vers la seconde moitié du IVe siècle l'empereur Julien
l'Apostat, qui, à son passage par l'Illyricum, avait probablement aussi visité Thessalonique, s'intéressa à la défense des
cités de cette partie de l'Empire, plus exposée aux invasions
des barbares. Il ordonna que toutes les villes de la Macédoine,
du Péloponèse, de l'Illyricum en général, réparassent leurs
murailles pour être prêtes à toute éventualité [5]. Thessalonique entrait, par conséquent, dans ce vaste programme de
constructions.

Les travaux, quant à Thessalonique, ne furent cependant
pas exécutés sous son règne, mais un peu plus tard. Les
croix qu'on relève sur plusieurs endroits des remparts, en
sont une preuve suffisante. Ce n'est pas le défenseur zélé du
paganisme, que fut Julien, qui les eût tolérées.

---

1. Zosime, 1, 23, 8 ; Ammien Marcellin, 31, 31 ; cf. Tafel, *o. c.*, p. 193,
note 35.

2. Ch. Diehl, *Afrique Byz.*, p. 143.

3. Tafel, *o. c.*, pp. 160-167.

4. Kinch, *L'arc de triomphe de Thessalonique*, p. 10.

5. Scire satis est, cunctas Macedoniae, Illyrici, Peloponnesi civitates

ΝΚΑΘ··Ρ·Γ
Ε·····CΕ

···Τ··ΕΞΙΝΑΡ·ΚΤΟΙCΩΡΜΙCΔΑC ΕΞΞΤΕΛΕCCΕΤΗΝΔΕΠΟΛ·Ν·

L'enceinte chrétienne.

L'enceinte hellénistique, en très bel appareil, ne pouvant plus répondre aux besoins du temps, fut remplacée presque de fond en comble par une autre, qui révèle un art tout à fait différent.

La question, qui se pose tout d'abord à son sujet, c'est de savoir à quelle époque elle fut construite.

Une grande inscription en briques, qu'on lit sur une des tours carrées, située juste en face du cimetière protestant du côté oriental de la ville, peut nous éclairer.

Cette inscription, longue de neuf mètres, composée en vers, occupait deux lignes, dont la seconde seulement est en assez bon état, tandis que de la première ne restent que l'ornement en briques qui la précédait, et quelques vestiges de lettres.

M. P. Papageorgiu, qui le premier l'a lue correctement [1], lorsqu'elle était dans un meilleur

unis aut binis epistolis maximi imperatoris induisse novatis moenibus juventutem. Mamertini, *In gratiarum actione Juliano Augusto,* ch. 9 ; cf. Tafel, *o. c.,* p. 178, note 29.

1. Ce fut Hadji Ioannou qui le premier l'a publiée dans son Ἀστυγραφία Θεσσαλονίκης, pp. 12 et 17. Mais il a lu au lieu de ἐξετέλεσσε, ἐκέλευσε.

M. Papageorgiu donne, à son tour, la transcription πόλ.[ιν, comme si le ν du groupe ιν n'existe plus. *Berl. Philolog. Wochenschrift,* 17 mars 1883, pp. 344-345 ; cf. *Id.,* Αἱ Σέρραι, *Byz. Zeit.,* III, pp. 237-238. Or, l'on voit encore aujourd'hui très bien la lettre ν.

état de conservation [1], en donne la reconstitution du texte comme suit :

Τείχεσιν ἀρρήκτοις Ὁρμίσδας ἐξετέλεσσε τήνδε πόλ[ι]ν...

[... Par des murs indestructibles Hormisdas a exécuté cette ville...]

Malgré son état mutilé, cette inscription nous révèle le nom de celui qui a exécuté l'œuvre de la reconstruction des murailles.

Il s'appelle Hormisdas.

Qui est ce personnage ?

Hadji Ioannou, qui le premier publia l'inscription, malgré certains doutes, crut qu'il s'agit du pape Hormisdas [2], qui occupa la chaire apostolique entre 514-523. Mais ni lui, ni après lui, P. N. Papageorgiu, n'ont appuyé cette hypothèse d'aucun argument sérieux [3].

Elle paraît cependant au premier abord très séduisante.

On sait, en effet, que le pape Hormisdas, accompagné d'un grand nombre d'évêques, est venu, sous le règne de Justin, en Orient. Il a séjourné pendant quelque temps à Constantinople pour régler certaines questions, concernant le dogme [4]. On sait aussi que Thessalonique, au point de vue

---

1. M. Papageorgiu en donne la transcription suivante :

TEI·ECIN AP··KTOIC OPMICΔ·C EΞETEΛECCE THNΔE ΠOΛ· EΠ·CE·ΠN·ΛOΛP·

Cette transcription n'est pas tout à fait exacte. En admettant que deux ΤΤ des groupes EΠ et ΠN existaient lorsque M. Papageorgiu les a relevés, il reste la question de la distance qu'il n'a pas indiquée dans sa copie publiée dans le fascicule cité de la *Berl. Philolog. Wochenschrift*. D'ailleurs, nous avons lu le groupe ΚΛ suivi après un espace à peu près de trois lettres par un Ρ, ce qui diffère de la copie de M. Papageorgiu.

2. Hadji Ioannou, Ἀστυγραφία Θεσσαλονίκης, pp. 13-14.

3. P. N. Papageorgiu, *Berlin. Philol. Wochenschrift*, 1883, p. 345, Idem, *Byz. Zeit.*, III, pp. 237-238.

4. Cédrenus, I, 683; Théophane, I (a. 6066), pp. 380-381, qui place cependant cet événement sous Justin II et Maurice, p. 248.

O. TAFRALI. — *Topographie de Thessalonique.*   3

ecclésiastique, faisait partie jusqu'au viii⁰ siècle de la juridiction non pas de Constantinople, mais de celle de Rome [1]; que
Hormisdas était en correspondance avec plusieurs religieux de
Thessalonique, et qu'il avait réglé certaines affaires ecclésiastiques concernant l'Église thessalonicienne [2]. Rien par conséquent d'étonnant, dira-t-on, que l'on trouve cité à Thessalonique le nom du chef suprême de l'Église, dont elle dépendait.

D'ailleurs, les murailles de cette ville sont antérieures au
règne de Justinien.

En effet, Procope, qui parle avec beaucoup de détails de
toutes les constructions et réparations que cet empereur a
faites dans tout l'Empire [3], ne mentionne pas Thessalonique.
Pourtant il n'oublie point de mentionner qu'on a construit en
ce temps-là un château fort, appelé Artemission à l'embouchure de la rivière Rhéchios tout près de cette ville ; il n'oublie également pas de nous apprendre que la cité voisine,
Cassandria, a eu ses murailles reconstruites [4]. Pourquoi alors
ce silence sur Thessalonique ? La chose s'expliquerait si l'on
admet que cette cité n'avait point besoin de la sollicitude
impériale, car ses remparts étaient en très bon état.

Or, ce fait pourrait être aussi invoqué en faveur de l'hypothèse de Hadji Ioannou et Papageorgiu, Hormisdas ayant été
pape avant le règne de Justinien.

Cependant quelque séduisante que puisse être cette hypothèse, elle ne saurait résister à un examen plus approfondi.

D'abord, si Thessalonique, comme ville de l'Illyricum,

1. P. Leporskij, *Istorija Thessalonikskago ekzarchata do vremeni pri-
sodinenija ego k Konstantinopolskomu patriarchatu*, S. Pétersbourg,
1901, p. 212.
2. Congregata synodo de paroecia thessalonicensi. Mansi, *Concil.*,
t. X, p. 552. Friedrich, *Ueber die Sammlung der Kirche von Thessalonich und das päpstliche Vicariat für Illyricum. Sitzungsberichte der
philos.-philolog. u. hist. Classe der k. b. Akademie der Wissenschaften
zu München*, fasc. V, 1891, pp. 805-834.
3. Ch. Diehl, *Afrique byzantine*, p. 142; *Justinien*, p. 233 et s.
4. *De aedif.*, IV, 3, pp. 276-7.

était encore au vi⁰ siècle sous la juridiction ecclésiastique de Rome, au point de vue politique et administratif elle ne l'était plus.

Ce fut Valentinien qui, partageant le pouvoir avec son frère Valens, réserva l'Illyricum et par conséquent Thessalonique aussi, à sa propre administration [1]. Mais au vi⁰ siècle Rome, au point de vue politique, avait depuis longtemps cédé le pas à Constantinople. Les empereurs résidant en Orient étaient, comme on le sait, très puissants. Ils s'intéressaient à tout, surtout à la défense de l'Empire, comme nous le prouve l'initiative prise à ce sujet par Zénon [2], par Anastase Ier [3] et par Justinien lui-même. Il est donc très peu problable qu'ils aient laissé aux bons soins du pape Hormisdas les travaux de la fortification d'une ville aussi importante que Thessalonique, qui était une place stratégique de tout premier ordre et qui servait souvent comme centre des opérations militaires contre les envahisseurs.

Mais alors, qui est cet Hormisdas, du moment que ce n'est pas le pape?

Certains textes latins de basse époque ainsi que certains auteurs byzantins peuvent nous éclairer sur ce sujet.

Disons-le tout de suite, Hormisdas n'est pas un ecclésiastique, mais un haut dignitaire de l'Empire d'origine étrangère, appartenant à une famille qui justement se remarqua par quelques constructions importantes.

En effet, Procope parle d'un palais que Justinien avait restauré pour y habiter, et qui « s'appelait *anciennement* palais d'Hormisdas [4] ». D'autres auteurs postérieurs men-

1. Zosime, l. 4, ch. 3, Bonn, p. 176.
2. C.I.G., II, p. 90, n⁰ 998 ; IV, n⁰ 8621.
3. Malalas, l. 15, Bonn, p. 385.
4. Παρὰ τὴν βασιλέως αὐλὴν, ἣ Ὁρμίσδου τὸ παλαιὸν ἐπώνυμος. *De aedif.*, ch. 4, p. 186 ; cf. ch. 10, p. 202 : πρὸς ἐπὶ τούτοις δὲ τὴν Ὁρμίσδα δ'ἐπώνυμόν οἰκίαν, ἄγχιστα οὖσαν τῶν βασιλέων παραλάξας.

tionnent aussi ce palais, transformé plus tard en monastère et situé près du petit port construit par Julien [1]. D'après Codin, c'était là qu'habitait Justinien avant de monter sur le trône.

Ces informations sont précieuses, parce qu'elles nous montrent que Hormisdas, le constructeur, est un personnage de beaucoup antérieur à Justinien, comme nous le prouve l'expression de Procope « anciennement », et le texte de Codin [2].

Une fois ce point établi, cherchons à déterminer, pour ainsi dire, l'identité de ce personnage.

Les chroniqueurs latins et byzantins parlent assez souvent des rois perses qui avaient porté le nom de Hormisdas [3]. Mais tous ces rois ont guerroyé contre les empereurs romains et byzantins pour la défense de leur patrie.

Il serait donc une hypothèse trop hasardée de penser que ce fut un d'eux qui eût construit à Constantinople le palais mentionné.

Il y a pourtant deux personnages également d'origine royale perse, père et fils, appelés tous les deux Hormisdas, qui ont rendu de grands services à l'Empire.

Le père, ainsi que nous l'apprend surtout Zosime, déshérité par son frère du trône paternel et emprisonné, réussit à prendre la fuite et vint à la cour de l'empereur Constance [4],

---

1. Théoph. continué, ch. 7, p. 154 ; Syméon le Magistre, p. 649.

2. Τὰ δὲ καλούμενα Ὁρμίσδου λιμὴν ἐτύγχανε μικρός, ἐν ᾧ ὥρμουν αἱ νῆες πρό του κτισθῆναι τὸν λιμένα τῶν Σοφιῶν. Ἐκ δὲ τῶν πολλῶν χρόνων ἀμεληθείς, ἐγεμίσθη· ἐκεῖσε δὲ Ἰουστινιανὸς ὁ μέγας κατῴκει πρό του βασιλεῦσαι· ἀπὸ δὲ τοῦ κτίσαντος αὐτὸν Ἰουλιανὸν εἴληφε τὴν ἐπωνυμίαν καλεῖται Ἰουλιανοῦ λιμήν. Georg. Codinus, *De aedif.*, p. 87.

3. Sous Galère (Eutropius, *Breviarium ab urbe condita*, éd. H. Droysen, p. 69) ; sous Justin et Tibère (Zonaras III, Bonn, pp. 177-8 ; Cédrénus, Bonn, 1, p. 684 ; Théophane, Bonn, p. 505) ; sous Tibère en 580 (Menandri *Excerpta*, Bonn, pp. 411 et 416) ; sous Héraclius (Nic. Constantinopolitanus, Bonn, pp. 23-24 ; et Cédrénus, pp. 736-756).

4. Le texte de Zosime indique que ce fut Constantin qui le reçut ; mais Ammien Marcellin et Zonaras donnent le nom de Constance, ce qui

qui lui fit un très bon accueil et « lui accorda tous les hon-
neurs [1] ». Plus tard on le voit installé définitivement chez les
Romains avec sa famille, qui lui fut envoyée de Perse par le
roi même, désireux de voir son rival avec les siens le plus
loin possible du pays. Hormisdas s'habitua vite aux mœurs
romaines. Vers 356, il visita Rome en compagnie de l'empereur. Ammien Marcellin, qui nous fournit cette information,
ajoute que les grandioses constructions et les admirables
œuvres d'art de la ville ont produit une profonde impression
sur cet émigré de marque [2]. C'est peut-être à la suite de cette
visite qu'une fois de retour à Constantinople, se mit-il à
construire un palais qu'habita plus tard Justinien.

Julien l'Apostat (361-363), partant en guerre contre les
Perses, nomma Hormisdas *magister equitum* à côté d'un autre
général nommé Arinthaeus [3]. L'importance de la charge que
les Romains lui confièrent, est une preuve que Hormisdas
avait su gagner leur confiance, probablement par une série
d'actes que nous ignorons. En effet, cette confiance n'a point
été déçue. Dans la guerre contre ses compatriotes, qui l'accu-
saient d'en avoir été la cause [4], Hormisdas demeura très fidèle
à ses maîtres.

Son fils joua, lui aussi, un rôle considérable sous les
empereurs Valentinien, Valens et Théodose le Grand (364-378,
379-395).

Après le partage de l'Empire entre les deux frères, Valentinien et Valens, ce dernier eut à lutter contre une série de

est conforme à la vérité. Ammien Marcellin, l. XVI, ch. x ; Zonaras III,
pp. 30-31.

1. Πάσης ἠξιώθη τιμῆς τε καὶ θεραπείας. Zosime, ch. 27, pp. 92-93.
2. Ammien Marcellin, lib. xvi, ch. x.
3. Zosime, l. 3, ch. 11, p. 140 ; ch. 13, p. 143 ; ch. 15, p. 146 ; ch. 29,
p. 105 ; ch. 17 et 18, p. 149 ; cf. Ammien Marcellin, l. XXIV, ch. i et
Zonaras, Bonn, III, p. 66.
4. Zosime, l. 3, ch. 23, p. 158.

difficultés. Au moment où les Perses attaquaient l'Empire, un de ses généraux, Procope, se révolta à Constantinople et s'y fit proclamer empereur [1]. Valens fut obligé de concentrer ses troupes pour combattre son rival et envoya des lettres à Valentinien lui demandant son appui. Mais celui-ci, pour une raison ou une autre, n'a pas voulu l'aider. Les armées des deux rivaux se rencontrèrent, enfin, et celle de Procope manqua de peu de triompher. L'aile, commandée par Hormisdas le Jeune, fut victorieuse ; mais le succès final fut compromis par la trahison d'un des généraux de Procope, qui, pendant la bataille, passa à l'ennemi [2].

Valens, resté maître de la situation, mit à mort plusieurs des partisans de Procope [3]. Parmi ceux-ci cependant ne figurait pas Hormisdas, qui avait réussi à s'enfuir [4] ; car on le voit réapparaître sous le règne de Théodose le Grand, qui lui accorda sa pleine confiance.

Pendant le séjour assez long que cet empereur fit, vers l'an 380, à Thessalonique, les barbares redoublèrent leurs attaques contre l'Empire. Théodose se mit à faire dans cette ville de grands préparatifs de guerre pour combattre les envahisseurs [5].

Faute de troupes suffisantes, il décida d'accepter les offres des barbares d'au delà du Danube, qui voulaient s'enrôler dans les rangs de l'armée romaine. Mais ceux-ci se présentèrent en si grand nombre, qu'il y avait danger de les garder tous dans la proximité de leurs nationaux. Théodose prit alors une sage mesure. Il envoya en Égypte une partie de ces troupes auxiliaires, et fit venir en Macédoine des troupes

---

1. Zosime, l. 4, ch. 4, p. 177 et s.
2. *Ibid.*, ch. 8, pp. 181-182 ; cf. Eunapii, *Fragm.*, Bonn, p. 101.
3. Zosime, ch. 10, p. 184.
4. Ammien Marcellin, l. XXVI, ch. VIII.
5. Zosime, l. 4, ch. 25, p. 201 et ch. 27, p. 203.

égyptiennes plus disciplinées [1]. Il nomma comme commandant suprême de l'armée envoyée outre mer, un homme de confiance, qui avait vraisemblablement une grande autorité sur ces barbares qu'il commandait peut-être depuis longtemps : Hormisdas le Jeune [2].

La présence de ce personnage à Thessalonique, lieu de concentration des troupes et le rôle qu'il joue dans ces moments difficiles pour l'Empire, a une grande importance pour l'explication de notre inscription.

Hormisdas fut proconsul sous Procope, d'après l'information que nous fournit Ammien Marcellin [3]. Il a probablement exercé aussi cette charge à Thessalonique même sous Théodose le Grand.

En résumé, le long séjour que Théodose le Grand a fait à Thessalonique, environ l'an 380, sa conversion au christianisme par l'archevêque de cette ville — rappelons que les murs portent de nombreux signes de croix — ses préparatifs militaires contre les barbares, qui constituaient une menace permanente pour l'Empire et surtout pour la capitale de la Macédoine qu'ils visaient, avec Constantinople, tout particulièrement ; sa dévotion, son repentir et humiliation complète devant l'Église pour le fameux massacre des Thessaloniciens, indiquent clairement que la vie publique ou privée de cet empereur est trop liée à Thessalonique, pour qu'il ne portât à cette ville un intérêt particulier. Mais par-dessus tout il faut remarquer la présence, vers 380, dans la Macédoine et à Thessalonique d'un personnage important, que

---

1. Zosime, l. 4, ch. 30, p. 207.

2. *Ibid.*, p. 208 : ἡγεῖτο δὲ αὐτῶν (les barbares) Ὁρμίσδης ὁ Πέρσης· ἦν δὲ Ὁρμίσδου παῖς τοῦ κοινωνήσαντος εἰς τὸν κατὰ Περσῶν πόλεμον τῷ αὐτοκράτορι.

3. Hormisdae maturo juveni, Hormisdae Regalis illius filio potestatem proconsulis detulit (Procopius) et civilia more veterum et bella recturo. Amm. Marcellin, XXVI, 8, éd. Clark, Berlin, 1910.

l'empereur honore d'une mission très délicate et qui porte le même nom que le constructeur des murailles de cette cité. Nous devons, par conséquent, admettre que la plus grande partie et la plus ancienne de l'enceinte de Thessalonique date de la fin du IVe siècle.

On a exécuté, pendant les siècles suivants, de nombreuses restaurations et des reconstructions dont les traces sont bien visibles.

Les empereurs Zénon [1] et Anastase I Dicoros [2], à la fin du Ve et au commencement du VIe siècle, ordonnèrent que les routes, les ports et les murailles des villes fussent réparés.

Cependant, étant donné que celles de Thessalonique présentaient un bon état de conservation, s'il y a eu des réparations à cette époque, elles ne pouvaient être qu'insignifiantes. Nous avons, du reste, vu que Justinien même n'a pas eu l'occasion d'intervenir. Mais il n'en fut pas de même après les nombreuses et terribles attaques que la ville avaient subies à la fin du VIe et durant le VIIe siècle de la part des Avares et des Slaves [3]. Après chacun de ces sièges, on a dû restaurer les parties ébranlées par l'effet du choc des machines de guerre.

Mgr Duchesne a trouvé dans les démolitions de la porte

---

1. Cousinéry avait publié dans son *Voyage dans la Macédoine*, I, p. 268 et s., une inscription qu'il prétendait avoir trouvée dans l'église d'Eski Djouma de Salonique. Cette inscription concerne les sommes que Zénon avait octroyées « à la ville », ainsi qu'aux autres cités « de l'Empire ». Boeck, d'abord dans une lettre, publiée par Tafel dans sa « de Thessalonica », p. 178 et ensuite dans le C.I.G., II, p. 90, n° 998 et IV, n° 8621, a montré que cette inscription appartient à la Russie Méridionale, et c'est à la suite d'une confusion que Cousinéry l'a attribuée à Thessalonique. Elle a trouvé, du reste, sa place dans Latyšev, *Recueil des inscriptions de l'époque chrétienne de la Russie Méridionale*, p. 7 (en russe).

2. Malalas, *Chronogr.*, l. 15, Bonn, p. 385.

3. *Actes de saint Démétrius*, passim. Migne, CXVI ; cf. Tafel, o. c., pp. 111 et 188.

de Kalamaria, du côté oriental, une inscription, qui pourrait être rattachée à ces réparations.

+ ΕΠΙΤΧΑΓΙΩ
ΑΡΧΙΕΠΙΣΚϨ
ΕΥΣΕΒϤΕΓΕ
ΟϤΡΥΜΑΥΤ

ʼΕπὶ τοῦ ἁγιω(τάτου) ἀρχιεπισκό(που) Εὐσεβίου ἐγέ(νετο) [1] ὁρυσμῷ αὐτοῦ.

[Sous le très saint archevêque Eusèbe, il a été fait par son ordre.]

L'archevêque Eusèbe est peut-être celui qui sous Maurice, au vie siècle, dirigea la défense de Thessalonique, attaquée par les Avares et par les Slaves [2]. On sait que ce prélat fut en relations avec le pape Grégoire le Grand, qui lui adressa des lettres, ainsi qu'avec l'empereur Maurice [3].

Pour ces réparations les villes prévoyaient dans leurs budgets des sommes importantes qui s'élevaient parfois jusqu'au tiers de leurs revenus [4]. Au viiie siècle pourtant leur zèle ayant baissé, Léon l'Isaurien, voyant le danger que comportait l'insouciance de Constantinople même, et naturellement aussi des autres villes, à l'égard des avaries de leurs remparts, ordonna qu'une somme fixe fût désormais versée aux gouverneurs, chargés de veiller au bon entretien des fortifications [5].

---

1. Duchesne et Bayet, o. c., p. 58.

2. *Actes*, Migne, CXVI, ch. xiv, col. 1294 et s. Cf. C. Wescher, *Poliorcétique des Grecs*. Ἐκ τῶν Εὐσεβίου Β΄Θ΄. Πολιορκία Θεσσαλονίκης ὑπὸ Σκυθῶν, p. 242.

3. Le Quien, *Oriens Christianus*, t. II, à la liste des évêques de Thessalonique; L. Petit, *Échos d'Orient*, IV, p. 212; Duchesne et Bayet, *l. c.*

4. Εἰς ἀνανέωσιν τῶν τειχῶν τὸ τρίτον μέρος τῆς πολιτικῆς προσόδου ἀναλισκέσθω. Z. v. Lingenthal, *Synopsis major. Jus Graeco-Rom.*, t. V, p. 614-615.

5. Théophane, Bonn, p. 634.

Thessalonique négligea, elle aussi, ses remparts. Après les attaques des Avares et des Slaves, aux vi[e] et viie siècles, suivit une période de calme. Les Slaves, établis autour de la ville, entrèrent en relations avec elle, et reçurent le baptême au viiie siècle. Une longue paix s'ensuivit, pendant laquelle les Thessaloniciens, enrichis par les industries et le commerce, perdirent les qualités guerrières de leurs ancêtres. Ils négligèrent à tel point les remparts, que lorsque, en 904, les Sarrasins attaquèrent Thessalonique, on ne put leur opposer qu'une très faible résistance. Le mur maritime surtout, construit, ainsi que nous l'apprend Jean Caméniate, à une époque très ancienne, où l'on ne craignait point une attaque du côté de la mer, n'avait pas l'élévation nécessaire et pouvait, par conséquent, être dépassé par les coques des gros navires. Une partie même de l'*Escale Ecclésiastique* était, en 904 comme aux vi[e] et viie siècles, entièrement dépourvue de murs.

A la nouvelle que les Sarrasins se préparaient à attaquer la ville, on voulut remédier à la faiblesse de ce mur. Le général Pétronas eut l'idée de combler le fond de la mer des abords du mur, afin de rendre impossible toute approche de navires. Par un moyen qu'il imagina lui-même, on jeta dans les eaux de grosses pierres tombales et des sarcophages sculptés, qui furent pris aux cimetières païens situés à l'est et à l'ouest de la ville. Mais ce travail dut être interrompu à la suite du rappel soudain de Pétronas, remplacé par le général Léon Chatzilakios ou Chitzilakis. Celui-ci, au lieu de poursuivre l'exécution du plan de son prédécesseur, ce qui à l'occurrence était le plus sage, ordonna le rehaussement du mur maritime. Mais les travaux, quoique menés avec zèle et diligence par la population tout entière affolée, ne purent être achevés ; car les ennemis apparurent et attaquèrent soudainement la ville [1].

Une inscription, trouvée dans les démolitions du mur mari-

----

1. Jean Caméniate, ch. 17-18, Bonn, pp. 540-541.

LES REMPARTS

time, en 1874, concernant justement ces travaux exécutés sous les ordres de Léon Chitzilakis, confirme le récit de Jean Caméniate :

+ ’Ανεκεν(ίσ)θη ἐπὶ Λέον(τος) καὶ ’Αλεξάνδρου τῶν αὐταδέλφων καὶ αὐτοκρατόρων καὶ φιλοχρίστων ἡμῶν βασιλέων καὶ ἐ[πὶ Νικολάου] οἰκουμενικοῦ ἡμῶν πατριάρχου +

+ ’Ανεκενίσθ(η) ἐπὶ Λέοντ(ος) βα(σι)λ(ικοῦ) πρωτοσπαθ(αρίου) καὶ στρατιγῶ Θεσσα(λονίκης) τοῦ Χιτζιλάκη καὶ ἐπὶ ’Ιω(άννου) ἀρχ(ι)επισκόπ(ου) Θεσσαλονίκης τοῦ ἐντοπίου [1].

[Ce mur a été renouvelé sous les frères Léon et Alexandre, nos autocrators et empereurs aimant le Christ et sous Nicolas, notre patriarche œcuménique. Il a été renouvelé sous Léon protospathaire impérial et stratège de Thessalonique, Chitzilakis et sous Jean, archevêque de Thessalonique, l'indigène.]

La rude leçon que les Thessaloniciens avaient reçue par l'attaque des Arabes, les obligea à

1. Les ouvriers qui l'ont découverte l'ont brisée en deux morceaux mesurant l'un 1,65, l'autre 1,50 de longueur ; la hauteur en est de 0,27 et la largeur de 0,84. Elle fut trouvée près du Bosniac-Chan, en face de la Banque Ottomane, dans le quartier Franc. Le marbre, sur lequel elle était gravée, servait de linteau à une des portes maritimes, ainsi qu'on le voit d'après les traces qu'ont laissées les gonds. En dernier lieu, l'inscription fut correctement publiée par Papageorgiu, dans son article *Zur Vita der hl. Theodora von Thessalonike*. *Byz. Zeit.*, X (1901), pp. 151-154. Il l'avait, du reste, déjà publiée, avec quelques erreurs, dans la *Berl. Philolog. Woch.*, 1883, col. 344-345. On trouvera dans l'article mentionné de la *Byz. Zeit.* l'énumération de ceux qui l'ont déjà publiée avant lui. Nous y ajoutons deux autres références : Κωνσταντινούπολις, XXVI, n° 141 (26 juin 1892) ; *Vizant. Vrem.*, 1894, p. 450, d'après Dimitsas, *Macéd.*, pp. 541-543.

reconstruire le mur maritime. Il est probable que les travaux
ont commencé aussitôt après le départ de l'ennemi. Lorsque
cinquante ou soixante ans plus tard, Romain I Lecapène
ordonna la réparation des murailles des cités de la Thrace et
de la Macédoine [1], Thessalonique y avait peut-être depuis
déjà longtemps songé. Sous Basile II, qui fit d'elle le centre
des opérations militaires pendant la longue guerre contre les
Bulgares, on s'est probablement aussi intéressé aux murs.

Cependant, en 1185, lorsque les Normands de Sicile vinrent
mettre le siège devant Thessalonique, son enceinte présentait
plusieurs points particulièrement faibles.

Le mur maritime était cependant en bon état, et les ennemis abandonnèrent l'idée de l'attaquer. Mais le mur oriental,
surtout dans la partie voisine de la mer, était très délabré [2] et
c'est de ce côté que la ville put être prise.

Au xiiie siècle, on a refait certaines parties de l'enceinte,
qui menaçaient ruine. De cette époque date la tour de Manuel
Paléologue. Elle se trouve du côté nord et porte une grande
inscription en vers, formée de briques et disposée en quatre
lignes, occupant une longueur de cinq mètres environ, à une
hauteur de six à sept mètres au-dessus du sol actuel (Pl. IX).

CΘENI MANOVHΛ TOV KPATICTOV ΔECΠOTOV
HΓEIPE TONΔE ΠVPΓΩN AVTΩ TEIXIΩ
ΓEΩPΓIOS ΔOVΞ AΠOKAVKOS EK BAΘPΩN
CΘENI MANOVHΛ TOV KPATICTOV.

[Σθέν[ε]ι Μανουὴλ τοῦ κρατίστου δεσπότου
Ἤγειρε τόνδε πύργον <αὐ> [σὺν] τῷ τειχίῳ [3]
Γεώργιος δοὺξ Ἀπόκαυκος ἐκ βάθρων
Σθέν[ε]ι Μανουὴλ τοῦ κρατίστου [δεσπότευ].

1. Théophane continué, ch. 45.
2. Eustathe, *De Obsid. Thess.*, Bonn, p. 369.
3. Mgr Duchesne, qui l'a publiée le premier, a des doutes sur la transcription exacte de ce mot. Pourtant la lecture τειχίω est certaine. Nous
croyons que l'ouvrier, reproduisant mal le texte qu'on lui avait donné,
a mis αυ pour σὺν.

[Avec l'aide de Manuel, le très puissant despote, le dux
Georges Apocauque éleva depuis les fondements cette tour
avec le mur.]

D'après cette inscription les travaux furent exécutés par le
gouverneur de Thessalonique Georges Apocauque, par ordre
et aux frais de Manuel « le très puissant despote ». Voici
ce que dit Mgr Duchesne sur ces personnages : « Il y a eu un
Manuel, qui avec le titre de despote, a exercé à Thessalonique
une autorité effective et indépendante, c'est Manuel, frère de
ce Théodore d'Épire, qui en 1222 renversa le royaume latin
de Thessalonique, s'y installa, prit le titre d'empereur, et
tomba en 1230 entre les mains du roi des Bulgares Assan,
qui lui fit crever les yeux. Manuel, échappé au désastre de
son frère, rentra dans Thessalonique et la gouverna pendant
deux ans avec le titre de despote, qu'il tenait de Théodore
(1230-1232). On a de lui plusieurs médailles [1]. Quant au duc
Georges Apocauque, inconnu d'ailleurs, il doit être de la
même famille que le fameux Alexis Apocauque, célèbre au
siècle suivant [2]. »

Enfin au xive siècle, la ville continuellement menacée et
attaquée par les Catalans, par les Serbes et par les Turcs,
ainsi que par les Byzantins eux-mêmes, qu'une guerre civile
divisait en deux camps, les remparts furent l'objet d'une
attention particulière.

Une inscription, découverte tout près d'une des tours du
côté occidental, et datée de l'an 1316, nous apprend que le
mur maritime fut restauré par le logothète de l'armée, appelé
Hyaléas :

1. Sabatier, *Description gén. des monnaies byzantines*, t. II, p. 303.
2. Duchesne et Bayet, *Mission au Mont Athos*, pp. 64-65.

+ Ἀνεκτίσθη ἐκ βάθρων
τ[ὸ μέρ]ος τοῦ τείχους διὰ συνδρ-
ομῆς καὶ συνεργίας τοῦ πα-
νσεβάστου λογοθέτου τοῦ
στρατιωτικοῦ τοῦ Ὑαλέου
κεφαλαττικ[ε]ύοντος ἐν τῆ-
δε τῇ πόλει Θεσσαλονίκῃ
κατὰ τὸν χρόνον τῆς
ἰν[δικτιῶ]νος σχ (ὕ ατις′)?
ϛωκδ ἔτους + [1].

[Cette partie du mur fut reconstruite de fond en comble avec l'aide et le concours du très vénéré logothète de l'armée Hyaléas, étant chef dans cette ville de Thessalonique, en l'an 6824-5508 = 1316, indiction [14].]

De la même époque datent aussi quelques reconstructions du mur, qui sépare l'acropole de la ville. Sur deux tours, qui regardent la mer, il y a quelques inscriptions intéressantes (Pl. XVIII).

Non loin de la porte de la citadelle, en se dirigeant vers l'ouest, on lit sur une de ces tours carrées, à une hauteur de 6-7 mètres du sol, les lettres en briques que voici : ▷ΚΠΧ]

C'est l'abréviation du nom d'Andronic Paléologue : A[NΔPO-NI]K[OC] Π[AΛAIO]Λ[OΓOC], qui, comme on le sait, s'est remarqué par ses reconstructions à Constantinople et dans tout l'Empire.

Deux autres inscriptions, également en briques, occupent la face regardant la ville d'une autre tour carrée un peu plus à l'ouest de la précédente. Malheureusement, deux maisons

1. Cette inscription fut publiée d'abord par Mgr Duchesne, d'après une copie assez incorrecte, dans la *Mission au Mont Athos*, p. 66 ; Dimitsas, *Macéd.*, pp. 522-523 ; M. Mordtmann y apporta quelques corrections utiles. *Rev. archéologique*, 37 (1879), p. 194. Enfin, M. A. Papadopoulos-Kérameus la republia dans le Δελτίον τῆς ἱστορ· ἑταιρίας τῆς Ἑλλάδος, II (1885), p. 632.

turques, construites tout près d'elle, n'en permettent pas l'accès. On ne nous a pas permis de monter sur le toit afin de pouvoir les examiner de plus près. Les lettres de ces inscriptions se cachent, du reste, derrière une couche de chaux, ce qui rend la lecture très difficile. Nous n'en avons pu relever que quelques-unes seulement.

La première occupe trois zones :

$$|\Pi\acute{\upsilon}\rho\gamma o\varsigma\ \tau\upsilon\tau\iota\chi\varepsilon\sigma\alpha\varsigma\ (?)\ldots\ o\upsilon\ \sigma\varepsilon\theta\alpha\sigma\tau o\tilde{\upsilon}$$
$$\varkappa\grave{\varepsilon}\ \mu\varepsilon\gamma\acute{\alpha}\lambda o\upsilon\ \chi\alpha\rho\tau o\upsilon\lambda\alpha\rho\acute{\iota}o\upsilon$$
$$\varkappa\eta\rho o\ldots|$$

et plus haut, à droite :

Ⲣ
ΙΙΥⲅΟΝ⁄⁄⁄ ΧⲒⲒϹΙΟΙ
ΙΕ ΛΟⲢΟϹ ΜΕⲅΑΛΛⲆ
ΧΧⲆΙΙΛΟ ⁄ⲓⲓⲓⲓⲓⲓ ΧΟ

Sur la seconde l'on distingue la terminaison -λογος qui pourrait être la finale du mot Παλαιολόγος.

Ces deux inscriptions sont de la même époque que la précédente, car le parement du mur est identique. Sur le mur occidental tout près de la tour de Manuel Paléologue, on relève aussi une inscription en briques, malheureusement fort mutilée. Le parement du mur est semblable à celui de la tour de Manuel Paléologue. (Pl. X.)

Le gouvernement républicain des Zélotes (1342-1349) s'intéressa aussi à l'enceinte. Il y exécuta quelques travaux de réparation pour lesquels des sommes assez élevées furent dépensées [1].

Il est pourtant bien difficile de distinguer ces dernières retouches de celles exécutés sous les règnes de deux Andronics, vu que la manière de construire était la même.

Environ l'an 1355, pendant le séjour à Thessalonique de l'impératrice Anne Paléologue, on exécuta également quelques travaux pour mettre la ville en état de défense contre une attaque de Jean Cantacuzène et de son fils, Mathieu, ou même contre un siège d'Etienne Douchan, kral des Serbes.

En la même année l'on ouvrit deux portes.

La première donnait l'accès de la campagne, à l'est tout près du mur qui sépare la citadelle de la ville. Sur le chambranle de marbre, à droite de celui qui sort de la ville, on lit l'inscription suivante, gravée en creux [2] :

---

1. Τειχῶν ὀρθώσεις (f. 251)... τείχη οἰκοδομοῦσι (f. 253). Nicolas Cabasilas. *Ms. gr. Paris.*, 1213.

2. Cette inscription, publiée d'abord dans le *Corpus*, nᵒ 8760, d'après une copie inexacte, fut republiée plus correctement par Mgr Duchesne, dans la *Mission au Mont Athos*, pp. 65-66. Mais, lui aussi, il n'a pas pu lire le nom du castrophylax. Il a donné pourtant exactement l'année 686 (3?) = 1355. Par conséquent, la conjecture de Kirchoff, reprise par Dimitsas, d'après laquelle cette Anne Paléologue aurait vécu au xiiiᵉ siècle étant femme de Michel Paléologue, est inexacte. Il s'agit d'Anne Paléologue, veuve d'Andronic III, qui s'est beaucoup intéressée à Thessalonique. Un texte inédit nous apprend que cette impératrice était très estimée dans toute la Macédoine et surtout à Thessalonique : ῍Η τε περὶ τὸν πατέρα τὸν ἐμόν, ἥ τε περὶ τὴν πατρίδα θαυμαστή σου φιλανθρωπία... ὅγε μὴν πατήρ, θαυμαστῶν ἑκάστοτε παρὰ σοῦ τῶν εὐεργεσιῶν ἀπολαύων, πάσας μὲν τὴν τῶν κρότων ἐπλήρωσεν ἀκοάς, πᾶσαν δὲ γλῶσσαν ἐπὶ τοὺς σοὺς ἐπαίνους κινεῖ, καὶ τὴν ἐν Μακεδονίᾳ οὐδείς, ὃν οὐκ ἀκούσας, ἐπήνεσε. Nicolas Cabasilas, Τῇ εὐσεβεστάτῃ Αὐγούστῃ κυρᾷ ῍Αννῃ τῇ Παλαιολογίνῃ. *Ms. grec Paris.*, 1213, f. 301.

ΑΝΗΓΕΡΘΗΗΗΗΠΑΡΥ
ϹΑΠΥΛΗΟΡϹΜωΤΗϹ
ΚΡΑΤΑΙΑϹΚΑΙΑΓΙΑϹΗΜ
ΚΥΡΙΑϹΚΑΙΔΕϹΠΟΙΝΗϹ
ΚΥΡΑϹΑΝΝΗϹΤϹΠΑΛΑΙ
...ΝΗϹΥΠΗΡΕΤΙϹΑΝ
ΚΑ...ΦΥΛΑΚΟϹΙωΧΑΜΕΥ
ΥΚΟΝΙ...ΤωϚωϚΓ
ω

[Ἀνηγέρθη <η> ἡ παροῦσα πύλη ὁρισμῷ τῆς κραταιᾶς καὶ ἁγίας ἡμῶν κυρίας καὶ δεσποίνης κυρᾶς Ἄννης τῆς Παλαιολογίνης, ὑπηρετίσαντος κα[στρο]φύλακος Ἰω(άννου) [τοῦ] Χαμαετοῦ ·ου κονί.... τῶ[ι] ϛωξγ-ῶ, ἰνδ(ικτιῶνος) θ.

[Cette porte fut construite par ordre de notre puissante et sainte maîtresse et impératrice Anne Paléologue, étant castrophylax Jean Chamaétos... 6863-5508 = 1355, 9ᵉ indiction).]

Par l'ouverture de cette porte l'accès de l'acropole se trouva beaucoup entravé surtout pour les voitures ; car l'entrée de la citadelle n'était éloignée que de quelques pas seulement. On fut alors obligé de boucher cette entrée ancienne et d'en ouvrir une autre un peu plus loin, à une distance de 24 mètres et qui sert encore aujourd'hui.

En effet, si l'on compare cette porte avec celle d'Anne
Paléologue, on constate qu'elles sont construites de la même
façon : pieds-droits et linteaux en marbre, surmontés d'un
ornement formant un arc plein cintre, dont le parement con-
siste en une sorte de voussoirs en pierre alternant avec des
zones en briques. Cette disposition et ce parement n'existent
pas dans les autres portes (Pl. XX).

Vers la deuxième moitié du xive siècle, les Thessaloniciens
furent empêchés par les Turcs de retoucher leurs remparts et
furent même obligés d'en démolir certaines parties [1], réparées.

En conséquence, au premier quart du xve siècle, les murs
longtemps négligés, étaient très délabrés.

Les Vénitiens, maîtres de Thessalonique depuis 1423 jusqu'à 1430, devant la marche triomphante des Turcs, essayèrent
de restaurer l'enceinte. La citadelle fut en particulier l'objet
de leur sollicitude [2]. Mais ils n'ont pas dû pousser beaucoup
ces travaux, comme les circonstances l'exigeaient, si bien que
la faiblesse des remparts sautait aux yeux de tous [3]. Aussi les
Turcs s'emparèrent-ils assez facilement de la ville.

Sous la domination turque, on a également parfois retou-
ché les murailles de Thessalonique. On voit par endroits les
traces de ces réparations hâtives et sans aucun art : des moellons soutenus par des poutres, qui remplacent les assises
régulières de briques. A cette époque on a élevé surtout deux
tours, d'une construction vraiment bien soignée : la Tour
Blanche (Beyaz Coulé, fig. 2), près de la mer, bâtie, d'après la
tradition, par des ouvriers vénitiens, et la grande Tour ronde.

---

1. Ignace de Smolensk, *Itinéraires russes en Orient*, trad. par
Mme Khitrovo, p. 142.

2. Quod si murata foret insula Cassandrie, quod Turchi in eam intrare
non possent, restaret differentia in *castro Corthiati* et aliorum casalium
de extraque indicio vestro. Sathas, *Doc. inédits*, I, p. 165.

3. J. Anagnoste, ch. 5, Bonn, p. 491.

de la Chaîne (Gingirli Coulé), qui s'élève aussi sur le mur oriental à proximité de la porte d'Anne Paléologue (Pl. XI, 1). Ces deux bâtisses datent vraisemblablement des premiers temps de la conquête.

Enfin, le voyageur Pococke nous apprend, que vers le milieu du xviiie siècle, pendant « la dernière guerre contre l'empereur », on avait aussi fait quelques réparations à l'enceinte de Thessalonique [1].

1. *Voyage*, trad. fr., 1772, p. 69.

Fig. 2. — La Tour Blanche ou Beyaz-Coulé.
(Photographie communiquée par M. G. Ozou).

CHAPITRE III

Les Remparts (*suite*).

II

DESCRIPTION

1. — *Principes de fortification ancienne et byzantine.*

Avant d'aborder la description des remparts de Thessalonique, jetons un coup d'œil sur les traités didactiques relatifs à la fortification, parvenus jusqu'à nous, qui peuvent nous éclairer [1].

Parmi les auteurs latins on peut consulter avec profit Vitruve et Végèce. Ce dernier surtout a pour nous une importance

---

1. Parmi les auteurs latins : Vitruvius, *De architectura libri X*, éd. Valentinus Rose et H. Müller-Strübung, Leipz., Teubn., 1867 ; Sext. Julius Frontinus, *Strategematicon libri quattuor*, éd. Andreas Dederich, Leipz., Teubner, 1855, et éd. Gottholdus Gundermann, Leipz., Teubner, 1888 ; Hyginus Gromaticus, *Liber de munitionibus castrorum*, éd. Guilelmus Gemoll, Leipz., Teubner, 1889 ; Flavius Vegetius Renatus, *Epitome rei militaris*, éd. Carolus Lang, Teubner, 1869.

Les auteurs grecs sont publiés dans deux recueils importants : H. Köchly et W. Rüstow, *Griechische Kriegschriftsteller*, 3 vol., Leipzig, 1853-55, et Ch. Wescher, *La Poliorcétique des Grecs*, Paris, 1867. En outre il faut consulter De Rochas d'Aiglun, *Principes de la fortification antique*, Paris, 1881, où se trouvent traduits tous les auteurs anciens et byzantins qui ont traité de la fortification des villes, ainsi que *La Poliorcétique des Grecs* du même auteur, Paris, Tanera, 1872.

Pour la bibliographie complète voir le chapitre *Militärwissenschaft* dans le livre de Krumbacher, *Geschichte der Byz. Litteratur*, p. 635. Depuis ont paru : Ch. Graux, *Traité de tactique de Nicéphore Phocas*, Paris, 1898 ; R. Vári, *Incerti scriptoris Byzantini saeculi X. liber de Re Militari*, Teubner, 1901 ; Rudolf Schneider, *Griechische Poliorketiker*, Berlin, Weidmann, 1908.

particulière. Il a composé son traité vers la fin du ive siècle [1], et a puisé, comme Vitruve du reste, certains renseignements dans des auteurs grecs plus anciens. Cela nous engage à recourir à ces traités, dont les préceptes étaient encore appliqués au ive siècle, pour y recueillir de plus amples informations sur les règles de la fortification appliquées par l'ingénieur constructeur des remparts de Thessalonique. Végèce décrit d'ailleurs un tracé particulier de ville fortifiée, tracé qui se rapporte plutôt aux cités de l'Orient [2].

Parmi les écrivains grecs, que Vitruve et Végèce ont consultés, le plus important est Philon de Byzance, qui vivait au iie siècle avant notre ère [3]. Plusieurs préceptes, en effet, donnés par celui-ci se retrouvent dans les traités des auteurs latins.

Un traité anonyme, composé sous Justinien, semble avoir fait aussi de nombreux emprunts à la même source.

A ces auteurs il convient d'ajouter Procope, lequel, cependant, ayant décrit des constructions de Justinien, postérieures, par conséquent, à l'époque qui nous occupe, est moins important pour nous.

L'étude d'une forteresse comporte l'examen du terrain ou de l'assiette, du tracé, du système des œuvres de défense, de la manière de leur construction, des matériaux employés.

Le premier souci du fondateur d'une ville, destinée à être fortifiée, était de choisir un endroit propre à servir d'assiette. Il fallait, d'après Vitruve, s'occuper tout d'abord de la salubrité de la région, de ses ressources et de la facilité des voies de communication [4]. Cependant l'auteur latin ne fait aucune

---

1. Flav. Vegeti Renati, *Epitome rei mil.*, éd. C. Lang., introd.
2. M. G. De la Noë, *Principes de la fortification antique*, II, p. 64.
3. Ch. Wescher, *Notice sur les manuscrits de la Poliorcétique des Grecs*, p. x ; De la Noë, *o. c.*, p. 62, note 2.
4. *De archit.*, I, 5.

mention de l'avantage qui pouvait résulter d'une position naturellement défensive [1]. Végèce, par contre, distingue deux catégories de villes. Les unes sont défendues par des obstacles naturels, les autres doivent être fortifiées. Les premières sont naturellement plus sûres ; mais, ajoute-t-il, on a vu des villes, situées en plaine, rendues inexpugnables par la fortification [2].

La proximité des montagnes, les terrains qui s'étendent sur des collines à escarpements profonds, et surtout situés près d'une plaine, près de sources d'eau potable ou de rivières — comme c'est le cas de Thessalonique — constituaient des conditions heureuses pour l'établissement d'une ville, destinée à être fortifiée [3].

En ce qui concerne le tracé, on utilisait plusieurs systèmes selon les lieux.

« Le tracé, dit Philon de Byzance, doit être convenablement choisi après avoir étudié le terrain. Tel convient ici, tel autre là : par exemple, le système à méandres, dans la plaine ; celui qui est composé d'hémicycles et celui qui est en forme de scie, lorsque le terrain qu'on veut enceindre est accidenté ; le système double, lorsque la ville fortifiée présente des saillants et des rentrants ; celui qui a les courtines obliques convient aux formes triangulaires, enfin le tracé antique aux mamelons [4]. »

Le même auteur, après avoir montré ce que c'est qu'un tracé régulier, en décrit un autre, « qui ne le cède en rien au précédent. Il se compose d'hémicycles, dont la concavité est tournée vers l'ennemi ; les extrémités des arcs doivent s'adapter aux tours en se raccordant à leurs angles, et il faut laisser

---

1. De la Noë, *o. c.*, p. 62.

2. Végèce, IV, 1 ; cf. De la Noë, *ibid.*

3. Anonyme, XI, 1 ; Köchly et Rüstow, *Griechische Kriegschriftsteller*, III, p. 70 ; cf. Ch. Diehl, *Afrique byzantine*, p. 148.

4. Philon de Byzance. Trad. Wescher. A. de Rochas d'Aiglun, *Principes de la fortification antique*, p. 46.

d'angle à angle, comme diamètre de la circonférence extérieure, une distance égale à la longueur qu'aurait le mur de base des tours à l'intérieur ». Enfin, plus loin Philon ajoute : « A ce tracé ressemble celui en forme de scie, qu'on dit avoir été inventé par l'ingénieur Polyeidos [1]. »

L'ingénieur militaire avait, par conséquent, le choix entre ces tracés pour ses constructions de fortification. On verra que celui qui a construit les remparts de Thessalonique, a fait un large usage de ces diverses données.

Vitruve complète ces renseignements sur la forme qui convient à une cité. « Les villes, écrit-il, ne doivent être bâties ni en carré, ni avec des angles saillants, mais présenter une série de sinuosités de telle façon que l'ennemi puisse être vu de plusieurs points à la fois. Celles qui présentent des angles saillants sont difficiles à défendre, parce que le saillant protège plus l'assiégeant que l'assiégé [2]. »

Végèce soutient à peu de choses près la même théorie [3]. On verra que le constructeur des murailles de Thessalonique n'a tenu compte de ce précepte qu'en ce qui concerne le côté septentrional de la cité, plus exposé aux attaques des envahisseurs qui arrivaient presque toujours du Nord.

Une ville, d'après les traités mentionnés, était d'ordinaire protégée par une triple série d'œuvres de défense.

Premièrement, il y avait un mur d'enceinte (τεῖχος, περίβολος), avec des meurtrières ménagées dans l'épaisseur du rempart ; au-dessus, ce mur avait à l'intérieur un chemin de ronde. De fortes tours crénelées flanquaient la courtine, elle-même crénelée [4]. Deuxièmement, il y avait un avant-mur

1. A. de Rochas d'Aiglun, *Principes de la fortification antique*, p. 40.
2. Vitruve, I, 5 ; cf. De Rochas d'Aiglun, o. c., pp. 49-50 et De la Noë, o. c., p. 63.
3. Végèce, IV, 3, éd. Lang, p. 129.
4. De la Noë, o. c., p. 69.

(προτείχισμα), destiné à empêcher l'attaque directe de l'enceinte et étendre les dimensions de la ville, de façon qu'elle pût fournir un abri aux gens de la campagne. Troisièmement, devant le second mur, existait un fossé (τάφρος), très large et très profond, rempli d'eau. Les parois en devaient être absolument verticales, de façon à les rendre tout à fait infranchissables. Enfin, le long du fossé, les matériaux de déblai étaient entassés de manière à former une haute levée de terre (ἀντιτείχισμα) [1].

« Les remparts doivent être placés, dit Philon, à une distance de soixante coudées (à peu près 28 mètres) des maisons de la ville, pour qu'on puisse facilement transporter les lithoboles le long de l'enceinte, qu'on ait un chemin de ronde pour les troupes de secours, et, enfin, en cas de besoin, l'espace suffisant pour creuser un retranchement intérieur [2]. »

Le premier et grand mur avait des tours, que Végèce conseille de faire très rapprochées [3]. L'épaisseur du mur devait être, d'après Philon, de dix coudées (4 m. 62), et la hauteur de vingt coudées (9 m. 24) [4]. Cette épaisseur, d'après Vitruve, « est celle qui permet à deux hommes armés de se croiser sans embarras [5] ». L'Anonyme du *Traité de tactique* prescrit cinq coudées d'épaisseur (2 m. 31) et vingt de hauteur (9 m. 24) [6].

Mais dans la pratique ces règles n'étaient pas toujours observées [7].

1. Ch. Diehl, *Afrique byzantine*, pp. 145-146.
2. Philon, *o. c.*, p. 35.
3. IV, 3, éd. Lang, p. 129.
4. Philon, *o. c.*, pp. 35-36.
5. I, 5 ; de Rochas d'Aiglun, p. 50.
6. XII, 1 ; Köchly et Rüstow, III, p. 72.
7. Il y avait des villes, telle Martyropolis en Arménie, dont les murailles mesuraient, d'après Procope, douze pieds (3 m. 70) d'épaisseur et quarante pieds (12 m. 32) de hauteur (*De aedificiis*, p. 250) ; les murs

Les tours devaient faire saillie à l'extérieur. « Les intervalles, dit Vitruve, doivent être tels, que les tours ne soient pas éloignées l'une de l'autre de plus d'une portée de trait, afin que si l'une d'elles vient d'être attaquée, les ennemis soient repoussés à l'aide des tours placées soit à droite, soit à gauche, par les scorpions et autres machines de trait [1]. »

C'est, par conséquent, le principe du flanquement, qui sert de base au tracé, à la ligne de défense [2].

La forme des tours devait être théoriquement plutôt ronde ou, du moins, polygonale. Sur ce point tous les auteurs mentionnés sont d'accord.

Philon de Byzance, ainsi que l'Anonyme du vi[e] siècle, demandent des tours « arrondies à l'extérieur ». Néanmoins Philon ajoute qu'elles peuvent être aussi « hexagonales, pentagonales et carrées, et placées de manière à présenter un seul angle en saillie [3] ». Construites ainsi « elles se défendent les unes les autres en envoyant par les flancs des projectiles contre les tours de charpente armées par l'ennemi ». Par leur forme ronde ou polygonale, elles ne redoutent point les coups des béliers et les projectiles des pétroboles « qui, tombant perpendiculairement aux faces, produisent beaucoup d'effet, arrivant auprès d'un angle saillant, ricochent en perdant toute leur force [4] ». Surtout il fallait faire polygonales

de Dara atteignaient 18 m. 50 (*De bello Persico*, p. 212). En Afrique, l'épaisseur habituelle de la courtine varie entre 2 m. 30 et 2 m. 70 ; la hauteur atteint de 8 m. 05 à 10 m., par exemple à Lemsa, à Tébessa (Ch. Diehl, *Afrique byz.*, p. 149). A Constantinople le mur intérieur, bâti sous Théodose II, avait une épaisseur de 5 m. 40 et une hauteur de 11 m. 40. A Nicée, dont l'enceinte date du ive siècle, l'épaisseur était de 4 m. et la hauteur de 10 m. De Rochas d'Aiglun, *o. c.*, pp. 69 et 84,

1. 1, 5 ; de Rochas d'Aiglun, *o. c.*, p. 50.
2. De la Noë, *o. c.*, p. 65.
3. Philon, *o. c.*, p. 33 ; Anonyme, XII, 2 ; Köchly et Rüstow, III, p. 74.
4. Philon, *o. c.*, p. 33.

les tours destinées à défendre les portes [1], ainsi que celles
du tracé en forme de scie. « Dans ce tracé, dit Philon, il
convient de construire en certains points dangereux, des
tours pentagonales au milieu des intervalles des courtines [2]. »

Vitruve est aussi catégorique pour ce qui concerne la forme
des tours, « lesquelles, dit-il, doivent être rondes ou polygonales. Celles qui sont carrées se détruisent, en effet, plus vite
sous l'effort des machines de guerre [3]. »

Enfin, l'Anonyme est du même avis. A l'extérieur les tours
doivent être hexagonales. « A l'intérieur elles seront cylin-
driques, depuis les fondements jusqu'à la hauteur du centre
de la voûte hémisphérique, qui sert de toit et sur laquelle se
tiendront ceux qui doivent combattre l'ennemi [4] ».

Pourtant, malgré ces recommandations, souvent on con-
struisait en Orient des tours carrées [5], soit par tradition, soit
parce qu'elles étaient d'une construction plus facile.

Les tours avaient pour ainsi dire une existence indépendante par rapport aux courtines, et cela autant pour des
raisons techniques que pour des raisons stratégiques.

« Il est mauvais, dit Philon, de relier les courtines aux
tours. Car, par suite de l'inégalité des tassements, les parties
en briques des tours et des courtines n'ont point entre elles la
même cohésion que les fondements ; or, cela étant, il se pro-
duira des lézardes dans les remparts, et, si quelqu'une des
courtines vient à s'écrouler, elle entraînera les murs des
tours dans sa chute [6]. »

Vitruve complète ces renseignements : « A la gorge, écrit-il,

1. Philon, o. c., p. 34.
2. Id., p. 40.
3. I, 5 ; de Rochas d'Aiglun, o. c., p. 50.
4. XII, 2 ; o. c., III, p. 74 ; cf. Ch. Diehl, o. c., p. 154.
5. A. de Rochas d'Aiglun, o. c., p. 18. G. Schlumberger, *L'Épopée
Byzantine à la fin du Xe s. Jean Tzimiscès. Murailles d'Antioche*, p. 225.
6. Philon, o. c., p. 43.

des tours, le mur doit être interrompu sur toute la largeur
des tours, de telle façon que le chemin de ronde soit continué
le long de ces gorges par une planche que l'on aura soin de
ne pas clouer. Si, en effet, l'ennemi vient à s'emparer de
quelque portion du mur, les défenseurs enlèveront le plancher
et si l'opération a été faite avec assez de célérité, ils empê-
cheront ainsi l'ennemi de se répandre dans les autres parties
des tours et du mur, à moins qu'il ne veuille se précipiter [1]. »

On verra, d'après le récit de Jean Caméniate, que le plancher, dont parle Vitruve, reliait les tours aux courtines de la
forteresse de Thessalonique.

Enfin Philon recommande, qu' « en avant des tours carrées,
il faut en bâtir d'autres triangulaires, attenantes aux premières, massives et en forme de triangle équilatéral, pour
que les projectiles des lithoboles, arrivant sur l'angle saillant,
qui est massif et résistant, soient déviés et ne renversent point
les tours [2] ».

Cette disposition ne se retrouve guère à Thessalonique.

Les entrées des tours qui s'ouvraient à l'intérieur de la
ville devaient être, d'après Philon « aussi grandes que possible, et en forme de voûte, de manière à pouvoir facilement
introduire les pétroboles et les remplacer au besoin [3] ».

Ce principe a été appliqué par l'ingénieur constructeur des
murailles de Thessalonique.

Enfin, les courtines, de même que les tours, étaient crénelées. Les merlons devaient être forts, épais, capables de
résister contre les pierres jetées par les lithoboles [4].

Le toit des tours, d'après Philon, pouvait être couvert.
Mais le constructeur de la forteresse de Thessalonique n'a

1. I, 5 ; de Rochas d'Aiglun, o. c., p. 50.
2. Philon, o. c., p. 42.
3. Ibid., p. 37.
4. Anonyme, XII, 3 ; o. c., p. 74.

point suivi ce précepte. Du reste, cette disposition pouvait gêner beaucoup la liberté de mouvements des défenseurs qui avaient à combattre sur le toit, ce que nous apprend un traité de tactique de beaucoup plus récent, composé sous Léon le Sage, au xe siècle [1].

Comme on l'a vu, un second mur (προτείχισμα) protégeait le grand mur de l'enceinte [2].

« Les deux murs, dit Philon, sont distants l'un de l'autre de huit coudées (à peu près 4 mètres) à douze au moins (à peu près 6 mètres) [3]. »

D'après Végèce la distance qui sépare les deux murs devait être de vingt pieds [4]. Vitruve parle aussi de ces deux murs, et montre quel en était l'aspect général. Entre les deux constructions il y avait des murs transversaux, reliés tant au mur intérieur qu'à l'avant-mur, et disposés en forme de dents de peigne ou de scie [5]. Cependant il y avait des cités, par exemple Thessalonique, qui n'ont pas employé ce système de murs transversaux.

La destination du προτείχισμα était, comme on l'a vu, d'empêcher une attaque directe contre le mur principal des machines de guerre [6], et comme nous l'apprend l'Anonyme, d'augmenter le territoire de la cité par un espace retranché, lui aussi, capable de recevoir les campagnards qui auraient voulu y trouver un refuge.

Le second mur « sert, dit l'Anonyme, à la fois de refuge aux gens des environs fuyant les campagnes, et ils

1. 'Αναγκαῖον δέ ἐστι τοὺς πύργους τοὺς ἐπιμάχους τοῦ τείχους ἀσκεπεῖς εἶναι, ὥστε τοὺς μαχομένους ἀκωλύτως ἐκεῖθεν μάχεσθαι, καὶ τὰ μάγγανα εὐκόπως τίθεσθαι καὶ ἐξεργάζεσθαι. *Leonis imper. tactica.* Migne, CVII, col. 900.

2. A. de Rochas d'Aiglun, o. c., p. 19.

3. *Ibid.*, p. 44.

4. III, éd. Lang, p. 129.

5. I, 5 ; o. c., p. 51.

6. Végèce, III, p. 129.

empêchent aussi l'encombrement de la ville, parce que d'un autre côté ils permettent à ces fuyards de prendre part, eux aussi, à la défense de la cité ; enfin et surtout, parce que les tortues et les béliers viennent se heurter entre eux et ne peuvent alors s'avancer facilement vers le rempart [1] ».

Devant le προτείχισμα il fallait creuser des fossés. Sur leur nombre, il paraît que l'opinion des ingénieurs militaires a changé depuis Philon aux temps de Justinien.

Philon recommande trois fossés. Vitruve et Végèce, sans en fixer le nombre, parlent aussi de plusieurs fossés [2]. Seul l'Anonyme n'en recommande qu'un seul. Les villes avaient peut-être pris l'habitude à cette époque de ne construire qu'un seul fossé devant les deux murs.

« Dans toutes les fortifications, dit Philon, il ne faut pas creuser moins de trois fossés.

« Le premier doit être à un plèthre (100 pieds) des remparts, le second à quarante coudées (60 pieds) de celui-ci (?), le troisième à la même distance du second [3] ».

Ces fossés devaient être très larges, très profonds et remplis d'eau [4].

« Il est bien, recommande l'Anonyme, de creuser devant l'avant-mur un fossé, si bien que le mur soit défendu par deux avant-murs. On donnera à ce fossé une largeur d'au moins quarante coudées (18 m. 50) et une profondeur plus grande que celle des fondations du rempart, afin que si les ennemis tentaient quelque entreprise souterraine, ils pussent être découverts et repoussés au moment où ils auraient conduit leur travail jusqu'à l'aplomb de l'excavation préparée [5]. »

1. Anonyme, XII, 5 ; o. c., III, p. 75 ; de Rochas d'Aiglun, o. c., pp. 55-56.
2. Philon, o. c., pp. 44-45 ; Vitruve, I, 5, o. c., p. 51 ; Végèce, V, p. 130.
3. Philon, o. c., p. 44.
4. Végèce, V, p. 130.
5. Anonyme, XII, 6 ; o. c., III, p. 76 et trad. Wescher. A. de Rochas d'Aiglun, o. c., p. 56.

On entrait dans la cité par plusieurs portes, parfois doubles, comme à Thessalonique, et soigneusement fortifiées. A côté d'elles, il y avait aussi des portes et des poternes militaires [1]. « On ménage, dit Philon, de nombreuses poternes dans les flancs (des remparts) pour faire facilement des sorties et pour que les soldats, quand ils battent en retraite, ne soient pas obligés de faire demi-tour à gauche et de marcher à découvert : une file, sortie par l'une des poternes, rentrera par l'autre et toutes les autres files suivront le même mouvement. » « De ces poternes les unes sont obliques, les autres font un coude. » « En avant de toutes, on élève des constructions pour empêcher qu'on ne les incendie, que les pétroboles ne les brisent et que les ennemis ne s'en approchent [2]. »

De distance en distance il y avait dans le mur, du côté de la ville, des casemates destinées à abriter les défenseurs pendant les trêves de l'attaque de l'ennemi [3].

Quant à la façon de construire les remparts, voici ce que nous apprennent les auteurs précités. « Pour bâtir, dit Philon, des tours il faut commencer par creuser jusqu'au roc, ou bien jusqu'à l'eau, ou bien jusqu'à un sous-sol présentant une certaine sûreté, puis consolider le lieu le mieux possible et y établir les fondations avec du gypse, afin d'éviter qu'on ne fasse crouler les murs en les attaquant dans les fondations et qu'on ne passe en galerie de mine par-dessous les remparts. » Vitruve donne les mêmes conseils : « Il faudra, dit-il, creuser jusqu'à ce qu'on trouve un sol solide, si cela se peut ; puis on fera dans ce sol une excavation proportionnelle à l'importance de l'ouvrage, mais en ayant toujours soin de donner

1. Ch. Diehl, o. c., p. 139 et s.
2. Philon, o. c., pp. 38-39.
3. Philon, o. c., p. 33.

aux fondations plus de largeur qu'aux murailles qui s'élèvent au-dessus de terre et de n'employer pour ces fondations que les pierres les plus dures [1]. »

Les matériaux qu'on employait ordinairement, c'étaient des pierres. C'était un procédé de la construction grecque, dont les Byzantins ont hérité. Presque partout les forteresses byzantines sont construites en pierre de taille : à Constantinople [2], en Asie Mineure, [3] en Afrique [4].

Cela, du reste, était en conformité avec les préceptes des traités de tactique.

Les murs devaient, d'après Philon, être construits « avec des pierres placées dans du gypse, engagées dans le mur suivant, dans le sens de leur longueur. On emploiera, dans les points les plus dangereux des courtines, des pierres dures ; sinon, des pierres avec bossages saillants : c'est ainsi qu'elles auraient le moins à souffrir des lithoboles [5]. » Et continuant, le même auteur ajoute : « Il faut noyer dans la maçonnerie des courtines et des tours, des poutres de chêne assemblées bout à bout, formant des chaînages distants verticalement les uns des autres de quatre coudées (à peu près deux mètres), afin que, si les pétroboles endommagent quelque partie des murs, nous puissions les réparer facilement [6]. »

L'Anonyme recommande que le mur soit construit avec des blocs de pierres de taille, — si l'on en a en abondance — soigneusement ajustées, jusqu'à une hauteur de sept coudées (3 m. 24) [7].

1. Lib. I, ch. v, 2, *o. c.*, p. 49.
2. A. Van Millingen, *Byzantine Constantinople*, p. 40 et s. Les pierres cependant sont séparées par des assises de briques.
3. Texier, *Asie Mineure*, *passim*.
4. Ch. Diehl, *o. c.*, p. 145 et s.
5. Philon, *o. c.*, p. 36.
6. *Ibid.*
7. Anonyme, XII, 4 ; *o. c.*, p. 74 ; cf. Diehl, *o. c.*, p. 149.

Vitruve est d'accord aussi avec Philon sur la question de l'emploi du bois dans le mur : « En noyant dans la maçonnerie, dit-il, des pièces de bois d'une seule pièce et un peu brûlées de façon à réunir les deux parements de la muraille comme par des clefs, on donnera à celle-ci une solidité qui défie les siècles ; car le bois ainsi préparé n'a à redouter ni les injures du temps, ni les coups du bélier, ni la vieillesse [1]. »

Quant aux matériaux, Vitruve déclare qu' « il n'est pas facile de les spécifier, parce que chaque localité ne peut offrir toutes les ressources désirables. Il faut donc employer ceux qui se rencontrent, soit pierres de taille, soit moellons, soit béton, soit briques cuites ou non cuites [2] ».

Souvent on utilisait des pierres toutes taillées, provenant d'un monument ou d'une ville en ruines à proximité [3].

A Thessalonique, comme en Afrique [4], on a beaucoup utilisé de pareils matériaux : des pierres de taille, des fûts de colonnes, des morceaux sculptés.

Mais un renseignement très précieux pour l'étude de la construction des remparts de Thessalonique, nous est fourni par le fameux ingénieur de Trajan, Apollodore de Damas. Dans un écrit, adressé à l'empereur Hadrien, cet ingénieur-architecte, soutient un principe opposé à celui de Philon et de Vitruve. Il dit, en effet, entre autres choses : « Les murs en pierres sont plus promptement ébranlés que ceux de briques ; car le peu de dureté de la brique amortit le choc et elle se creuse plutôt qu'elle ne se brise ; la pierre, au contraire, résiste et reçoit un choc violent qui la brise ; cela arrive surtout aux portes, aux *angles des tours*, et à tous les autres points qui ne sont pas soutenus par une grande épaisseur [5]. »

1. 1, 5 ; *o. c.*, p. 50.
2. *Ibid.*, p. 51.
3. Anonyme, X, 3 ; cf. Ch. Diehl, *o. c.*, p. 148.
4. Ch. Diehl, *ibid.*
5. *Les poliorcétiques d'Apollodore de Damas, composées pour l'empe-*

On verra plus loin que ce principe, c'est-à-dire l'emploi de la brique surtout aux angles, a été strictement observé par l'ingénieur constructeur des remparts de Thessalonique, et généralement méconnu par les ingénieurs militaires byzantins qui ont construit les murailles de Constantinople, de certaines cités d'Asie-Mineure[1] et des places fortes de l'Afrique du Nord.

D'ailleurs, tous ces principes et règles, dont on vient de donner un court aperçu, étaient dans la pratique plus ou moins bien observés. Parfois on les négligeait complètement pour une raison ou pour une autre, ainsi que nous l'apprend Procope. Tantôt les dispositions naturelles du terrain, ou tout autre motif, rendaient superflu le fossé devant l'avant-mur[2] ; tantôt celui-ci même était supprimé[3] — comme c'est le cas pour certaines parties de l'enceinte de Thessalonique et d'autres cités[4] — le mur principal étant construit tout près d'un escarpement profond du terrain.

II. — *Description des remparts de Thessalonique*[5].

L'assiette de Thessalonique fut assez heureusement choisie. Elle occupe un des derniers contreforts du mont Corthiat et s'étend en pente depuis l'acropole jusqu'au bord de la mer (Pl. 1, 1-2).

reur *Hadrien*. Trad. du texte publié par M. Ch. Wescher, *Poliorcétique des Grecs*, Paris, 1867, pp. 135-139 par Ernest Lacoste. Paris, 1890, p. 29.

1. Max van Berchem et Josef Strzygwski, *Amida*, pp. 9, 278, 283.

2. Procope, *De aedificiis*, Bonn, pp. 213, 224, 226, 230.

3. *Id.*, p. 252.

4. L'avant-mur manque parfois entièrement dans des places moins considérables, dans des *castella* échelonnés sur la frontière. Dans ce cas le mur d'enceinte est généralement protégé par un fossé. Parfois même un simple rempart forme l'unique défense. Ch. Diehl, *o. c.*, p. 146.

5. MM. G. Baudet et A. Sadoul, professeurs au lycée français de Salonique, ont bien voulu nous accompagner pendant nos excursions autour des remparts et prendre les mesures nécessaires qui nous ont permis de dresser les plans.

Du côté nord et nord est, une série de collines cachent la vue de la ville à une armée venant du nord. Un ravin profond et étroit sépare, sur une assez grande distance, le mur septentrional des coteaux voisins.

A l'est et à l'ouest, la vaste plaine, les fleuves et les rivières, ainsi que la mer, présentent d'excellentes conditions, suivant l'avis des auteurs cités, pour une forteresse.

La forme de l'enceinte de Thessalonique se rapproche d'un trapèze, dont les deux côtés parallèles sont formés par les murs est et ouest. Le côté sud longe le port et la côte du golfe, tandis que celui du nord grimpe le long des pentes, suivant les sinuosités du terrain pour s'unir au mur de la citadelle, laquelle forme l'angle supérieur et domine la ville.

Cette forme est représentée d'une façon schématique sur une médaille de Boniface de Montferrat, maître de Thessalo-

Fig. 3. — Sceau de Boniface de Montferrat
(D'après G. Schlumberger, *Mélanges d'Archéologie Byzantine*).

nique entre 1204 et 1207. La ville y est figurée par une grande porte au premier plan, surmontée d'un fronton triangulaire et flanquée de deux tourelles crénelées. A droite et à gauche on voit deux grandes tours d'angle également crénelées. Il y a là certainement les éléments de la partie maritime du mur, aujourd'hui démoli [1]. Les murs est et nord-ouest de

1. Une figure publiée dans le livre de Dapper donne également un aspect général de ce mur. *Description des isles de l'Archipel*, p. 30.

la cité ne sont représentés que par une ligne droite, crénelée. Enfin, en haut, on relève en forme d'un rectangle la citadelle, elle aussi munie de créneaux [1] (fig. 3).

Les Byzantins des derniers siècles considéraient Thessalonique comme la seconde forteresse de l'Empire. Le périmètre des remparts fut mesuré — probablement à l'occasion des travaux de réparation exécutés dans plusieurs villes — et l'on trouva qu'il avait 6.000 coudées, tandis que celui de Constantinople en avait 18.000, celui de Verria 2.150, celui d'Andrinople 1.600 [2]. Mais ces chiffres ne doivent pas être exacts.

Aujourd'hui les remparts de Thessalonique, qui restent encore debout, mesurent en chiffres ronds 4.300 mètres. Avec le mur maritime et la partie des murs oriental et occidental qui manquent, le périmètre total s'élevait probablement à sept à huit kilomètres.

Le principe d'après lequel, comme le dit Vitruve, les constructeurs de forteresses devaient éviter le plan carré, les angles saillants et adopter, au contraire, un plan présentant une série de sinuosités, fut en partie seulement observé à Thessalonique.

Les murs est et ouest suivent plutôt une ligne droite, ce qui est contraire aussi au précepte donné dans le traité de Végèce.

Mais les murs nord et nord-ouest dessinent une ligne en zigzag, avec trois larges entrants et quatre saillants y compris l'acropole, ce qui est conforme aux recommandations des auteurs latins.

La raison d'un pareil plan est facile à expliquer. Les murs sud-est et ouest s'étendent sur une pente douce sans sinuo-

1. G. Schlumberger, *Mélanges d'archéol. byz.*, p. 57 et s.
2. Εὑρέθη ἡ περίμετρος τοῦ περιπάτου τοῦ τείχους τῆς βασιλίδος τῶν πόλεων οὐργυιαὶ ἀνδρικαὶ δεκαοκτὼ χιλιάδες· τῆς Θεσσαλονίκης ἑξάκις χίλιαι, τῆς Βερρίας 6ʹρν, καὶ τῆς Ἀνδριανουπόλεως αχ. Sp. Lampros Νέος Ἑλληνομνήμων, 1, 2 (1904), p. 243 (Ms. du xive siècle de la bibl. Vatic.).

sités. Ils regardent en outre deux plaines, qu'on peut facilement surveiller et qui sont en dehors de la marche probable d'une armée ennemie ; tandis que le mur nord et nordouest a dû suivre les anfractuosités que présente de ce côté la colline sur laquelle est bâtie Thessalonique, ils font en même temps face au nord, d'où arrivaient tous les envahisseurs.

La ville étant située en partie sur la plaine, en partie sur la colline, on adopta divers systèmes de tracé.

On employa surtout le tracé à méandres pour toute la partie orientale des remparts, jusqu'au donjon (Pl. XI) de construction turque (A B). Cette partie repose sur la pente de la colline (Pl. II). Les méandres sont à peine interrompus sur une distance de 70 m. 85, à l'A', par un tracé à crémaillères, exigé par la nature du terrain.

En montant plus haut, le mur oriental de l'acropole présente un tracé à bastions, alternant avec un autre à redans, que Philon de Byzance appelle tracé en forme de scie, inventé, prétendait-on, par l'ingénieur Polycidos (Pl. V, 1). Ce système continue jusqu'au nord-ouest de l'acropole, jusqu'en F du plan.

Ici le tracé change encore une fois.

Les méandres reviennent alternant avec le tracé à dents de scie, jusqu'en G. Le terrain étant accidenté, on a employé, conformément aux recommandations de Philon, un tracé mixte. A partir de ce point le mur présente de nouveau un tracé à crémaillères sur une distance de 79 m. 30. En H et en I il y a deux tours polygonales (Pl. XI, 2), les seules sur tout le parcours, lesquelles cependant n'appartiennent pas, par leur construction, au mur du IVe siècle.

Depuis I jusqu'à la porte Yéni-Capou réapparaît le tracé à méandres, à peine interrompu, par-ci par-là, par des saillants en angle aigu. Toute la partie, depuis F jusqu'à la porte Yéni-Capou, suit les anfractuosités du terrain, et grimpe sur les pentes.

Le mur occidental, à partir de cette porte, repose sur la

plaine. Son tracé, contrairement à ce qu'on pouvait s'attendre, est en forme de dents de scie (Pl. XIV, 1).

On voit, par conséquent, que les règles établies par Philon pour ce qui concerne le tracé qui conviendrait à tel ou tel lieu, sont assez méconnues par le constructeur de la forteresse de Thessalonique. Celui-ci a fait cependant un très large usage de divers systèmes décrits par Philon, et il a eu pour cela des raisons particulières de stratégie.

Le mur intérieur, qui sépare l'acropole de la ville, a un tracé très régulier à méandres.(Pl. XVI, 2). Les tours carrées, qui le flanquent, sont en saillie vers l'intérieur de l'acropole. On en comprend aisément la raison. Le constructeur du $\mathrm{iv^e}$ siècle avait envisagé une prise probable de la citadelle ; en ce cas les défenseurs se seraient retirés derrière le mur intérieur.

En effet, une prise de l'acropole était toujours à craindre. Le terrain, qui s'étend du côté oriental de celle-ci, ne se termine pas brusquement par un escarpement profond, comme, par exemple, celui du côté nord de l'enceinte ; mais il présente une pente très douce, qui rend facile l'approche de l'ennemi (Pl. V, 1).

Les murs de l'acropole ont dû subir très souvent des attaques, quoique la ville ne fût jamais prise de ce côté. Les reconstructions byzantines et turques, plus nombreuses que partout ailleurs, en sont une preuve. Ce n'est que plus tard, après avoir constaté que la ville une fois prise, il fallait trouver un refuge dans la citadelle, s'y enfermer et s'y défendre au besoin, qu'on a pensé à construire des tours, flanquant le mur intérieur de l'acropole du côté de la ville.

Andronic II Paléologue a construit celle qui porte une inscription avec son nom. Trois autres tours, dont une porte également une inscription, sont par leur construction de la même époque (Pl. XVIII, 1-2).

Thessalonique avait, comme Constantinople [1], les trois

1. Van Millingen, *Byzantine Constantinople*, p. 46.

lignes de défense d'une cité fortifiée : le grand mur, dont nous venons de décrire le tracé, l'avant-mur et le fossé.

On voit très bien sur divers points les traces de l'avant-mur, dont parlent assez souvent les auteurs byzantins thessaloniciens [1].

Entre L et M nous avons pu mesurer cet avant-mur sur une distance de 73 mètres. A cet endroit il est à peine visible. Mais un peu plus loin, entre M et N, il réapparaît sur une distance de 16 m. 80. Ici il a une hauteur de 2 m. 50 au-dessus du sol actuel, et son parement est identique au mur oriental, c'est-à-dire des arases de moellons séparées par des assises en briques (Pl. XIV, 2).

Plus loin, vers l'ouest, on voit également ses traces. A cet endroit cependant apparaissent aussi les vestiges d'une troisième construction. Est-ce un deuxième mur extérieur ou une construction postérieure ? Faute de fouilles on ne saurait rien affirmer.

La distance, qui sépare le premier mur du second, varie à Thessalonique selon les lieux. En tout cas, elle ne correspond pas à celle que recommandent les traités de Philon et de Végèce, et qui est de 4 à 9 mètres. A Thessalonique elle est plus grande. Ainsi l'avant-mur, entre L et M, est distant du grand mur de 12 m. 10 — distance mesurée depuis la base d'une tour en saillie — ; plus loin, entre M et N, cette distance est respectivement de 12 m. 80 et 14 m. 60, selon qu'elle est mesurée depuis la saillie d'une tour ou de la base du mur.

L'avant-mur n'existait pas partout. Il y avait des endroits où sa présence était rendue superflue par la nature du terrain.

Les *Actes de saint Démétrius* [2] parlent d'un seul mur du côté nord (μονότειχος). En effet, le terrain de ce côté est très

<hr>

1. *Actes de S. Démétrius.* Migne, CXVI, col. 1305-1308 ; J. Anagnoste, o. c., Bonn, p. 499.

2. *O. c.* Migne, CXVI, ch. 187, col. 1352.

accidenté ; le grand mur est construit au haut d'un rocher aux bords escarpés qui rendent l'approche très difficile.

Le mur oriental, aux environs de la grosse tour turque de B (Pl. XI, 1), pour les mêmes raisons n'avait pas un προτείχισμα [1].

Il est très difficile de se prononcer, si l'avant-mur avait ou non des tours, comme à Constantinople [2]. On n'a également pas relevé la moindre trace de murs transversaux qui liaient dans certaines cités les deux murs.

Quant au fossé, il est aussi difficile de le distinguer. On constate seulement que le terrain descend en pente rapide devant le mur oriental, jusqu'au cimetière protestant qui est à proximité. De même, à partir de la porte Yéni-Capou jusqu'en M, le terrain est en pente se terminant dans un ravin qui pourrait être pris pour le fossé. Celui-ci, en revanche, a disparu, sans laisser de traces, devant l'avant-mur L M (Pl. VIII, 2 et XII, 2).

Les remparts de Thessalonique, comme on l'a vu, ont subi plusieurs remaniements durant le moyen âge et l'époque turque. Il convient donc de discerner les différentes constructions qui s'y rencontrent et de dégager les restes anciens des parties appartenant au mur Théodosien, ainsi que celles-ci des constructions byzantines postérieures ou turques.

Les remparts du IVe siècle suivent vraisemblablement en général le tracé des anciens murs hellénistiques. Sur plusieurs endroits, en effet, de l'enceinte actuelle, on relève des restes de l'ancien mur.

Ainsi, au sud de la porte Cassandréotique, en face de l'école turque « Idadié », voit-on, encore en place, les vestiges d'un mur en pierres de taille, très bien appareillées, formant un angle (Pl. VI, 2). L'endroit où elles se trouvent étant dans la direction de la ligne de l'enceinte dont il reste aussi un peu

1. J. Anagnoste, o. c., Bonn, p. 503.
2. Van Millingen, o. c., p. 33.

plus au nord quelques fragments, il est à supposer que ces
restes anciens furent laissés en place et utilisés dans lse nouvelles constructions par l'ingénieur du IVe siècle, ce qu'il fit
pour certains autres restes du côté nord. Cependant le manque
de la partie supérieure du mur, la proximité de l'hippodrome,
peuvent susciter quelques doutes. Il se peut bien qu'on soit
en présence d'un édifice attenant à l'hippodrome, et que la ligne
du mur du IVe siècle passait à une faible distance vers l'est.

Mais là où il n'y a aucun doute que le mur Théodosien
suit la ligne de l'ancien mur hellénistique, c'est le côté nord,
près de la porte Eski-Délik. En plusieurs endroits on voit
ici les vestiges du mur ancien. De grands blocs de pierres de
taille, très bien ajustées, sont encore en place. Le mur du
IVe siècle à assises s'appuie sur ces restes, les enveloppant en
partie (Pl. VII, 2).

A une certaine distance à gauche et à droite de la porte
Yéni-Délik, et sur plusieurs points, on relève aussi des restes
du mur hellénistique, que le constructeur du IVe siècle a laissés
en place. A gauche de la même porte, près d'un tournant des
remparts, dans la cour d'une de ces maisons turques récemment
construites en dehors de la ville, le mur Théodosien à assises
encastrait, et cachait aux regards, un morceau du mur hellénistique. Des fouilles l'ont mis à découvert, et l'on peut voir
aujourd'hui sa structure (Pl. VI, 1). Ce sont des pierres de taille
oblongues d'un très bel appareil, ajustées sans aucun ciment,
d'ailleurs comme les autres restes du même mur.

Un dessin pris par M. Daumet de la *Porte d'Or* [1], qui
existait, il y a une vingtaine d'années, du côté occidental de
la ville, nous montre les restes du mur adjacent, construit aussi
en pierres de taille. Mais l'appareil diffère de celui que
révèlent les restes dont nous venons de parler. A la Porte d'Or,
les pierres de taille forment une série d'assises régulières
(fig. 10). De gros blocs appareillés sont séparés par deux arases

---

1. Heuzey et Daumet, *Mission archéologique de Macédoine*, pl. 22.

de pierres de taille d'une moindre épaisseur. C'est une disposition tout à fait différente de l'autre. On la retrouve aussi dans la cour intérieure de Yéni-Capou (Pl. XXI, 1). Il y a, par conséquent, une différence d'époque entre les deux constructions.

Les murs anciens byzantins forment la plus grande partie de l'enceinte de Thessalonique. On y relève trois sortes de parement, trois manières de construction.

Première manière. — Une grande partie des remparts présente un parement en blocage et en briques. Les arases de moellons sont séparées par des assises de briques. Le tout forme une surface unie. Cependant, parfois au haut des tours, il y a deux et rarement trois assises de briques en saillie, formant une sorte de gorgerin, au-dessus duquel s'élève la partie crénelée.

La maçonnerie est faite sans compression. C'est un blocage régulier, comme en utilisaient les Romains [1], chaque moellon étant posé directement sur un mortier fin, dont la plus grande partie appartient à la chaux obtenue par la calcination du marbre [2]. Les moellons sont une sorte de pierre verdâtre, très dure, que fournissaient les carrières du voisinage. Dans ce blocage on voit noyés — dans les parties écroulées — des poutres de bois, ce qui est tout à fait conforme aux recommandations de Philon et de Vitruve.

Les assises de briques forment des couches qui traversent, à divers niveaux, le mur de part à part ; elles constituent une solide liaison entre les deux faces de la bâtisse servant comme boutisses [3] (Pl. II, III, VIII, XIII, XIV, 2, XVI). Les briques, composées d'une sorte de gravier, dans lequel sont noyés de gros cailloux de silice, ont les dimensions de 0,40 × 0,30 × 0,05.

1. Aug. Choisy, *L'art de bâtir chez les Romains*, p. 17.
2. Idem, *L'art de bâtir chez les Byzantins*, p. 10.
3. *Ibid.*, p. 13.

Le nombre des assises, qui coupent le mur, est généralement de trois ; cependant il y a des parties où l'on relève quatre et même cinq assises ; par exemple, au mur oriental et surtout au mur intérieur qui sépare l'acropole de la ville.

Cette façon de construction est romaine. Peu usitée à Rome même [1], elle fut employée surtout en province. Ainsi la voit-on en Afrique, aux grands thermes de Cherchel et de Tipasa, qui datent du IIe ou IIIe siècles [2], de même qu'aux thermes de Cluny à Paris, antérieurs à l'empereur Julien [3], qui, comme on l'a vu, visita l'Orient, entre autres provinces, la Macédoine, et voulut entreprendre d'immenses travaux de fortification. Mais ce mode de construction fut usité surtout en Orient [4].

L'intervalle entre les assises de briques varie à Thessalonique entre 1 m. 50 et 1 m. 80.

Le mortier, qui sépare les assises, a généralement à peu près la même épaisseur que la brique même, c'est-à-dire 3, 4 ou 5 centimètres.

Deuxième manière. — Le mur entre L et N présente un autre parement, un autre mode de construction. La brique joue ici un rôle prépondérant, tandis que le blocage ne sert que dans la partie inférieure comme fondement sur le terrain rocheux, ou dans la partie supérieure ou même comme remplissage. Le parement est obtenu par trois rangées d'arceaux en plein cintre, dont le diamètre va en diminuant de la

1. Aug. Choisy, *L'art de bâtir chez les Byzantins*, p. 8.
2. Stéphane Gsell, *Les monuments antiques de l'Algérie*, pp. 211, 217, pl. LIII, LIV, LVI.
3. Lenoir, *Statistique monumentale de Paris*, 1867, p. 3, pl. IV ; cf. M. Jollois, *Mémoire sur les antiquités romaines et gallo-romaines de Paris. Mémoires de l'acad. royale des inscript. et belles-lettres*, 1843, p. 110 ; E. du Sommerard, *Catalogue du musée de Cluny*, Paris, 1883, p. 11.
4. Choisy, *L'art de bâtir chez les Byz.*, p. 8.

première à la troisième. Les deux premières rangées sont séparées par une couche de cinq assises de briques formant saillie ou corniche (Pl. XII ; XIV, 2) [1].

Les arceaux des deux premières rangées ont leur arc en plein cintre formé de deux lignes de briques superposées, tandis que ceux de la troisième n'ont qu'une seule ligne de briques. De distance en distance, au centre des arceaux ou à la jointure extérieure des arcs, il y a des croix grecques, formées par des briques entières ou en fragments, encastrées dans le mur dans le sens de la longueur. D'autres fragments de briques, disposés également en croix, remplissent les quatre branches des croix. On relève aussi, par endroits, des croix d'une forme allongée, dite latine. Elles sont formées par l'encastrement dans le mur de deux briques parallèlement disposées dans le sens de la longueur.

Ces diverses sortes de croix sont très nombreuses, surtout sur le mur MN, qui a une meilleure conservation (Pl. IV, 1).

Le mur oriental, ainsi que le mur intérieur de l'acropole, ont aussi de distance en distance des croix de forme allongée, composées avec des fragments de briques. Quelques-unes ont un aspect étoilé.

Les croix qu'on relève sur le mur intérieur de l'acropole sont de deux sortes : croix de forme latine, avec deux lignes parallèles de briques encastrées dans le mur dans le sens de la longueur, pareilles à celles qu'on voit sur le mur MN ; et croix à branches égales, obtenues avec une série de fragments de briques, et entourées, dans la partie supérieure, d'un arc plein cintre, également composé de fragments de briques.

Une particularité qui mérite attention, c'est que par endroits dans le mur à assises ou à arceaux, on voit encastrés des bas-reliefs anciens. Nous en avons relevé un à gauche de M, et un autre près de la porte d'Anne Paléo-

1. Aug. Choisy, *L'art de bâtir chez les Byzantins*, p. 9.

logue. Le premier représente un banquet funéraire (Pl. XIII, 2), le second un militaire en tunique.

Troisième manière. — Le mur est entièrement en brique. A une hauteur de 3 m. à 3 m. 50 du sol actuel, il y a une série unique d'arceaux à une seule rangée de briques. Parfois dans la construction, qui n'est pas aussi soignée que les deux premières, on relève des pierres appareillées, des fragments de sculptures, des fûts de colonnes, et d'autres matériaux rapportés (Pl. XIV, 1 ; XXI, 1).

A ce mode de construction appartient une partie seulement du mur occidental.

A présent la question se pose : ces trois manières de constructions sont-elles de la même époque?

Pour pouvoir répondre à cette difficile question, il faut examiner d'abord les matériaux employés par chacune d'elles. Dans les deux premières le blocage est le même, et les moellons appartiennent à la même pierre verdâtre, tirée des carrières voisines.

Les briques ne diffèrent pas non plus par le matériel. Elles ont cependant d'autres caractères, qui sont intéressants à étudier. Les voici :

1. Le mur à assises du côté nord de l'acropole.

a) Marques :

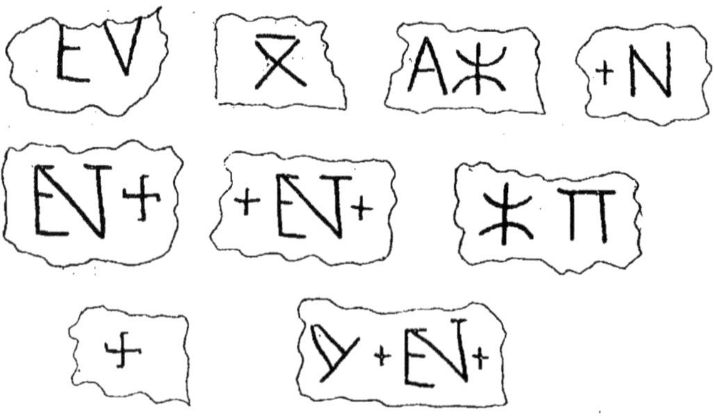

b) Dimensions : 0,40 × 0,40 × 0, 05 et 0,40 × 0,30 à 0,35 × 0,05.

II. Le mur à arceaux, MN.

a) [1].

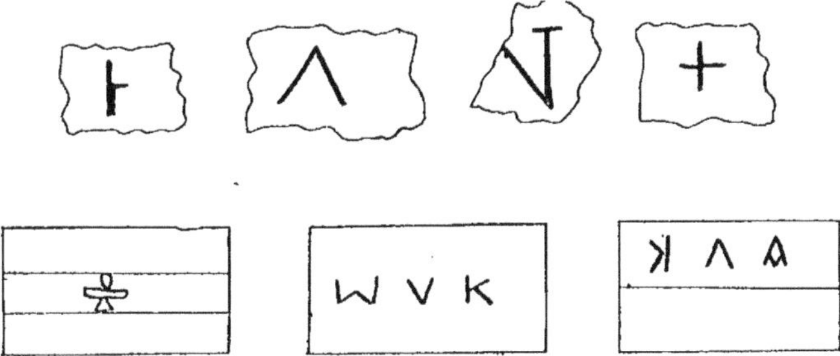

b) 0,40 × 0,30 à 0,35 × 0,05.

III. Le mur occidental, près de la porte du Vardar, à une seule série d'arceaux.

a)

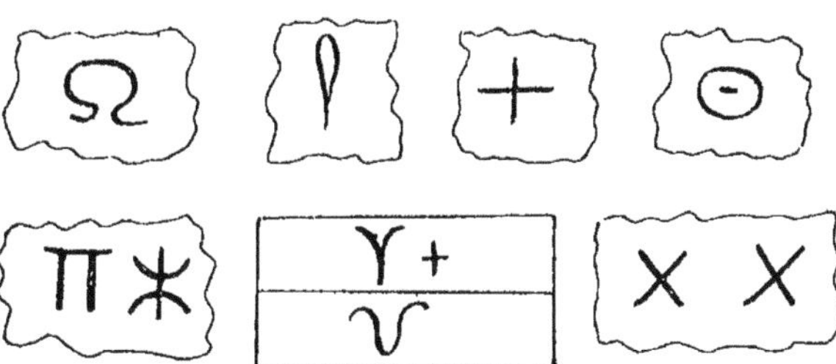

b) 0,40 × 0,35 × 0,05.

On voit que, malgré les différences, il y a quelques-unes des estampilles qui sont identiques. On remarque surtout

1. L'examen des briques n'était pas facile à faire, des pièces détachées des démolitions manquant totalement en cet endroit. Les marques, que nous donnons, ont été relevées sur des briques en place.

l'identité de l'estampille ∏ ✳, que portent les briques des murs de la première et de la troisième manière de construction. Les briques du mur de la deuxième manière, à triple série d'arceaux, sont différentes, à moins que la marque incomplète ⩔ ne soit identique à la ⋈, qu'on rencontre souvent au mur à assises.

Que faut-il conclure de ces constatations ? Le problème est vraiment très difficile à résoudre, surtout que l'on ne peut pas dire qu'on a relevé toutes les estampilles des briques des différents murs d'une variété infinie.

Mais on peut affirmer que la troisième manière de construction marque des négligences visibles. On dirait qu'on a voulu imiter, en quelque sorte, le mur à triple série d'arceaux, qui se trouve dans le voisinage, mais qu'on s'y est mal pris. Du reste, on relève cette dernière manière de construction sur certains points seulement du mur occidental, par exemple, dans la cour intérieure de la porte Yéni Capou et dans une partie du tracé en forme de dents de scie, qui se trouve entre cette porte et O. Dans ces reconstructions, que nous croyons exécutées pendant le haut moyen âge, on employa, à côté de la brique, divers autres matériaux : des pierres appareillées, des fragments de sculptures.

Il est aussi difficile de savoir laquelle des deux autres constructions est la plus ancienne : celle à assises, qui porte l'inscription de Hormisdas et qui date du IVe siècle, ou celle à triple série d'arceaux ?

Mgr Duchesne, qui visita Thessalonique il y a plus de trente ans, affirme que le mur à triple série d'arceaux est le plus ancien. Mais cette opinion n'a pas été soutenue avec preuves. Elle est pourtant, croyons-nous, juste.

Examinons les deux constructions là où elles se touchent, où elles paraissent remplacer certaines parties écroulées anciennement.

Entre M et L, le mur est presque entièrement à triple série d'arceaux. Cependant il y a certaines parties où apparaît le parement en blocage et à assises. Or, on voit ici très distinctement que ce mur est postérieur à l'autre. Il repose, en effet, sur une partie entièrement en briques, qui n'est que la continuation de la base du mur adjacent à triple série d'arceaux. L'on constate, par conséquent, que le mur à assises fut érigée sur une partie utilisable d'un mur qui dans sa partie supérieure était à remplacer.

L'un et l'autre de ces murs adjacents de structure différente sont surhaussés par une bâtisse postérieure, qui a, de distance en distance, de larges archères, entourées d'un arc en plein cintre, formé d'une seule rangée de briques (Pl. XII, 2).

Mais à côté de ces différentes manières de construction, on en relève encore une non moins intéressante.

On sait que les Romains appliquaient un revêtement en pierres carrées ou oblongues, de petit appareil et très bien ajustées, sur les deux faces du mur en blocage et à assises de briques. On relève ce revêtement réticulé, par exemple, à Timgad dans la salle centrale des grands Thermes du Nord [1], dans les Thermes de Cluny à Paris, et même à Constantinople dans certaines constructions comme dans la citerne de Tshukurbostân [2].

A Thessalonique il y a aussi des parties du mur, où l'on voit au moins un essai d'appliquer ce parement réticulé. On trouve souvent dans les démolitions des pierres en petit appareil, qui formaient le revêtement extérieur des murs. Mais il y a aussi un endroit, à gauche de la porte Yéni-Délik, où ce revêtement est encore en place, couvrant une surface de trois à quatre mètres carrés.

1. E. Boeswillwal, R. Cagnat et Ballu, *Timgad*, pl. XXXIV; cf. Albert Ballu, *Les ruines de Timgad*, Paris, 1897, pl. X.

2. Philipp Forchheimer et J. Strzygowski, *Die byzantinischen Wasserbehälter von Konstantinopel*, p. 48.

Il paraît cependant que l'emploi de ce parement avait semblé à l'ingénieur en chef de la construction des remparts, inefficace pour une œuvre de défense, surtout pour le côté extérieur, qui avait à supporter le choc des machines de guerre. C'était superflu, sinon dangereux, à cause des écroulements qui en pouvaient résulter. On a supprimé, par conséquent, ce revêtement en pierre de petit appareil sur tout le parcours de l'enceinte. Seulement, par-ci par-là, quelque contremaître peut-être, qui dirigeait une partie des immenses travaux, fidèle à la tradition et désireux de livrer un travail fini, le fit appliquer sur certains points.

Le mur à assises ou à arceaux forme la plus grande partie de l'enceinte. En faisant le tour des remparts l'on peut aisément se rendre compte quelles sont les parties anciennes, quelles sont les reconstructions ou les retouches byzantines, les reconstructions surtout des Paléologues, et enfin celles des Turcs.

Le mur oriental à assises commence aujourd'hui au nord et au voisinage de la porte des Archanges, à la mosquée Islahané-Djami. Il a subi en certains endroits des réparations plus ou moins importantes; il est interrompu parfois par des reconstructions byzantines de basse époque, ou même par des réparations turques [1].

En B il y a même une grosse tour, un donjon, construit en blocage. Au tiers de sa hauteur, un gros bourrelet arrondi en pierre l'entoure du côté extérieur; un autre, formé de pierres de taille ajustées, sert de gorgerin au-dessous des créneaux. Cette disposition lui valut le nom turc de *Gingirli-Coulé* ou la *Tour de la Chaîne* [2]. Le parement, le mode de construc-

---

1. Voir sur le plan les détails.

2. « La tour de la chaîne Gingirli-Coulé, dit Félix de Beaujour, est au sud-est des Sept-Tours. Elle est ainsi nommée, parce qu'au-dessous des créneaux règne un cordon qui embrasse toute sa circonférence. » *Tableau*, p. 31. Cette ceinture décorative figure aussi sur les grosses tours d'Amida. Max van Berchem et Josef Strzygowski, *Amida*, p. 278, pl. XVIII et XIX.

tion, le mâchicoulis surtout, qui flanque la paroi sud, sont des preuves suffisantes pour attribuer cette tour à une époque postérieure. Elle fut probablement bâtie au xvᵉ siècle, soit par les Vénitiens, soit par les Turcs qui employèrent à cet effet des architectes occidentaux.

La *Gingirli-Coulé* remplaça peut-être la tour d'angle, par où la ville fut prise en 1430 (Pl. XI, 1).

Jean Anagnoste parle, en effet, d'un angle défendu par une tour, lequel, probablement à cause de sa forme, était appelé le Triangle (Τριγώνιον [1]).

C'est du côté oriental et non pas, comme on l'a pensé [2], du côté septentrional, qu'il faut chercher le Trigônion. Le texte d'Anagnoste n'en laisse aucun doute [3].

A partir de B, le mur à assises réapparaît jusqu'à la porte d'Anne Paléologue, où il est de nouveau, à l'extérieur, interrompu par une construction, dont la partie inférieure est en briques tandis que la partie supérieure est en blocage (Pl. XX, 1). Il continue ensuite sur le côté oriental de l'acropole, mais ici, il est très souvent interrompu et remplacé par des constructions turques. Sur certains points on voit, devant le mur actuel, d'énormes masses de blocage d'une grande solidité, appartenant au mur à assises écroulé et reconstruit.

Toutes les parties anciennes appartiennent sans exception au mur à assises. On relève aussi sur le rempart septentrional beaucoup de reconstructions byzantines et turques. Cependant le mur à assises occupe la plus grande partie.

1. Τῶν κλιμάκων μίαν κατὰ τὸ Τριγώνιον θέντες, οὗ γωνία τις ἦν ἐκ πύργου. J. Anagnoste, Bonn, p. 506.

2. Struck, *Die Eroberung Thessalonikes durch Sarazenen im J. 904.* Byz. Zeit., XIV, pp. 544.

3. Εὐαλώτερον δὲ τὸ κατ᾽ ἀνατολὰς ἐθεάσαντο μέρος, οἷα δὴ σαθρότερον ἐν πολλοῖς τυγχάνον τοῖς μέρεσιν· ὅθεν τὸ πλέον καὶ μαχιμώτερον αὐτόθι διατετάχασι πολεμεῖν· ὁ Μουράτης δὲ τοῖς ἀμφ᾽ αὐτὸν ἅμα πεζοῖς, διακριθεῖσι καὶ αὐτοῖς παραπλησίως τοῖς ἄλλοις, ἀπὸ τοῦ καλουμένου Τριγωνίου μέχρις οὗ ἡ μονὴ τυγχάνει τοῦ Χορταΐτου τοῦ πολεμεῖν οὔκουν ἔληγεν οὐδ᾽ αὐτός. J. Anagnoste, o. c., pp. 502-503.

En L apparaît le parement à triple série d'arceaux, qui continue jusqu'en N (Pl. XII, 1-2; XIV, 2).

On relève les plus importantes reconstructions byzantines tant du côté nord de l'enceinte que du côté du mur intérieur de l'acropole, sur la face qui regarde la ville, reconstructions exécutées sous les Paléologues.

On y distingue deux sortes de parement. En certains endroits du mur septentrional, on en voit un en blocage mélangé de briques et séparé, à divers niveaux, par des couches de briques. Celles-ci sont d'une autre fabrication que les briques de l'ancien mur ; elles ont aussi des dimensions moins grandes : 0,30 × 0,25 × 0,03. La tour triangulaire qui porte l'inscription de Manuel Paléologue, ainsi que le mur contigu, servent comme exemples de cette construction (Pl. IX). Ces murs sont pourvus, vers le haut, de meurtrières encadrées d'un arc en plein cintre, formé de briques, au-dessus duquel il y a un ornement en dents de scie. Parfois on relève sur la face extérieure du mur d'autres décorations intéressantes et isolées. Il y a des motifs décoratifs, composés de briques formant des arêtes de poisson, ou des dents de scie ; quelquefois on voit aussi des niches décoratives en briques, dont le champ porte les mêmes ornements que ceux qu'on vient de décrire. Cette décoration ressemble à celle qui revêt à l'extérieur du côté oriental la grande abside de l'église des Saints-Apôtres (Pl. V, 2).

Les tours construites par Andronic Paléologue, sur la face qui regarde la ville du mur intérieur de l'acropole, présentent un parement différent. La brique y manque presque totalement. Elle ne sert que pour les inscriptions et les motifs décoratifs (Pl. XVIII).

La construction est faite avec du blocage. Les angles sont renforcés à l'aide de pierres appareillées jusqu'à la moitié de la hauteur de la tour. La construction repose sur une rangée de pierres également appareillées.

Le mur intérieur de l'acropole a le moins subi de retouches. De distance en distance, sur les tours, figurent, comme on l'a vu, des croix composées de briques (Pl. XVI).

Du côté de la ville ce mur a subi des retouches (Pl. XVII). On relève aussi, à une certaine distance devant lui, les traces d'une construction parallèle.

Le constructeur de l'enceinte de Thessalonique n'a employé que des tours carrées ou rectangulaires [1].

Leur nombre, d'après une *chronique* vénitienne du xve siècle, s'élevait à quarante [2].

Entre A et B il y a actuellement douze tours et saillants carrés, dont l'une reconstruite par les Byzantins (Pl. I, 2; II; III; IV). L'une d'elles porte l'inscription de Hormisdas [3].

Entre B et C on ne relève qu'une seule tour, également carrée.

Entre C et D il y a quatre tours carrées dont une reconstruite à l'époque byzantine, et deux saillants en angle aigu.

Trois autres tours carrées, une reconstruite par les Byzantins et deux par les Turcs, flanquent les courtines entre D et F. De ce côté il y a aussi deux tours en forme rectangulaire, reconstruites en partie à l'époque byzantine, et huit redans

---

1. L'enceinte de Constantinople a de nombreuses tours carrées ; mais elle en a aussi d'hexagonales, d'heptagonales et d'octogonales. Van Millingen, *o. c.*, pp. 51-52. La partie la plus ancienne des murs d'Amida est flanquée aussi de tours carrées. Berchem et Strzygowski, *o. c.*, pp. 8, 100.

2. « Ben situata (la ville de Thessalonique), con torre 40 suso ». Zorzi Dolfin *Cronaca*, anno 1423 (Ms. de Saint-Marc Venise, clas. ital., VII, cod. 794, cité par Sathas, *Docum. inédits*, IV, p. xx).

3. C'est dans cette partie du mur oriental qu'il faut chercher la tour appelée par Eustathe τοῦ Χαμοδράκοντος. Struck l'a identifiée à Samareia, qui, d'après le témoignage d'Anagnoste, est une tour maritime (Eustathe, *o. c.*, Bonn, p. 549, éd. Migne, CXXXVI, col. 92 ; Struck, *o. c.*, p. 544 ; Anagnoste, Bonn, p. 508). Un acte du monastère de Xénophon parle aussi de Chamodracon qui était voisine de l'église des Saints-Archanges. *Actes de Xénophon, Viz. Vrem.*, X (1903), p. 64.

appartenant soit à la construction du IVe siècle soit aux reconstructions byzantines ou turques.

Entre F et G il y a quatre tours et saillants carrés sur lesquels on relève les traces des quelques réparations importantes d'époque byzantine. Trois redans en partie reconstruits flanquent aussi les courtines de ce côté.

Entre G et H on relève trois tours carrées, dont celle du milieu a subi des retouches sous les Byzantins.

Les angles H et I sont défendus par deux tours, dont l'une hexagonale et l'autre pentagonale. Ce sont les seules tours polygonales de l'enceinte. Mais elles n'appartiennent pas, par la construction, au mur du IVe siècle. Elles furent probablement construites à l'époque des Paléologues. L'une d'elles a une poterne extérieure, ce qui est un trait unique, aucune des autres tours n'ayant d'entrée du côté de la campagne (Pl. XI, 2).

Entre I et J, partie des remparts ayant subi de nombreuses retouches, les courtines sont flanquées de trois tours carrées reconstruites à l'époque byzantine. Deux redans, dont l'un révélant des retouches byzantines et l'autre entièrement récent, défendent aussi les deux extrémités de cette partie de l'enceinte.

Entre J et M on relève onze tours carrées. L'une d'elles porte quelques traces du mur hellénistique; quatre autres ont été retouchées par les Byzantins ou par les Turcs ; enfin les six dernières sont intactes ou avec des retouches insignifiantes (Pl. VIII, 2).

Enfin, entre N et O, il n'y a qu'une seule tour carrée. Depuis la porte Yéni-Capou jusqu'en O le mur présente, comme on l'a vu, une série de redans. Celui qui est à droite de la porte a une hauteur d'à peu près vingt mètres (Pl. VII, 2).

Le mur intérieur de l'acropole est flanqué d'une série de onze tours et saillants carrés qui n'ont reçu presque aucune retouche (Pl. XVI, 2).

On a vu que ce fut le principe du flanquement qui présida
à la construction des tours. Elles devaient faire saillie à
l'extérieur et être, d'après Vitruve, distantes l'une de l'autre
d'une portée de trait. Cette distance à Thessalonique varie
selon les lieux.

Du côté oriental elle va depuis 8 m. 60 à 40 m. 50 ; du côté
septentrional de l'acropole, où il y a des escarpements de
terrain, l'intervalle qui sépare deux tours atteint souvent
60 m. 40 et quelquefois plus. Ainsi près de la porte Eski-
Délik la courtine a une longueur de 129 m. 95 (Pl. VIII, 1).
Mais le mur est, à cet endroit, naturellement défendu par un
profond ravin qui rend très difficile toute approche.

Le mur septentrional s'élève par endroits sur un rocher
très escarpé d'un accès également très dangereux sinon
impossible pour les ennemis. Pour arriver jusqu'à la base du
mur, les assiégeants devaient grimper sur les rochers et s'expo-
ser aux traits des défenseurs de la cité.

Mais à partir de I la pente descend plus doucement et va
en se confondant avec la plaine. La nécessité de multiplier
les tours apparaît ici impérieuse. Et pourtant, celles-ci sont
assez rares en comparaison de celles du côté oriental. Parfois
c'est une distance de 93 mètres qui les sépare.

Il est difficile d'expliquer les causes d'une pareille disposition. Peut-être cette partie, ayant un avant-mur et un fossé
profond, était-elle jugée comme suffisamment défendue. Mais
la partie de l'enceinte entre M et N était, elle aussi, défendue
par un avant-mur et un fossé, et pourtant les rentrants de la
courtine et les tours sont plus fréquents. Celles-ci sont ici
à peine séparées par un intervalle de huit mètres et quelques-
unes ont une très grande hauteur. En M, par exemple, il y a
un saillant qui atteint 16 à 17 mètres (Pl. XIII, 1). C'est lui
probablement qui, au commencement du xixe siècle, portait une
statue colossale, représentant une figure féminine au pied de

laquelle était sculptée une poupe de vaisseau. Cette statue représentait vraisemblablement Niké et commémorait une victoire navale [1]. Les Turcs ont appelé cette tour *Namasia-Coulé* ou *Tour de la Statue* [2].

Le mur intérieur de l'acropole a relativement un grand nombre de tours et de saillants séparés par un intervalle qui va depuis 15 m. 30 à 37 mètres. Cette fréquence de tours a sa raison d'être. On a envisagé le cas où l'acropole serait prise. Le rempart intérieur n'étant point défendu par un avant-mur et par un fossé et occupant en outre la partie la plus basse d'un terrain qui descend en pente, il a fallu remédier à cette faiblesse des lieux par la construction d'un grand nombre de tours et de saillants (Pl. XVI, 2).

Les dimensions de ces tours et saillants varient aussi et il paraît que c'est le caprice de l'ingénieur qui sert de règle. Un simple coup d'œil suffirait pour s'en convaincre. Néanmoins il y a plusieurs tours et saillants, du côté oriental, qui mesurent 10 m. 50 de face avec une saillie de côté de 3 m. à 5 m. 80. C'est la seule régularité constatée.

Les angles des tours sont le plus souvent renforcés par des briques, selon le principe formulé par Apollodore de Damas. Le mur, autant celui des tours que celui des courtines, présente assez souvent aussi au ras du sol, un soutènement formé d'un blocage soigné dont les moellons appartiennent à la même pierre verdâtre, que celles qui composent le blocage supérieur. Ce soutènement paraît assez ancien et s'élève par

1. A Constantinople aussi il y avait une statue représentant la Victoire. Van Millingen, o. c., pp. 64-65.

2. Voici ce que F. de Beaujour écrit à ce sujet : « La tour de la Statue, Namasia-Coulé, est dans la partie ouest, vis-à-vis d'un petit monastère de derviches. Elle est ainsi appelée parce qu'elle porte une statue informe, d'une grandeur colossale, qu'on dit être celle de Thessalonique, représentée sous la forme d'une figure de femme, au pied de laquelle on a sculpté la poupe d'un vaisseau. » *Tableau*, p. 31.

endroits jusqu'à une hauteur de un mètre. Il préservait le rempart contre l'humidité (fig. 4).

La hauteur d'une tour, du niveau actuel du sol, est de 7 m. 60, mesurée jusqu'à la ligne des créneaux. Les merlons

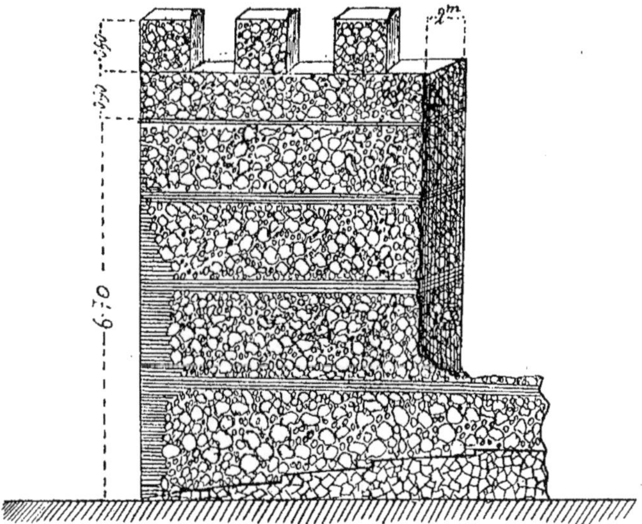

Fig. 4. — Détails du mur oriental.

ont 0 m. 90 à 1 mètre, ce qui donne une hauteur totale de 8 m. 50. Cependant, il y a, comme on l'a vu, des tours de beaucoup plus hautes, atteignant 15 à 17 mètres de hauteur.

La courtine en général est moins haute, mais pas de beaucoup. La différence entre elle et les tours va depuis un mètre à 1 m. 50, ce qui donne une hauteur actuelle de 6 m. 10 à 6 m. 60, sans la partie crénelée. Mais la hauteur des remparts était jadis beaucoup plus grande. Approximativement on peut la considérer comme atteignant 10 à 12 mètres. En effet, le mesurage du mur intérieur de l'acropole, du côté de la ville où le terrain, étant en pente, n'a pu se rehausser, cette hauteur est de 9 m. 20 sans la partie crénelée, et avec celle-ci de 10 m. 40 (fig. 5) [1].

Quant à l'épaisseur des murs on ne saurait être trop affirmatif. En certains endroits où MM. Boudet et Sadoul ont pu

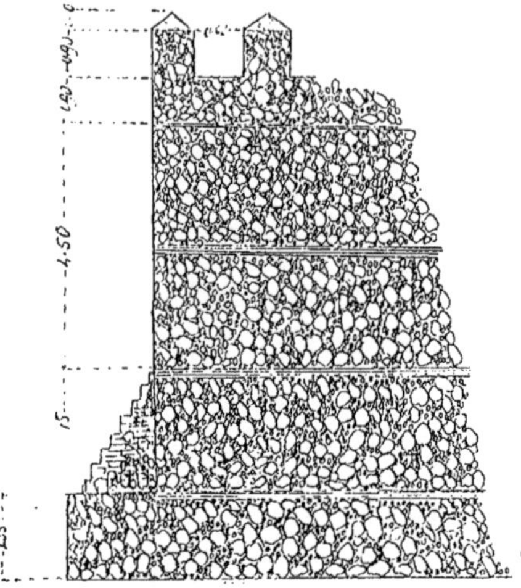

Fig. 5. — Détails. Mur séparant l'Acropole de la Ville.

mesurer — dans les parties écroulées — cette épaisseur est de 2 m. à 2 m. 30. Mais le premier mur est souvent à l'intérieur renforcé par un autre qui soutient le chemin ou les chemins de ronde. Du côté oriental, par exemple, le mur renforcé a une épaisseur de 4 m. 60 dans sa partie inférieure.

Le couronnement et la base de certaines courtines sont parallèles. Mais il y a aussi des courtines dont le couronnement monte en ligne oblique. Celles-ci sont généralement très hautes et dépourvues de chemin de ronde.

1. Je dois ces dernières indications à l'obligeance de M. M. Boudet, professeur au lycée français de Salonique.

Les courtines ont à l'intérieur un chemin de ronde, qui selon les recommandations de Philon et de Vitruve, est interrompu à la gorge des tours. La communication avec celle-ci se faisait par un plancher que l'on pouvait enlever au besoin. Le récit de Jean Caméniate nous engage à le supposer. En effet, lorsque les Sarrasins, qui avaient pénétré dans la ville, commencèrent à se livrer au pillage et au massacre de la population, Jean Caméniate et ses compagnons se réfugièrent sur une tour, voisine de la porte Litéa, l'actuelle Yéni-Capou. Ils furent bientôt aperçus. Un groupe d'Arabes montèrent sur la courtine et s'avancèrent vers eux. Mais pour les atteindre il fallait passer sur un plancher dont les bois étaient pourris. C'est alors que Caméniate, désireux de montrer aux agresseurs ses bonnes dispositions, leur tendit une planche solide et les Arabes purent ainsi arriver jusqu'à lui et à ses compagnons.

Le chemin de ronde des courtines est quelquefois double. Il y a d'abord tout près des créneaux une plate-forme sur laquelle se tenaient les défenseurs. Elle a un mètre de largeur. Vient ensuite, à un niveau inférieur, une seconde plate-forme, large de trois mètres, plus qu'il n'en faut pour que deux hommes armés puissent se croiser. Sur cette seconde plate-forme s'appuient souvent des contreforts, destinés à soutenir la partie supérieure du mur non renforcé par un soutènement intérieur. Un escalier permet de monter à la plate-forme supérieure (Pl. IV, 2).

Les merlons des courtines ou des tours sont chaperonnés. Ils ont une hauteur de 0 m. 90 à 1 mètre ; une largeur de 1 mètre à 1 m. 10 et une épaisseur de 0 m. 60. Les chaperons sont, à leur tour, hauts de 0 m. 18 à 0 m. 30. La distance entre les merlons est de 0 m. 80 à 0 m. 90. Sur certains points l'on voit une petite plate-forme s'appuyant sur les merlons à gauche. Il est difficile d'expliquer à quoi elle pouvait servir (fig. 6).

Pour monter sur les courtines, au chemin de ronde, il y avait sur divers points des escaliers. Celui qui permet l'accès

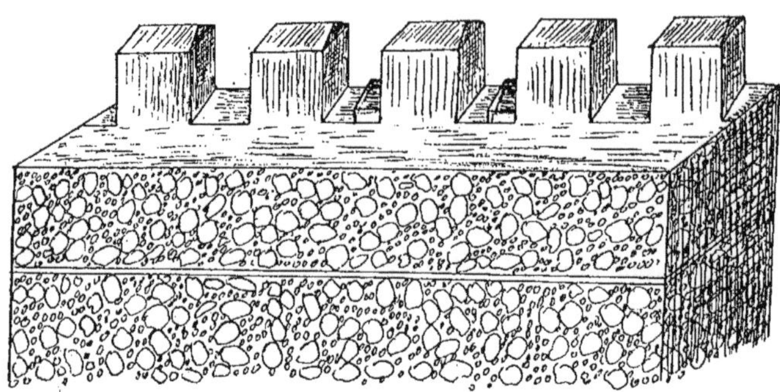

Fig. 6. — Détail du mur oriental.

de la courtine du mur intérieur de l'acropole est bien caractérisé (fig. 7).

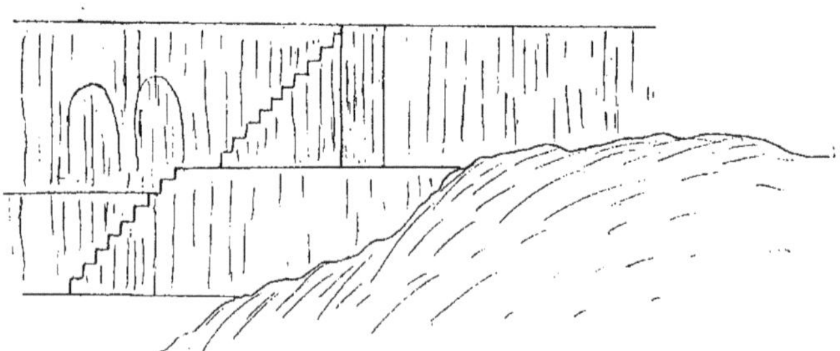

Fig. 7. — Escalier permettant l'accès du chemin de ronde.
Mur séparant l'Acropole de la Ville, face qui regarde la mer.

De distance en distance du côté de la ville il y avait aussi une sorte de niches profondes pratiquées dans le mur et qui servaient d'abri à la garde ou de dépôt provisoire des munitions de guerre (fig. 8 et Pl. IV, 2). Nous donnons ici (fig. 8) une esquisse d'une de ces niches, qui se trouve du côté nord du mur de l'acropole. Son entrée est en plein cintre, encadrée

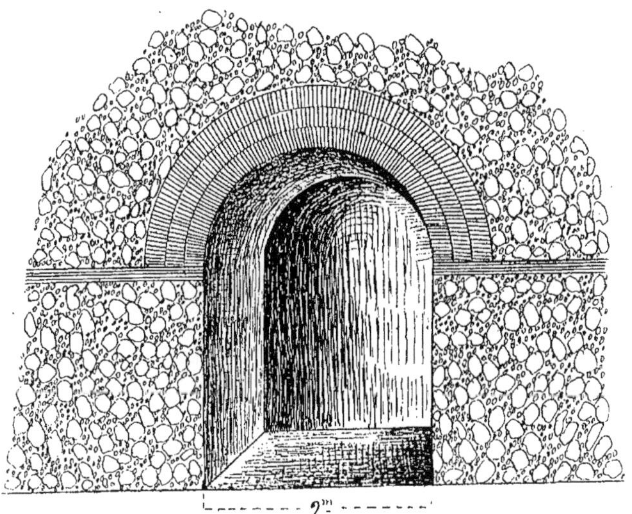

Fig. 8. — Abri. Mur septentrional de l'Acropole.

d'une triple rangée de briques, s'appuyant sur une des assises qui traversent le mur. Elle a 2 mètres de largeur, 2 de hauteur et 1 m. 50 de profondeur.

Les tours ont deux étages [1], du moins celles que nous avons pu voir, les autres se trouvant dans les cours des maisons turques adossées au mur et d'accès impossible.

Nous avons examiné surtout une de ces tours, située du côté nord de l'acropole. Au rez-de-chaussée il y a une chambre carrée, passablement obscure, recevant la lumière

___

1. A Constantinople aussi la plus grande partie des tours a deux étages. Van Millingen, o. c., p. 52.

par la porte qui s'ouvre sur la paroi sud, à l'intérieur de
l'acropole. Au premier étage, terminé en tholus, il y a des
archères. Dans la paroi nord-est, à droite de l'entrée, est
pratiquée une niche profonde et assez large où trois ou
quatre personnes pouvaient facilement prendre place. Elle est
voûtée en arc surbaissé. Au fond s'ouvre une large archère

Fig. 9. — Coupe. Tour de l'Acropole, du côté nord.

qui permettait la défense de la tour et de la courtine contiguë.
Les deux étages de la tour étaient séparés par un plancher
dont les solives pénétraient dans la bâtisse.

L'entrée, très large et en voûte plein cintre [1], est conforme
au principe établi par Philon (fig. 9).

L'étage inférieur de la tour ne jouait pas un grand rôle
dans la défense ; il servait plutôt comme chambre de provi-

1. Comme à Constantinople. Van Millingen, *ibid*.

sions et comme habitation de la garde [1]. Les soldats, qui devaient rentrer chez eux ou devaient partir en campagne, y tenaient leur quartier temporaire [2]. Les propriétaires du terrain, sur lequel s'élevaient les tours, avaient la permission, du moins au ve siècle, de se servir de chambres inférieures, mais seulement en temps de paix [3].

Tels sont les caractères généraux des remparts de Thessalonique.

Il ne nous reste maintenant qu'à dire quelques mots sur le mur maritime, construit au xe siècle. On en relève quelques traces près du Top-hané et dans le voisinage de l'église de Saint-Ménas.

Les restes du côté du Top-hané sont une construction mal faite en blocage et en briques, pêle-mêle (Pl. XV, 1-2). Les angles sont renforcés par des pierres appareillées rapportées. On a encastré même en un endroit un bas-relief funéraire antique représentant une scène d'adieux, au-dessus duquel on a placé un autre ornement sculptural qui a l'aspect d'une couronne (Pl. XV, 1).

A quelques pas de cet endroit le mur contourne vers l'est, et au tournant on relève une poterne murée.

Le mur maritime était défendu aux extrémités par deux tours. A l'ouest il y avait, en 1430, une grosse tour que Jean Anagnoste appelle *Samareias* (Σαμαρείας). Les citoyens Thessaloniciens et leurs maîtres, les Vénitiens, la considéraient comme un suprême refuge dans le cas où la ville serait prise [4]. L'emplacement de cette tour, aujourd'hui démolie, est probablement le même que celui du Top-hané. Elle s'appelait,

---

1. Van Millingen, *o. c.*, p. 53.
2. Cod. Theod., *De metatis*, lib. 13 ; cf. Van Millingen, *ibid.*
3. Cod. Theod., *De operibus publicis*, lib. 51 ; cf. Van Millingen, *ibid.*
4. J. Anagnoste, ch. 13, Bonn, p. 508.

d'après le témoignage des voyageurs français du xixe siècle, la *Tour de la Poudrière* [1].

A l'autre extrémité, il y avait aussi une autre tour, mentionnée par Eustathe, au xiie siècle [2]. Elle occupait vraisemblablement la même place que le *Beyaz-Coulé* ou la *Tour Blanche* actuelle, qui la remplaça pendant la période turque. La construction, en effet, le parement surtout, un blocage dont chaque moellon est séparé par deux briques verticales, ne permettent pas de considérer cette tour comme une œuvre byzantine.

Au commencement du xixe siècle elle portait un autre nom. On l'appelait la *Tour des Janissaires* ou *Tour du Sang*, parce qu'on y égorgeait les Janissaires condamnés à mort [3]. Actuellement cette tour est entourée d'un mur moderne polygonal. Une partie de ce mur vient d'être démolie tout dernièrement (fig. 2). A sa proximité, au commencement du xixe siècle, ainsi que nous l'apprend S. Sauveur, consul de France à Salonique vers 1833, il y avait un môle de pierre. On ignore si cette œuvre était ou non byzantine [4].

D'après le témoignage d'Eustathe il y avait aussi une tour dite des *Bourgeois* [5]. On ignore également son emplacement. Mais l'expression, dont se sert l'auteur, βουργέσιοι fait penser qu'il s'agit d'un quartier habité par des occidentaux. Celui-ci

---

1. « A la tête de l'ancien port, dit Cousinéry, de l'autre côté de cet ancien bassin, on voit une grande tour construite au moyen âge qui protège une échelle de bois établie sur pilotis, au moyen de laquelle on embarque et l'on débarque les marchandises. Il paraît que cette tour concourait à la défense du port. » I, p. 45 ; cf. F. de Beaujour. *Tableau*, p. 28.

2. Τοῦ κατὰ θάλασσαν ἑῴου πύργου, ch. 4, p. 371.

3. Pouqueville, *Lettre à Fr. Tafel*. Tafel, *De Via Egnatia*, p. 10 ; cf. Cousinéry, o. c., p. 45, et P. N. Papageorgiu, Ἐκδρομὴ εἰς τὴν μονὴν τῆς Ἁγ. Ἀναστασίας. *B. Z.*, VII, p. 58.

4. Pouqueville, *l. c.*

5. Ἐκ τοῦ κατὰ τοὺς βουργεσίους πύργου, o. c., Bonn, p. 449.

occupait probablement la même place que le quartier des Francs dont parlent les voyageurs du XIX⁰ siècle, c'est-à-dire les environs de l'église catholique actuelle. En ce cas la tour des *Bourgeois* s'élevait dans le mur maritime [1].

III. — *Les Portes.*

A. — Portes Orientales.

On entrait dans la ville par plusieurs portes, qu'on fermait la nuit [2].

Quatre s'ouvraient du côté oriental, d'après ce que nous apprend Jean Caméniate au X⁰ siècle [3]. Plus tard, en 1355, on en ouvrit, comme on l'a vu, une nouvelle tout près de l'acropole.

Dans le voisinage de la mer, non loin de la tour actuelle de Beyaz-Coulé ou Tour Blanche, il y avait la grande *Porte de Rome*, que les Turcs désignaient sous le nom de Kanli-Coulé [4]. La population grecque conserva le nom latin jusqu'à une époque avancée. Ainsi Jean Caméniate appelle cette porte Ῥώμα et non Ῥώμη.

Plus au nord s'ouvrait la seconde grande porte, que les

1. C'est aussi l'opinion de Struck, *o. c.*, p. 545.
2. Phrantzès, I, Bonn, p. 48.
3. Τεττάρων γὰρ πυλῶν πρὸς τῷ ἀνατολικῷ μέρει τῆς πόλεως διεξαγουσῶν, ἐσκέψαντο τὰς δύο αὐτῶν πυρὶ τεφρῶσαι, τήν τε ῥηθεῖσαν Ῥώμαν καὶ τὴν Κασσανδρεωτικὴν καλουμένην· ch. 30, Bonn, p. 529, éd. Migne, CIX, col. 568; cf. aussi, chap. 28.
4. P. N. Papageorgiu, *Byz. Zeit.*, VII, p. 58; Hadji Ioannou, Ἀστυγραφία Θεσσαλονίκης, p. 30.

F. de Beaujour (*o. c.*, p. 32) et Cousinéry (*o. c.*, p. 25), n'ayant pas connu les textes byzantins relatifs à la topographie de Thessalonique, et croyant que la porte de Rome s'ouvrait du côté occidental, dans la direction de la ville de Rome, l'ont confondue avec la porte du Vardar, qui en réalité est la Porte d'Or des Byzantins.

écrivains byzantins appellent *Cassandréotique* [1]. La population pourtant de basse époque byzantine la désignait sous le nom, conservé jusqu'à nos jours, de *Calamaria* [2], parce que c'est par ici qu'on sortait de la cité pour aller à la campagne de Calamaria [3].

La porte Cassandréotique avait probablement remplacé dans l'enceinte byzantine, l'ancienne entrée, située à quelques mètres en avant de l'arc de triomphe de Galère. En effet, si l'on suit la direction du mur, qui descend en ligne droite de la grande tour ronde Gingirli-Coulé, on constate que cette ligne fait une courbe vers l'est, comme pour contourner l'église de Saint-Georges ; ensuite elle reprend la direction vers la mer. Or, si l'on prolonge la ligne des murs, du point où commence la courbure, elle passe justement par l'arc de triomphe. C'était, croyons-nous, la direction que suivait l'ancien mur, qui à cet endroit devait avoir une porte.

Les portes Cassandréotique et Rome étaient des portes doubles. Chacune d'elles avait deux baies — l'une extérieure du côté de la plaine, l'autre intérieure donnant accès dans la ville — séparées par une sorte d'enclos ou de cour intérieure, formée et défendue de tous les côtés par des murs [4].

La description, qu'on trouve dans les *Actes*, de la porte Cassandréotique [5], nous autorise à affirmer qu'elle était construite selon toutes les règles de l'architecture militaire

1. *Actes de S. Démétrius*, ch. 133, Migne, CXVI, col. 1305 ; *Vie de Sainte Théodora*, éd. Kurtz ; *Mémoires de l'Acad. imp. de S. Pétersbourg*, VIII⁰ série, cl. hist.-phil., t. VI, nᵒ 1, ch. 9, p. 5 : Πλησίον τῆς ἀγορᾶς τῆς ἐπὶ τὴν Κασσανδρεωτικὴν ἰούσης πύλην (a. 818) ; J. Caméniate, ch. 30, Bonn, p. 529.

2. Hadji Ioannou, Ἀστυγρ. Θεσσ., p. 29.

3. P. N. Papageorgiu, *Byz. Zeit.*, X, p. 23 ; Lapienus (XVIII, *Géographie*, citée par Tafel, o. c., p. 101), l'appelle Ghellemor.

4. J. Caméniate, ch. 30, 31, 49, Bonn, pp. 529-530.

5. *Actes*, l. c., col. 1305.

romaine, telles que les relève le traité de Végèce [1]. La porte avait un pont-levis, une herse, appelée *cataractès* par l'auteur des *Actes* et *cataracta* par l'écrivain latin, ainsi que des appareils pour l'extinction des incendies, que pouvaient provoquer les ennemis sur les battants de bois.

Mais au VIIe siècle, lors d'une attaque des Slaves, on constata que ces machines étaient détraquées et qu'elles ne pouvaient plus servir.

Malheureusement toute cette partie du mur oriental étant démolie, on ne peut rien ajouter à ces simples considérations historiques.

Il en est de même de la troisième porte, elle aussi démolie il y a déjà plusieurs années.

Certains écrivains byzantins l'appellent la *Porte des Archanges* (τῶν Ἀσωμάτων). Elle fut murée pendant la période turque, mais en 1874 on la réouvrit. C'est à cette époque, qu'apparaît la dénomination inexacte due aux Grecs, de « Nouvelle Porte d'Or ». Ainsi l'appela-t-on Νέα Χρυσῆ πύλη, Telli-Capou ou même Ghionmous Capi [2].

Certains savants ont adopté sans trop de défiance ce nom [3], d'autres, tout en relevant l'erreur, l'appellent quand même « Pseudo-dorée [4] ».

Cependant personne ne l'a identifiée à celle des Archanges.

Tafel [5], et d'après lui Struck [6], placent cette dernière du côté septentrional de l'enceinte, à l'ouest de l'acropole, près de la tour de Manuel. L'opinion de ces deux savants est en contradiction avec les sources mêmes.

1. Éd. Lang, ch. III, p. 130.
2. Hadji Ioannou, o. c., pp. 29-30.
3. Struck, par exemple, l'appelle das Neue goldene Thor, o. c. *Byz. Zeit.*, XIV, p. 545.
4. J. H. Mordtmann, *Athen. Mittheilungen*, XVI (1891), p. 368 ; P. N. Papageorgiu, *Byz. Zeit.*, p. 23.
5. Tafel, o. c., pp. 104-105.
6. Struck, o. c., p. 546.

O. Tafrali. — *Topographie de Thessalonique*   7

En effet, deux écrivains byzantins seulement mentionnent la porte des Archanges. Eustathe, au xiie siècle et Cantacuzène, au xive. Le premier nous apprend que lorsque les Normands attaquèrent Thessalonique en 1185, leurs troupes prirent position, dans un moment donné, « du côté oriental de la ville, depuis la mer jusqu'aux portes des Archanges [1] ». Par conséquent, c'est du côté est que se trouvait cette porte, qui était également double. Pour que l'opinion des deux savants mentionnés plus haut fût admissible, il faudrait admettre aussi que les Normands eussent aligné leurs troupes en vue d'un assaut, non seulement du côté du mur oriental, mais aussi du côté de l'acropole et du mur septentrional, en un mot ils eussent enveloppé entièrement la ville. Cela est tout à fait invraisemblable, parce que David, le gouverneur de Thessalonique, une fois la ville prise à la suite d'un assaut donné contre le mur oriental, réussit à prendre la fuite par la porte extérieure de l'acropole, située au nord de celle des Archanges. Or, cela n'aurait pu se produire, si l'ennemi cernait entièrement Thessalonique.

Cantacuzène, d'autre part, nous apprend que pendant la guerre civile entre Andronic II et Andronic III, ce dernier vint un jour camper au monastère du Chortaïte, situé à l'est de Thessalonique. Ensuite il se dirigea sur la ville du côté oriental, et y pénétra par la porte des Archanges [2]. Nul doute, par conséquent, que celle-ci appartient au mur oriental et non pas à celui du nord.

Elle s'ouvrait à l'extrémité orientale de la rue actuelle de Midhat Pacha [3]. En effet, parmi les quatre portes orientales,

1. Οἱ δὲ πολέμιοι στερεῶς κατὰ τῶν ἑῴων μερῶν τῆς πόλεως τῶν κατ' αἰγιαλὸν ἕως καὶ τῶν κατὰ τοὺς Ἀσωμάτους πυλῶν ἐπέκειντο. Eustathe, ch. 75, Bonn, pp. 450-451.

2. Τῆς προσαγορευομένης τῶν Ἀσωμάτων πύλης, I, 53, Bonn, p. 268.

3. Hadji Ioannou, qui le premier émit l'opinion que la porte des Archanges doit être cherchée du côté oriental, la place un peu plus au

c'est celle-ci qui est la plus proche de l'église des Archanges, qui lui avait prêté son nom de même qu'au quartier voisin.

Nous ignorons la situation de la quatrième porte de l'énumération de Caméniate [1]. Un peu vers le sud de celle des Archanges et au nord de la grande église de Saint-Georges, du côté où l'on voit encore quelques ruines d'une construction byzantine de basse époque, il y avait, d'après la tradition, une porte appelée par les Turcs *Porta-Capi*. Le plan de Wernieski marque, en effet, à cet endroit une entrée. Il est probable que celle-ci soit la quatrième porte orientale mentionnée par Caméniate. Hadji Ioannou suppose que de ce côté s'ouvrait une porte ancienne du mur hellénistique [2]. Cette conjecture, ne reposant sur aucune preuve, ne saurait être prise en considération.

En 1355, Anne Paléologue ordonna l'ouverture d'une nouvelle porte. Elle existe encore aujourd'hui et se dissimule derrière la tour Gingirli-Coulé (Pl. XX, 1-2).

Cette porte est pratiquée dans un mur, en grande partie refait, datant de la même époque, et dépourvu aujourd'hui de sa partie crénelée. Ce mur sert de liaison entre les deux bouts de l'ancien mur byzantin à assises, bouts qui avancent l'un contre l'autre. Depuis la base jusqu'au tiers de sa hauteur, il est entièrement en briques; le reste est formé d'un mélange de moellons et de briques, construction qui trahit l'époque des Paléologues. Mais la construction repose en partie sur l'ancien mur à assises, dont le parement apparaît sur la paroi gauche — pour celui qui sort — sur la face qui regarde la ville (Pl. XX, 2).

nord que la tour de Hormisdas, *o. c.*, p. 30. Le mur à partir de Islahané-Djami est presque intact. Près de la tour Gingirli Coulé, il y a aujourd'hui une trouée, mais elle s'est produite à la suite d'un écroulement du mur. Du reste, le plan de Thessalonique de Wernieski ne marque aucune porte de ce côté-là.

1. Ch. 30, Bonn, p. 529.
2. O. c., p. 30.

A partir de cet endroit commence le mur oriental de l'acropole.

La porte extérieure de celle-ci, mentionnée par Cantacuzène [1], s'ouvre non loin de la porte d'Anne Paléologue. Elle est actuellement murée. Jadis elle n'était qu'une porte militaire (voir n° 1 de la carte).

La façon dont elle est construite dénote une assez basse époque (Pl. XIX, 1).

A sa droite et à sa gauche le mur paraît plutôt de construction turque. Quant au pan de mur, dont fait partie la porte même, il présente des analogies avec celui de la porte d'Anne Paléologue. Depuis la base jusqu'au linteau et même plus haut, la bâtisse est faite avec de grands blocs de pierre, séparés par des moellons et par des briques. Un de ces blocs porte une inscription grecque ancienne, d'assez basse époque [2]. Toute la partie supérieure est construite en briques.

La porte, large de 3 m. 60, présente des ressemblances de forme avec celle d'Anne Paléologue. Sur les deux chambranles monolithes non équarris, on a placé le linteau que forme deux fragments de pierre, liés par un crochet de fer.

Au-dessus il y a un arc, en plein cintre, formé de deux rangées de briques et qui sert d'ornement. L'espace circonscrit par cet arc et le linteau est rempli par du blocage. Cette disposition rappelle celle des portes d'Anne Paléologue et celle de l'acropole qui donne accès dans la ville. Elles sont, par conséquent, construites à peu près vers la même époque. Enfin, le couronnement du mur, dans lequel est pratiquée la porte, forme une sorte de rectangle, un large merlon, au milieu duquel il y a une ouverture, un œil-de-bœuf, avec

1. Cantac. III, 94, Bonn, II, pp. 578-9 et 999.
2. Nous avons renoncé à la déchiffrer, tellement elle est effacée. Mgr Duchesne aussi ne donne dans sa *Mission au Mont Athos*, qu'une transcription très peu sûre.

un arc surhaussé, encadré d'une seule rangée de briques.
Un arc identique sert de parement au-dessus d'une poterne
pratiquée dans un mur, construit à l'époque des Paléologues,
à gauche de la grande tour pentagonale du côté nord de
l'enceinte.

B. — Portes Septentrionales.

De ce côté il n'y avait que des portes militaires. Nous en
avons relevé quatorze qui s'ouvraient toutes du côté du terrain
escarpé ou aux pentes rapides. Elles servaient aux sorties ou
à faire entrer en cachette des provisions et des troupes amies
accourues pour renforcer la garnison. Sur certains points ces
portes sont très rapprochées, formant pour ainsi dire des
couples. Leur largeur varie entre 1 m. 42 et 2 m. 80. Un arc
à une ou à deux rangées de briques leur sert de couronnement. Presque toutes ont été anciennement murées, probablement avant même les guerres slaves. Cependant quelques-
unes servaient encore à cette époque. *Les Actes de saint Démétrius* parlent, en effet, d'une poterne (παραπύλιον) [1], qui existait
du côté nord. Les Slaves, l'ayant attaquée pendant un des
sièges qu'ils mirent devant la ville au viie siècle, réussirent à
la forcer. Ils pénétraient déjà dans la ville, lorsqu'ils furent
arrêtés et chassés par saint Démétrius.

Une pareille poterne est également mentionnée dans la *Vie
de saint David de Thessalonique* (vi[e]-viie siècles). Elle y est
appelée Παραπόρτιον τῶν Ἀπροΐτων. Tout près d'elle était situé
le monastère dit τῶν Κουχουλλεώτων, appelé aussi τῶν Ἀπροΐτων, consacré aux saints Théodore et Mercure [2].

---

1. Ἐν τοῖς πρὸς τῇ λεγομένῃ Ἄρκτῳ τοῦ μονοτείχου, ἔνθα καὶ παραπύλιον
ὑπάρχει μικρόν. *Actes*, ch. 187. Migne, CXVI, col. 1352 ; cf. J. Staurakios,
Homélie sur S. Démétrius. Τὸ πρὸς βορρᾶν τῆς πόλεως πυρπολήσαντες παραπύλιον. Ms. gr. Paris., fol. 58.

2. Ἐν τῇ μονῇ τῶν ἁγίων μαρτύρων Θεοδώρου καὶ Μερκουρίου ἐπιλεγομένη

Du côté du mur septentrional il y a une poterne. On l'appelle *Eski-Délik* ou Ancienne Trouée. Elle appartient au mur du IVᵉ siècle et fut murée anciennement. Les Turcs l'ont réouverte après la conquête. Sur la face qui regarde la ville, elle est couronnée d'un arc surbaissé, encadré d'une seule rangée de briques ; mais au-dessus se dessine un autre arc en plein cintre, formé de deux rangées superposées de briques (Pl. XIX).

En descendant vers la plaine et toujours dans le mur septentrional, on arrive à une autre porte, que les Turcs appellent *Yéni-Délik* ou Nouvelle Trouée. Elle occupe vraisemblablement la place d'une ancienne porte. Malheureusement le mur étant démoli à droite et à gauche, on ne peut se rendre compte de son importance.

C. — Portes Occidentales.

La communication avec la plaine occidentale se faisait par deux portes [1], tout aussi importantes que celles du mur oriental.

A la porte de Rome correspondait la *Porte d'Or* dont il est souvent question dans les textes des VIIᵉ, Xᵉ et XIIᵉ siècles [2].

Un passage de Jean Caméniate ne laisse aucun doute que cette porte ne soit autre que la *Porte du Vardar* [3], aujourd'hui entièrement démolie.

Κουκουλλεωτων, ἐν τῷ ἀρκτικῷ μέρει τῆς πόλεως, πλησίον τοῦ τείχους, ἐν ᾧ ἐστι τὸ παραπόρτιον τῶν Ἀπροΐτων. Valentin Rose, *Leben des heiligen David von Thessalonike*. Berlin, 1887, pp. 3 et 14.

1. Τὸ δὲ (πλῆθος) πάλιν ταῖς δυσὶ πύλαις προσερρύη ταῖς πρὸς δύσιν ἀφοριώσαις τῆς πόλεως. J. Caméniate, ch. 39, p. 544.

2. Ὀργισθεὶς οὖν ὁ βασιλεύς, ἐκέλευσεν αὐτὸν ὡς χριστιανὸν ἀπενεχθῆναι (S. Nestor) ἐν τοῖς δυτικοῖς τῆς πόλεως μέρεσιν ἐν τῇ ἐπονομαζομένῃ Χρυσέα πύλη. *Actes*, ch. 11. Migne, CXVI, col. 1180 ; Οἷον γὰρ ἐγεγόνει κακὸν κατὰ τὴν καλουμένην Χρυσῆν πύλην ! J. Caméniate, ch. 40, Bonn, p. 544 ou Migne, CIX, col. 584 ; Eustathe, o. c., ch. 74-75, Bonn, p. 451 ; cf. Tafel, o. c., p. 102.

3. Hadji Ioannou, o. c., p. 32 ; Mordtmann l'appelle Telli-Capou,

C'est au récit des voyageurs du xixe siècle, à la description
de M. Heuzey et au dessin de M. Daumet, qu'il faut recourir
pour l'étudier.

« Cousinéry, écrit M. Heuzey, n'avait donné qu'une vue
pittoresque de la porte antique, connue aujourd'hui sous le
nom de porte du Vardar. C'est un bel arc de l'époque romaine,
dont la construction élégante par assises alternativement
larges et étroites offre de grandes analogies avec celle de l'arc
de Kiémer dans la plaine de Philippi. M. Daumet en a étudié
avec soin l'appareil et la décoration [1]. Du côté qui fait face à
la plaine on distingue encore, au-dessus de la frise ornée de
guirlandes, un groupe de trois lettres latines que j'ai lues
VIO ; mais l'état fruste de la pierre ne permet pas de
décider si c'est une simple marque d'appareilleur ou si ces
caractères faisaient partie d'une inscription qui se continuait
sur les autres blocs (elle aurait pu se rapporter à l'un des
empereurs de la famille Flavienne). Quant à l'inscription
grecque gravée sur la face intérieure de l'un des pieds-droits,
je me suis assuré qu'elle n'a jamais contenu autre chose que
la liste des politarques, ce qui s'explique si ce n'était qu'une
inscription complémentaire, destinée à rappeler aux habitants
l'année de la construction, par l'indication des magistrats en
charge dont l'un porte les noms de P. Flavius Sabinus, appartenant à la famille de Vespasien. »

« La reproduction exacte que nous donnons de deux bas-
reliefs sculptés sur la face extérieure des mêmes pieds-droits
aidera peut-être aussi à reconnaître quels sont ces deux
cavaliers à la tête découverte et barbue (?), au manteau
agrafé sur une ample tunique, qui se tiennent debout, un
long bâton ou peut-être une lance dans la main. Quelques-uns

nom qu'on donnait plutôt, quoique à tort, à la porte des Archanges.
Ath. Mittheil., XVI (1891), p. 368.

1. *Mission archéologique de Macédoine*, pl. 22.

de ces traits s'écartent de la représentation ordinaire des Dioscures auxquels on songe tout de suite et qui seraient ici bien à leur place comme gardiens de l'une des portes de la ville. Cependant le souvenir des cavaliers jumeaux n'était probablement pas étranger à cette décoration. Il faut se rappeler que, vers le temps des Antonins, les couples de princes, formés par l'adoption et par l'association de l'Empire, sont souvent honorés, par les monnaies de la Syrie, sous le nom des dieux Cabires, Σύροι Κάβειροι, divinités phéniciennes que la religion de cette époque avait fini par confondre avec les fils de Léda..... La porte occidentale de Thessalonique avait été placée sous la garde des nouveaux Dioscures, assimilés à la fois aux Cabires et aux couples de princes, comme Antonin et Marc-Aurèle et peut-être déjà Vespasien et Titus. Cette hypothèse me semble au moins plus vraisemblable que celle de Cousinéry qui ne voit dans la même représentation qu'un souvenir historique de l'entrée triomphale, ovatio, des triumvirs Antoine et Octave après la victoire de Philippes. C'était sans doute le souci de leur dignité, qui faisait que ces Dioscures impériaux ne tinssent pas eux-mêmes leurs chevaux par la bride, contrairement à l'usage communément adopté dans les représentations de Castor et de Pollux [1]. »

Le dessin de M. Daumet nous représente cette porte [2], et une partie du mur contigu. Ce dernier est construit avec des pierres de taille de différentes dimensions formant assises régulières : de gros blocs sont séparés par d'autres d'une moindre épaisseur. C'est la construction connue sous le nom de *opus pseudoisodomum* (ψευδισόδομον) (fig. 10).

Lorsqu'au IVe siècle on reconstruisit de fond en comble l'ancienne enceinte, tout en suivant les lignes générales et

1. L. Heuzey et H. Daumet, *Mission archéologique de Macédoine*, pp. 272-273 ; cf. E. Zachariae, *Reise in den Orient in den Jahren 1837 u. 1838*. Heidelberg, 1840, p. 190.
2. Pl. 22.

en utilisant, comme on l'a vu, quelques parties du mur
ancien, on élargit l'assiette de la cité sur certains points,
surtout dans la partie basse.

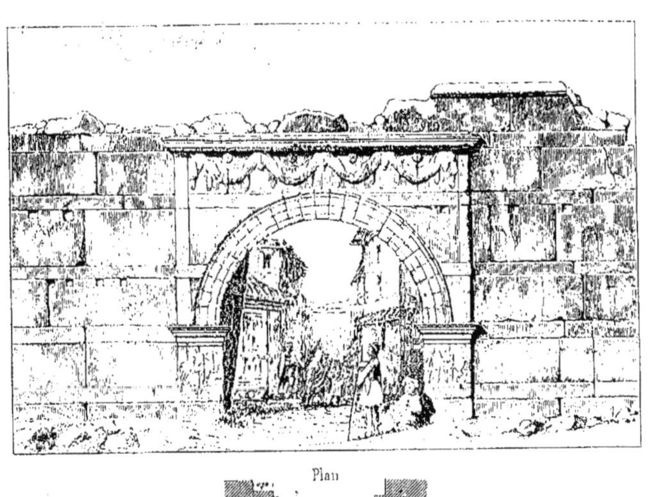

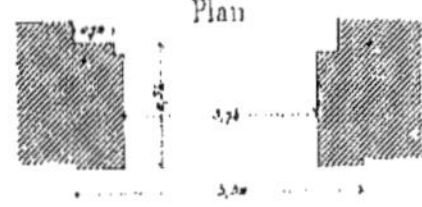

Fig. 10. — La Porte d'Or (Porte du Vardar.
D'après Daumet. *Mission archéologique de Macédoine*).

La porte des Flaviens devenue, probablement sous Théodose le Grand, la *Porte d'Or* [1], fut laissée un peu en arrière,
dans l'intérieur de la ville, formant ainsi une sorte d'arc de

1. A Constantinople, comme on le sait, il y avait une entrée qui
s'appelait *Porte d'Or*. Van Millingen la considère comme étant construite
entre 388 et 391. Elle était destinée à servir de passage triomphal de
Théodose le Grand, après son expédition dans l'ouest. Millingen, o. c.,
p. 63. Il est probable que le même événement ait déterminé les Thessaloniciens de donner à leur porte le nom de Porte d'Or. En tout cas il y a
quelque relation entre les deux appellations.

triomphe ; on construisit devant elle, vers la campagne, une autre porte qui était double comme celles du côté oriental. Elle était déjà démolie à l'époque où M. Heuzey visita la ville. La description que fait Cousinéry de cette entrée — qu'il croit du reste être la Porte de Rome — nous autorise à admettre l'existence de cette double porte.

Le voyageur, arrivé du couchant, nous apprend-il, passait « par une espèce de bastion crénelé et fermé [1], qui conduit à la porte principale. En face de cette double entrée se présente une troisième porte qui se joint par les deux côtés aux maisons latérales [2] ».

Il y avait, par conséquent, du temps de Cousinéry une entrée double devant l'arc de triomphe, construite probablement en même temps que l'enceinte de Théodose.

La seconde porte, appelée aujourd'hui *Yéni-Capou* (Porte Neuve, Καινούργια), doit être identifiée à la Litéa des Byzantins [3].

Jean Caméniate parle, en effet, de deux portes occidentales qu'il appelle l'une *Porte d'Or*, l'autre *Litéa* [4]. D'autre part, Nicéphore Bryennius nous apprend que lorsque Basilakios,

---

1. Hadji Calfa en fait aussi mention. Il dit que la porte du Vardar était défendue par une grande tour qui portait le même nom. Il mentionne également une autre tour appelée de son temps Kelemzjé, qui défendait la porte du même nom. Nous ignorons à quelle porte elle correspond. *Description de Roumélie et de Bosnie*, p. 76, cité par Tafel, o. c., p. 197.

2. Cousinéry, o. c., p. 25.

3. C'est Haji Ioannou qui le premier reconnut en la porte de Yéni-Capou la Litéa, o. c., pp. 32-34 ; cf. P. N. Papageorgiu, *Byz. Zeit.*, X, p. 23.

4. J. Caméniate : Τὸ δ'αὐτὸ τοῦτο [le massacre de la population par les Arabes] καὶ περὶ τὴν ἄλλην πόλην, ἣν καλοῦσι Λιταίαν πραχθῆναι συνέβη· καθὼς γὰρ ἔφαμεν, τῶν ἄλλων (πυλῶν τοῦ ὅλου τείχους) τὰς μὲν πρὸς θάλασσαν ἐξαγούσας αὐτοὶ προκατεῖχον οἱ βάρβαροι, τὰς δέ γε πρὸς ἀνατολὴν ἀφορούσας ἡμεῖς προαποκλείσαντες ἦμεν, ch. 41, Bonn, p. 545.

révolté contre l'empereur Nicéphore III Botaniate (1078-1081)
et réfugié à Thessalonique, voulut attaquer son adversaire,
le général Alexis Comnène, qui campait avec ses troupes
dans la plaine occidentale de la ville près du Vardar, c'est
par la Porte Litéa qu'il fit la sortie [1].

La Litéa était, par conséquent, une porte occidentale et non
pas maritime, ainsi que l'ont pensé à tort certains savants [2].
Du reste, le texte de Caméniate distingue très nettement les
portes maritimes des portes d'Or et Litéa.

On l'appelait Litéa parce que c'est par ici qu'on sortait le
plus souvent pour se diriger sur la ville de Lité [3], jadis
résidence d'un évêché portant le même nom et située vers le
nord-ouest de Thessalonique, en deçà du fleuve Galico.

C'est la seule porte qui, malgré les retouches faites à
diverses époques, peut nous donner une idée de ce qu'était
une porte double de l'enceinte de Thessalonique.

Entre les deux baies il y a une cour intérieure, qui forme
un hexagone irrégulier, défendue de tous les côtés par des
murs crénelés.

Le mur, dans lequel est pratiquée la porte intérieure, est
large de 9 m. 50, dont 3 m. 20 appartiennent à la baie de
l'entrée. A gauche et à droite chacun des côtés de l'hexagone
mesure respectivement 5 m. 50 et 7 m. 50. Les deux autres
murs adjacents ont 11 mètres de longueur, tandis que le mur
extérieur mesure 10 m. 50, dont 3 m. 20 appartiennent à la
baie de l'entrée (fig. 11).

1. Nic. Bryennius, IV, Bonn, p. 148.
2. Tafel tantôt est enclin à admettre que la Litéa est une porte
maritime (o. c., p. 107) ; tantôt il croit qu'elle appartient au mur occidental. Finalement il déclare ignorer où elle était située (o. c., p. 102).
Struck et Dimitsas la considèrent comme une porte maritime, o. c.,
Byz. Zeit., XIV, p. 546 et *Macéd.*, p. 409. Ils suivent, quant à cela, la
première hypothèse de Tafel, sans tenir compte de la seconde.
3. Aujourd'hui Aïvali. H. Ioannou, o. c., p. 34.

Un examen attentif permet de distinguer les diverses époques des constructions des murs (Pl. XXI).

L'arc en plein cintre, qui couronne la porte et qui est formé de trois rangées de briques, caractérise les portes en voûte de l'ancienne enceinte. Cet arc est interrompu vers les extrémités de son diamètre par un mur postérieur, qui descend jusqu'à terre. De deux côtés de la baie de la porte, haute à peu près de 2 m. 50, il y a deux piliers que forment des blocs de

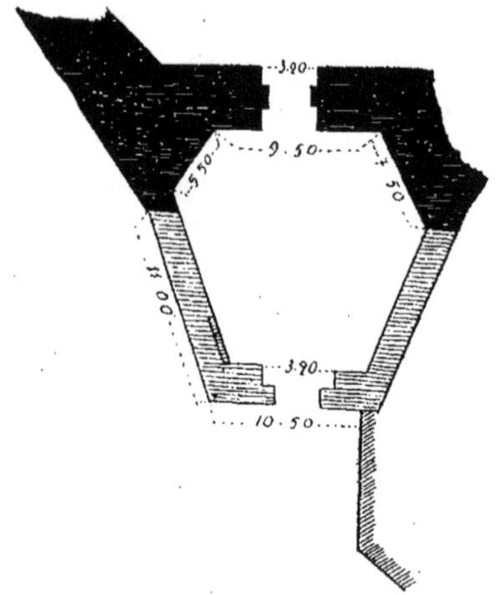

Fig. 11. — La Porte Litéa (Yéni-Capou).

pierre superposés. Ils servent comme chambranles et soutiennent le linteau. Ce linteau n'est qu'un fût d'une élégante colonne à cannelures, qu'on n'a pas même pris la peine d'équarrir. L'espace circonscrit par l'arc et le linteau est rempli d'un blocage de moellons et de briques. Au milieu, il y a une inscription coranique moderne.

La bâtisse, au-dessus de l'arc, appartient à la troisième manière de construction. On y voit, en effet, une série d'arceaux en briques, pareils à ceux du mur occidental. On relève aussi des retouches, hâtives et grossières, de chaque côté de l'arc de la porte, au-dessus de la partie reconstruite du mur.

On distingue sur le mur adjacent gauche — pour celui qui entre dans la ville — de l'enclos, deux sortes de constructions. Vers le bas il y a un reste de l'enceinte romaine, d'un appareil identique à celui de l'arc de triomphe de la Porte d'Or : c'est-à-dire d'énormes blocs de pierre séparés par deux rangées de pierres de moindre largeur, ce qui donne l'aspect d'un mur à assises régulières alternativement étroites et larges (*opus pseudoisodomum*). On a élevé sur ces restes anciens, dont la hauteur atteint approximativement 3 m. 50, le mur byzantin, dont la construction est identique au précédent.

Le mur du côté gauche de la porte présente également un parement pareil aux deux autres. Seulement ici la brique domine.

Tous ces trois côtés contigus paraissent contemporains, quoique le raccord entre eux ait été fait d'une façon assez maladroite.

Pour donner plus de solidité au bâtiment, l'architecte a employé aux angles des pierres d'une certaine longueur — parfois même des fûts de colonne — engagées dans les deux murs.

La bâtisse n'est pas, comme on le voit, très soignée, telle par exemple celle des murs à triple série d'arceaux ou à assises. Elle paraît postérieure.

Les trois autres côtés extérieurs de l'hexagone sont de construction turque. Les murs en sont beaucoup plus bas que les autres. La porte s'ouvre juste en face de la précédente et affecte la même forme. Seul l'arc qui la surmonte est formé d'une rangée unique de briques. Au-dessus de la baie il y a aussi une inscription turque, qui nous apprend que la bâtisse est assez récente.

Vers l'angle gauche, dans le mur turc, et à l'intérieur, il a un escalier étroit en pierre. Il permet de monter au chemin de ronde, qui fait le tour des trois côtés de la construction turque. Il est probable que le mur primitif avait la même disposition.

D. — Portes Maritimes.

Le mur maritime avait aussi des portes, qui s'ouvraient sur la plage.

Les textes, qui en parlent, doivent être partagés en deux catégories : textes antérieurs et textes postérieurs à l'an 904, date de la prise de la ville par les Sarrasins. Car, comme on l'a vu, en attendant l'attaque et après la retraite des ennemis, il y eut de ce côté d'importantes modifications des remparts.

Les *Actes de saint Démétrius* et Jean Caméniate appartiennent à la première catégorie. Caméniate fait allusion à plusieurs portes du côté de la mer, mais il ne précise pas leur nombre, ni leur situation, et il ne donne pas non plus leurs noms [1].

Les *Actes* parlent à leur tour d'une porte maritime [2] et d'une poterne, qui donnait accès au port ecclésiastique. Près de cette dernière il y avait une tour [3].

La situation de ces portes, vu les transformations postérieures subies par le mur maritime, ne saurait être fixée.

Dans la deuxième période, après 904, le mur avait au moins deux portes [4].

Celle que les Byzantins du xive siècle appellent la *Porte*

1. Τὰς μὲν (πύλας) πρὸς θάλασσαν ἐξαγούσας αὐτοὶ προκατεῖχον βάρβαροι, Bonn, p. 545.

2. *Actes*. Migne, CXVI, col. 1312.

3. Τὸν πρὸς δύσιν τῆς ἐκκλησιαστικῆς σκάλας πύργον, ἔνθα καὶ παραπύλιον ὑπάρχει, *Id.*, ch. 163, col. 1329.

4. Struck croit qu'il en avait trois, *o. c. Byz. Zeit.*, XIV, p. 546. Mais la porte Litéa, qu'il considère comme une porte maritime, appartient, ainsi que nous l'avons dit, au mur occidental.

maritime [1], donnait accès au port de Constantin le Grand, étant située non loin de l'église de Saint-Ménas. C'est, en effet, près de Bosniac-Chan, qu'on a trouvé l'inscription dont il a été question plus haut. Elle relève le nom du général Hidjilakis qui, en attendant l'attaque des Arabes en 904, tâcha de rehausser en hâte le mur maritime. Le linteau de la porte, sur lequel était gravée cette inscription, avait trois mètres, ce qui donne une idée de la largeur de cette entrée [2].

L'endroit où elle s'ouvrait est appelé jusqu'aujourd'hui *Porte de la Plage* (Πόρτα τοῦ Γιαλοῦ, en turc, Ghiali-Capou). Ce nom peut provenir, soit du mot grec γιαλοῦ qui signifie plage, soit même du nom du castrophylax Hyaléas, qui, comme on l'a vu, fit exécuter, au xive siècle, quelques travaux au mur maritime.

Sur la médaille de Boniface de Montferrat on distingue du côté du mur maritime la porte flanquée de deux petites tours, et surmontée d'un fronton triangulaire. On rencontre souvent cette disposition sur les portes des cités byzantines [3]. Les architectes probablement voulaient alléger ainsi, comme ceux de la plus haute antiquité grecque, le poids de la bâtisse qui s'élève au-dessus de la porte.

Sur l'esquisse de la ville, donnée par Cousinéry, l'on voit aussi, du côté du port de Constantin le Grand, une grande tour dans le voisinage de laquelle il y a deux portes, l'une à côté de l'autre (fig. 1). La même esquisse indique, vers le milieu du mur, une autre entrée. Nous ignorons cependant jusqu'à quel point ces indications sont exactes. Zachariae parle dans son récit de voyage, écrit vers 1840, d'une porte par laquelle on pouvait aller du marché au port [4].

1. Cantac., III, 67, 68, 94, Bonn, pp. 106, 575, 577.
2. H. Ioannou, *o. c.*, p. 35.
3. De Rochas, p. 69 et s.
4. Zachariae, *o. c.*, p. 190.

Toujours est-il que la ville, outre la *Porte Maritime*, en avait d'autres du côté de la mer. Georges Acropolite parle, en effet, au xiiie siècle, d'une poterne maritime [1]. On ignore sa situation. Peut-être est-ce la poterne qui s'ouvrait sur la plage. Du côté du port de Constantin le Grand, dans la partie du mur maritime existante encore aujourd'hui, nous avons relevé une poterne murée, qui donnait peut-être accès dans la cour de la tour de Samareia.

E. — Portes de l'Acropole.

L'acropole communiquait avec la ville par plusieurs portes.

Quoique les écrivains byzantins n'en fixent pas le nombre [2], un examen même rapide du mur permet d'établir leur situation.

Il y en avait deux grandes et une poterne.

Tout près de la porte d'Anne Paléologue, comme nous l'avons déjà dit, s'ouvrait la première. Elle est pratiquée dans l'ancien mur byzantin à assises. Un arc en plein cintre, formé de trois rangées de briques, la surmonte. La baie a la forme d'un rectangle. Les pieds-droits et le linteau sont monolithes.

Cette entrée fut vraisemblablement murée dès qu'on s'était aperçu, après l'ouverture de la porte d'Anne Paléologue, qu'elle gênait la circulation. En même temps on y aménagea une tour, aujourd'hui démolie. Les traces de celle-ci sont encore visibles. A l'angle, formé par le mur de l'acropole et le mur de jonction, la bâtisse s'élève en se courbant vers l'intérieur, comme si elle devait se terminer en calotte. La courbe part d'une partie du mur à assises. La construction trahit une époque plus récente. Vers le bas, on relève des

1. Πλησίον τῆς μικρᾶς πύλης τῆς παρὰ τῇ θαλάσσῃ, ch. 45.

2. Eustathe, Bonn, pp. 372-373 ; ὁ δῆμος πῦρ ἀνιέσαντα ταῖς πύλαις τῆς ἄκρας ταῖς πρὸς τῇ πόλει. Cantac., III, 94, Bonn, p. 579 ; cf. Grégoras, IX, 4, Bonn, 8, 11, 6 ; 1, p. 410 ; Dém. Kydonis, *Monodie*. Migne, CIX, col. 645.

retouches, et même une petite niche, ce qui prouve qu'on est en présence d'un endroit clos, d'une tour [1], qui servait peut-être à la garde de la porte d'Anne Paléologue et de celle de l'Acropole, ouvertes en même temps (Pl. XX, 2).

Dans le mur à assises, à gauche — pour celui qui sort de la ville — de la porte d'Anne Paléologue, on relève aussi une entrée murée, dont l'arc en plein cintre n'a qu'une seule rangée de briques. On ne s'explique pas la présence de cette porte. Peut-être donnait-elle accès dans une tour, démolie à l'occasion des travaux ordonnés par l'impératrice Anne.

A la place de l'ancienne porte de l'acropole, on en ouvrit une autre à 21 mètres à l'ouest (Pl. XVII, 2). Elle sert encore aujourd'hui d'unique entrée. Mais l'acropole avait aussi une autre porte qui se trouve à une distance à peu près de 100 mètres de l'actuelle [2]. Elle est entièrement murée; mais ses traces sont bien visibles. On voit surtout son arc en plein cintre formé de trois rangées de briques. Sa situation centrale (Pl. XVII, 1), ses dimensions considérables, en faisaient vraisemblablement l'entrée principale de la citadelle. Le mur dans lequel elle était pratiquée est plus haut que le reste et défendu par une série de six merlons. La surélévation cependant de cette partie du mur est une construction de l'époque des Paléologues. A une distance de 15 mètres, à gauche, s'élève une tour carrée, dont le parement en blocage et à assises de briques, montre qu'il s'agit d'une construction appartenant au mur du ive siècle.

Enfin, vers l'ouest, existe une poterne également bouchée.

---

1. Les démolitions, qu'on voit sur notre photographie, proviennent probablement de cette tour.

2. Cantacuzène dit que les portes de l'acropole étaient très éloignées l'une de l'autre. Peut-être veut-il désigner d'un côté la porte intérieure et d'autre côté la porte extérieure de l'acropole, lesquelles sont vraiment assez éloignées l'une de l'autre : Πολὺ δὲ τῶν πυλῶν ἑκατέρων τῆς ἄκρας ἀλλήλων διεχουσῶν. Cantac., III, 94, p. 579.

Du côté de l'intérieur de l'acropole, on peut examiner sa disposition. Cette poterne se dissimule derrière une tour carrée, et sa direction à travers le mur est oblique. Les ennemis qui l'auraient attaquée devaient découvrir la partie droite de leur corps non défendue par le bouclier et être exposés à recevoir les coups des défenseurs de la tour voisine. Cette poterne est contemporaine du mur du iv⁰ siècle. On ne relève pas autour d'elle de retouches, et l'arc en plein cintre qui la surmonte, arc entouré d'une double rangée de briques, a la même structure que ceux qui couronnent d'autres portes militaires de l'enceinte.

Au-dessus de cette poterne, entre deux assises de briques, au milieu du blocage, on relève quelques lettres en pierre, dont le sens nous échappe. Les voici :

Ι.ΙΙ ΡϵΡΡ'

Elles y ont été encastrées postérieurement (Pl. XVI, 1).

Cette entrée dissimulée est peut-être celle dont parle Eustathe au xii⁰ siècle.

Elle avait un pont-levis et une herse.

Au moment où les Normands prirent la ville, le gouverneur David se réfugia dans l'acropole. La foule l'y suivit. Mais lui, craignant que l'ennemi ne se ruât aussi dans son repaire, donna l'ordre de baisser la herse et de lever le pont-levis. Cette manœuvre coûta la vie à quelques malheureux, dont les corps restèrent moitié à l'intérieur, moitié dehors [1].

Les battants des portes étaient en bois [2]. Seule celle d'Anne Paléologue conserve les siens. Mais nous doutons qu'ils soient vraiment d'époque byzantine.

---

1. Eustathe, o. c., Bonn, p. 373.
2. Grégoras, IX, 4, Bonn, I, p. 440 ; Cantac., III, 94, Bonn, p. 579.

CHAPITRE IV

Les canalisations d'eau de la ville.

Thessalonique avait depuis l'époque ancienne un réseau de conduites d'eau très bien réparti dans les divers quartiers.

Les eaux de source étaient captées dans les hauteurs et les vallées des environs, dont quelques-unes sont éloignées de une à deux heures de marche de la ville.

En plusieurs endroits dans l'intérieur, il y avait des fontaines publiques, où le peuple, comme aujourd'hui, venait s'approvisionner d'eau.

Le commandant de la cité, d'après ce que nous apprend un traité byzantin de stratégie, en vue d'un siège possible, devait veiller, entre autres, au bon entretien des conduites d'eau[1].

A un moment donné au xiie siècle, la ville eut à souffrir du mauvais état de ces canaux et citernes. La population chargea le diacre Eustathe de faire une requête à l'empereur Manuel Comnène pour le prier de vouloir bien remédier à la situation[2]. L'on ignore quelle suite a donnée Manuel à cette demande. Toujours est-il que, lorsque plus tard la ville fut assiégée, en 1185, par les Normands de Sicile, le grand réservoir qui se trouvait dans l'acropole, abandonné déjà depuis longtemps, ne pouvait plus servir. Le gouverneur David, cédant aux instances d'un officier distingué, appelé Léon Mazidas, le chargea de la réparation. Les travaux eurent lieu. Mais on

1. Nic. Phocas, *De velitatione bellica* (Περὶ παραδρομῆς πολέμου), ch. xxi, pp. 245-246.

2. Eustathe, Δέησις εἰς τὸν βασιλέα κύριον Μανουὴλ τὸν Κομνηνὸν ὡς ἀπὸ τῆς πόλεως, ὅτε αὐτὴν αὐχμὸς ἐπίεζεν. V. Regel, *Fontes Rerum Byz.*, t. 1, fasc. 1, S.-Pétersb., 1892, pp. 127-128 et Migne, CXXXV, col. 925 et s.

remplit le réservoir avant que le plâtre se fût séché, et l'eau petit à petit s'enfuit par les crevasses [1].

Les conduites pouvaient être coupées à l'extérieur par l'ennemi.

La chronique d'Hiérax nous donne un curieux détail à ce sujet. Les moines du monastère des Vlatéôn (Tchauch-Monastir) — probablement mécontents de la domination vénitienne et préférant plutôt celle des Turcs — auraient écrit au sultan le conseillant de couper « les conduites d'eau du Corthiat, s'il voulait s'emparer de la ville [2] ».

En effet, une conduite ancienne captait les eaux de source de cette montagne.

Cousinéry a pu la suivre jusqu'à l'origine. « Le grand canal, écrit-il, qui, du mont Disoron (Corthiat), porte les eaux dans la ville, s'y introduit par les Sept-Tours. Je suivis ce canal pendant près d'une heure sur la croupe de la montagne qui se lie au couchant avec l'amphithéâtre, sur lequel la ville est placée. Ce fut à la plus grande hauteur de ce coteau que je découvris la belle position d'Urendgik, grande vallée de Disoron [3]. »

Cette vallée d'Ouroundjuk, qui signifie en turc paradis, se

---

1. Eustathe, *De Thessal. capta*, Bonn, pp. 435-436.

2.   Τότε τινὲς τῶν μοναχῶν λέγω τῶν ῥακενδύτων
    Ἐκ τῶν Βλατέων τῆς μονῆς, ἐντὸς αὐτοῦ οἰκοῦντες,
    Κατέγραψαν, ἐδήλωσαν ἅπαντα τῷ σουλτάνῳ.
    Γράφουσι δὲ καὶ λέγουσιν, ὦ κύριε σουλτάνε,
    Ὡς εἰ τοί σοί ἐστι βουλητὸν ἄρξαι Θεσσαλονίκης,
    Λαβεῖν καὶ ταύτην καὶ ἡμᾶς καὶ πάντες τοὺς ἐν πόλει,
    Τοὺς ὑδρογόους ἔκκοψον σωλῆνας Χορτιάτου.
    Δίψῃ πιεζομένων δὲ πάντων καὶ ἀπορίᾳ,
    Ἀκόντων τελεσθήσεται ὅπερ ποθεῖς γενέσθαι.
    Ὄρος Χορτιάτης ἐστὶ δὲ κείμενον ὑπὲρ ταύτης
    Ἐξ οὗ τῇ πόλει ἄριστον ὕδωρ ἡδὺ εἰσρέει.

      C. N. Sathas, Ἱέραχος Χρονικόν. Μεσσ. Βιβλιοθήκη, 1, p. 257.

3. *Voyage dans la Mac.*, pp. 106-107. Cf. Clarke, *Travels*, II, 3, p. 376; Hadji Chalfa, cité par Tafel, o. c., p. 207.

trouve à une distance d'une heure de la ville, vers le nord-est.

Le canal entrait dans l'acropole où il y avait, comme nous l'avons vu, un grand réservoir.

Dans le château même de l'acropole transformé aujourd'hui en prison, qui date du xive siècle, du côté nord-est et tout près du mur, il y a un réservoir rempli d'eau dont la profondeur atteint, dit-on, six mètres. Une solide colonne, au chapiteau simple, soutient les voûtes dont la construction paraît remonter à celle des murs extérieurs. Mais la conduite du Corthiat envoie ici une seule de ses branches; une autre longe le mur extérieur de la citadelle et descend vers la ville. Aux derniers temps de l'Empire byzantin elle y entrait, probablement comme aujourd'hui, près de la porte d'Anne Paléologue où elle alimente la fontaine située en face de la porte de l'acropole. D'ici elle prend la direction de la mer pour desservir plusieurs autres citernes situées tout près des murs, telle celle qui se trouve derrière l'église de Saint-Georges, la phiale de cette même église et autres. Ensuite elle se répand dans la ville basse, alimentant plusieurs fontaines, en grande partie aujourd'hui abandonnées. Celles-ci ont souvent comme bassin un ancien sarcophage. Celle qui se trouve du côté nord de l'église Sainte-Sophie peut servir d'exemple. Dans une sorte de construction de basse époque, probablement turque, on a encastré un sarcophage avec inscription et bas-reliefs.

La conduite d'eau extérieure qui longe le mur de la citadelle est presque à fleur de terre. Par endroits on entend le bruissement que produit son cours. Dans nos excursions autour des murailles, maintes fois nous nous sommes arrêtés près de ce cours, et, en relevant une ou deux pierres, nous avons rempli nos gourdes d'une eau très fraîche et pure.

Anciennement cette conduite descendait à la ville basse se servant de l'aqueduc qui longeait le mur oriental. On voit encore les traces de cet aqueduc : c'est une série d'arcades en briques très voisines du mur (Pl. III, 2).

La fontaine qui est située à l'extérieur des murs, au nord-est et en face de l'acropole dans le cimetière turc, est vraisemblablement aussi desservie par la même conduite.

Dans l'intérieur de la ville, en descendant de l'acropole près du monastère des Vlatéôn, on trouve une autre fontaine assez importante. Elle est probablement alimentée soit par la conduite dont nous venons de parler, soit par une branche de celle-ci qui, traversant l'acropole, descend à la ville. C'est cette même branche qui alimente le grand réservoir de la prison actuelle située dans la partie supérieure de la citadelle, ainsi que la citerne principale située au centre de celle-ci.

La force de l'eau de tous ces canaux était assez bien employée par l'industrie aux temps des Byzantins. Les propriétaires et l'Empereur la louaient aux particuliers qui s'en servaient pour faire fonctionner les moulins [1].

La partie occidentale de la ville était desservie par un autre grand conduit dont les ramifications longeaient à l'intérieur le mur occidental. C'était l'eau captée des sources de Lempet (Yéni-Sou), qui se trouvent au nord à une distance de deux heures de la ville [2].

Hadji Ioannou, en suivant ce cours d'eau sur une grande distance, put constater que depuis l'antiquité il a changé de chemin, car plusieurs conduites et voûtes anciennes, par où l'eau passait, sont aujourd'hui entièrement abandonnées [3]. L'eau passe maintenant sous terre sous un pont ancien [4] situé à une distance de quelques minutes seulement loin de la Porte-

---

1. Τὸ δίκαιον τοῦ ἀπὸ τοῦ Χορταίτου καταρρέοντος ὕδατος, σὺν τῇ ἀγωγῇ καὶ τοῖς ἐν Θεσσαλονίκῃ ἐνεργοῦσι μύλωσι. Dmitrievskij, *Typica*, p. 698.

2. Germain-Omont, *Rev. Archéol.*, 1894, p. 207 ; cf. Tafel, o. c., p. 207.

3. Hadji Ioannou, Ἀστυγρ. Θεσσαλ., p. 66 ; P. N. Papageorgiu, Θεσσαλονίκης βυζαντ. ναοί, *Byz. Zeit.*, X, p. 38.

4. C'est peut-être ce même pont que Germain désignait en 1747 par le nom de Kémerléré : « Fontaine de Yéni-Sou aux arcades Kémerléré, hors de la ville, en sortant de la porte du Vardar ». Omont, *l. c.*, p. 201.

Neuve ; elle se rassemble dans une sorte de construction
souterraine, et d'ici elle vient, toujours sous terre, jusqu'à la
citerne extérieure qui se trouve près de Mévlichané. Ensuite
elle entre dans la ville pour desservir la citerne appelée Chor-
chor, ainsi que d'autres moins importantes des alentours [1].
C'est cette même conduite qui arrive à la phiale de l'église des
Saints-Apôtres. Jadis une conduite passait au-dessous de cette
église. En effet, dans une petite pièce à gauche de ce monument, il y a un endroit, où par un escalier l'on pouvait descendre, dit-on, jusqu'à la surface de l'eau. Aujourd'hui le puits
est presque entièrement comblé. On ne peut descendre que
quelques marches seulement, et l'on se trouve dans une petite
pièce très obscure qui fait l'impression d'une cave.

La construction de cette citerne souterraine serait, d'après
M. Papageorgiu qui a pu la voir avant qu'elle ne fût bouchée,
contemporaine des murailles. Elle est en tout cas d'époque
chrétienne, parce que les briques portaient des signes de
croix [2].

De l'église des Saints-Apôtres, la conduite prenait la direction du port, longeant le mur occidental jusqu'au Top-hané.

Près de la porte du Vardar l'on voit encore aujourd'hui
une citerne byzantine abandonnée. C'est un bâtiment carré de
trois à quatre mètres de côté, construit entièrement en briques
et couvert d'une calotte sphérique.

1. Hadji Ioannou, *o. c.*, p. 66.
2. P. N. Papageorgiu, *art. cité*, pp. 36-37.

LIVRE II

CHAPITRE PREMIER
L'intérieur de la ville.

I

Thessalonique devait avoir aux premiers temps une assez grande régularité de plan. Certains indices nous le font supposer.

En effet, si l'on examine le plan actuel de la ville, on voit qu'elle est traversée de l'ouest à l'est par deux grandes voies : *La grande rue du Vardar*, qui entre par la porte du Vardar et sort par celle de Calamaria, et *la rue de Midhat Pacha*, qui commence à la porte Yéni-Capou pour aboutir à celle que les Byzantins appelaient des Archanges.

La première, d'après le témoignage de Tite-Live, n'est autre que la *Via Regia* que les Romains ont appelée plus tard *Egnatia* et les Byzantins *Léóphoros*. La seconde existait avant les travaux que Midhat Pacha avait entrepris pour la rendre plus large et plus praticable.

Perpendiculairement à ces deux voies il y en a une autre, *la rue de Sabri-Pacha*, laquelle partant du quai de l'actuelle *Place de la Liberté*, grimpe en ligne droite sur la pente de la ville, et en face de la mosquée de Yacoub-Pacha, tourne vers l'est en se bifurquant. Mais si l'on prolonge sa ligne un peu vers le nord, jusqu'aux remparts de la cité, on arrive juste devant la porte Yéni-Délik. Celle-ci était une ancienne porte militaire byzantine qui en avait probablement remplacé une autre de l'enceinte hellénistique. Elle fut bouchée anciennement et ouverte plus récemment par les Turcs. A l'autre extrémité de la rue, du côté de la mer, s'ouvrait une des portes maritimes, qu'on voit sur l'esquisse de la ville publiée dans l'ouvrage de

Cousinéry et dont parle aussi le voyageur allemand Zachariae [1].

Or, ces lignes qui se croisent perpendiculairement rappellent la disposition régulière des cités hellénistiques et en quelque sorte du *castrum* romain permanent avec ses deux voies principales.

Thessalonique avait gardé jusqu'aux derniers temps plusieurs vestiges de son passé ancien. Paul Lucas qui la visita vers l'an 1714, la considérait comme la seconde ville — après Athènes — de l'Orient, laquelle conservait le plus de restes de monuments anciens [2]. Il est pourtant vrai qu'il mettait aussi en ligne de compte des monuments anciens chrétiens. Malheureusement aujourd'hui il ne reste de l'ancienne époque que l'arc de triomphe de l'empereur Galère et quelques traces du mur hellénistique, ainsi que nous l'avons vu plus haut. Vers 1860 il existait encore en place les ruines d'un édifice romain, appelé par la population juive *Las Incantadas*, sorte de portique à Cariatides, que Miller a transporté depuis au musée du Louvre (fig. 12).

Aussi est-il maintenant extrêmement difficile de reconstituer la topographie ancienne de la ville. Les informations nous font presque entièrement défaut.

Néanmoins il est certain que la partie la plus ancienne ou du moins la plus importante pendant la période romaine — parce que pour les temps hellénistiques nous n'avons aucun renseignement — c'était celle de l'est, du côté de la porte Cassandréotique et autour de l'arc de triomphe de Galère. En effet, c'est ici qu'étaient situés le stade avec ses monuments, dont l'édifice des « Incantadas », et l'hippodrome ; c'est ici aussi qu'on a élevé plus tard, aux IVe et Ve siècles, l'arc de triomphe de Galère, de même que l'édifice rond devenu l'église de Saint-Georges, Sainte-Sophie et autres.

La ville avait vraisemblablement depuis les temps hellé-

----

1. Zachariae, *l. c.*
2. Paul Lucas, *Voyages*. Amsterdam, 1714, t. I, p. 203.

Fig. 12. — Portique d'un édifice romain (« Las Incantadas »), aujourd'hui au Louvre (d'après Cousinéry).

nistiques un stade. Sous l'empereur romain Maximien Galère, qui séjourna à Thessalonique vers 306, on y donna des jeux de cirque avec tous les concours que comportait le pentathlon.

Le cirque cependant n'était pas à cette époque une construction en pierre, mais une sorte d'enclos rond avec des gradins et un mur en bois [1].

La situation du stade peut être déterminée avec l'appui de certains passages des *Actes de saint Démétrius*. En effet, ceux-ci nous apprennent que le préfet de l'Illyricum, Léontius, érigea, au commencement du ve siècle, l'église de Saint-Démétrius « au milieu des bains publics et du stade [2] ». Un autre passage des mêmes actes parle d'un mur de cette église « regardant sur le stade [3] ». D'autre part, le grand forum de la ville, qui, comme on le verra, s'étendait vers l'est du côté de la porte Cassandréotique, était contigu au stade. Par conséquent, celui-ci s'étendait vers le sud de l'église de Saint-Démétrius [4] et non pas du côté de la porte Cassandréotique, comme on l'a affirmé sans preuves [5].

1. Καὶ ὁ μὲν (Maximien) ἔτυχεν ἐπὶ τὸ τῆς πόλεως θέατρον τὸ καλούμενον στάδιον ἀνιέναι θέας ἕνεκεν τῶν μονομαχεῖν μελλόντων καὶ τὰ λοιπὰ τοῦ πεντάθλου θεάματα ἐπιτελούντων· ἐκεῖ γὰρ αὐτῷ παρεσκεύαστο διά τινων σανίδων περιπεφραγμένος κύκλῳ ἐν ὕψει κρεμάμενος, ὃ δέχεσθαι μέλλων τοὺς ἐν αὐτῷ εἰσιόντας. *Actes de S. Démétrius.* Migne, CXVI, col. 1176 (d'après le ms. gr. 821 Vat.).

2. Καὶ τὸν μικρὸν οἰκίσκον, ὃς τὸ ἱερὸν εἶχε τοῦ μάρτυρος σῶμα ἐπὶ βραχέος κομιδῇ καὶ στενοῦ τοῦ σχήματος ὄντα, τοῖς περιβόλοις τε τοῦ λουτροῦ καὶ τῷ σταδίῳ ἀπειλημμένον, καταστρέψας αὐτὸς (Léontius), εἰς ναὸν ἐν αὐτῷ τῷ ἄστει Θεσσαλονίκης ἐξ αὐτῶν ἐδείματο τῶν κρηπίδων, ὃς καὶ νῦν ὁρᾶται μέσος τοῦ δημοσίου λουτροῦ καὶ τοῦ σταδίου κάλλιστα διηρμένος. *Actes.* Migne, CXVI, col. 1200.

3. Ἱστορείτω τὴν ἐκ μουσείου συντεθειμένην ἐκεῖσε γραφὴν ἔξω τοῦ ναοῦ (de S. Démétrius) πρὸς τὸν ἀφορῶντα τοῖχον ἐπὶ τὸ τῆς πόλεως στάδιον. *Ibid.,* col. 1220.

4. Hadji Joannou arrive aux mêmes conclusions que nous. Cependant les arguments qu'il donne sont bien fragiles. Il part du fait que l'église Saint-Démétrius était située entre le stade et le bâtiment de bains, et considérant celui-ci comme identique à celui des bains turcs, appelés aujourd'hui Yéni Hamam, tire la conclusion que le stade était situé vers le sud de l'église. Or, le Yéni Hamam étant moderne, l'argumentation de Hadji Ioannou ne saurait convaincre. H. Ioannou, *o. c.*, p. 58.

5. Dimitsas, *Maced.*, p. 338. Hadji Ioannou parle d'un second stade

Le stade et ses édifices furent longtemps conservés pendant le moyen âge. L'ecclésiastique Grégoire qui composa au ixe siècle la *Vie de sainte Théodora*, le mentionne. Il nous apprend que l'archevêque de Thessalonique Antoine eut un rêve curieux. Il lui sembla qu'il avait assisté à une représentation au stade, d'où il était sorti avec pompe, ce qui constituait pour un religieux un grave péché [1].

Le récit de Grégoire laisse entendre qu'au ixe siècle on donnait encore des représentations dans le stade.

A l'est de celui-ci était situé le grand forum.

Le voyageur anglais Clarke l'identifie à l'hippodrome de la ville [2]. Mais celui-ci est situé près du mur oriental du côté de la porte Cassandréotique [3].

La ville possédait aussi un théâtre. Les *Actes* le mentionnent [4]. A l'époque byzantine on a employé les matériaux de cet édifice à la construction de la base d'une partie du mur occidental [5]. M. P. N. Papageorgiu vient de consacrer un article à l'étude de ces restes en marbre, qui portent des monogrammes des ouvriers qui les ont travaillés, ainsi que

de Thessalonique, lequel serait un endroit dans l'intérieur de la ville appelé κάμπος (plaine). Celui-ci forme un petit quartier qui longe le mur oriental entre la porte Cassandréotique et celle des Archanges, derrière l'église de Saint-Georges. Ἀστυγραφία Θεσσαλονίκης, p. 59. Mais les raisons qu'il en donne sont puériles et ne méritent pas de fixer plus longtemps l'attention.

1. Ἐξῄει τοῦ σταδίου λαμπρῶς. Éd. E. Kurtz, *Mémoires de l'Acad. des Sciences de S. Pétersb.*, VIIIe série, cl. hist. phil., t. VI, n° 1, ch. 9, p. 6.

2. *Travels*, II, 3, pp. 352-354 ; cf. Tafel, *o. c.*, p. 168.

3. F. de Beaujour, *Tabl. du Commerce de la Gr.*, 1, p. 37, et Clarke lui-même, *Travels*, II, 3, p. 356 ; Germain écrivait vers 1747 ceci : « un quartier de l'Hippodrome, au bout d'une petite rue à gauche, en sortant de la grande place pour aller à la porte de Calamaria (Cassandréotique). » Omont, *Rev. Archéol.*, 1894, p. 201.

4. Migne, CXVI, col. 1296.

5. Choisy, *Rev. Archéol.*, 1876, p. 355 ; Dimitsas, *Macéd.*, pp. 517-518.

des fragments de sculptures appartenant au même théâtre thessalonicien [1].

Les *Actes* nous donnent un renseignement précieux qui permet de déterminer l'emplacement du forum. Saint Démétrius enseignait la nouvelle foi, nous apprennent-ils, « à la multitude des Hellènes » s'assemblant dans une *stoa* appelée *des Forgerons* (Χαλκευτική), située « à l'ouest du grand forum de la ville », dans des sous-sols des bains publics du voisinage [2]. Or, Léontius érigea son église sur cette même place, où prêcha, ou du moins où l'on prétendait avoir prêché saint Démétrius. Par conséquent, le forum se trouvait vers l'est de celle-ci et à l'est du stade, auquel il était contigu.

Le forum correspond à l'ancienne agora hellénistique dont le nom fut conservé au moyen âge par la population de Thessalonique, presque exclusivement grecque.

Plusieurs textes mentionnent cette agora et donnent des indications sur son emplacement. Ainsi au ixe siècle, saint Théodore de Stoudion, exilé à Thessalonique après avoir fait le voyage par mer, pénétra dans cette ville par une des portes orientales. Ici l'attendaient un officier et ses soldats qui « fermant les portes avançaient à travers l'agora [3] ». Un autre texte de la même époque, la *Vie de sainte Théodora*, précise davantage l'emplacement de l'agora : elle était située « près de la porte Cassandréotique [4] ».

1. P. N. Papageorgiu, Ἐργατῶν σήματα καὶ ὀνόματα ἐπὶ τῶν μαρμάρων τοῦ θεάτρου τῆς Θεσσαλονίκης. Ἀρχαιολ. Ἐφημ., 1911, pp. 168-173.

2. Ταῦτα διδάσκοντος τοῦ μακαρίου μάρτυρος Δημητρίου.... πολλῶν δὲ αὐτῷ διὰ ταῦτα ἐκ τῆς τῶν Ἑλλήνων πληθύος προσιόντων καὶ συνευρισκομένων ἐκ δυσμῶν τοῦ τῆς πόλεως μεγαλοφόρου ἐν τῇ ἐκεῖσε Χαλκευτικῇ λεγομένῃ στοᾷ, ἔνθα καὶ εἰώθει τὰς συνόδους ποιεῖσθαι ὑπὸ τὰς τοῦ ἐγγὺς δημοσίου λουτροῦ ὑπογαίους καμάρας. Migne, CXVI, col. 1176 (d'après le ms. du Vat. 821).

3. S. Théodore de Stoudion, *Lettre adressée de Thessalonique à Platon*. Migne, IC, col. 918.

4. Τὸ τοῦ ἁγίου καὶ πανευφήμου ἀποστόλου καὶ εὐαγγελιστοῦ Λουκᾶ καταλαβόντες τέμενος (a. 818), ὃ δὴ πλησίον τῆς ἀγορᾶς τῆς ἐπὶ τὴν Κασσανδρεωτικὴν ἰούσης πύλην διάκειται. Éd. Kurtz, o. c., ch. 9, p. 5.

La ville possédait aussi un hippodrome.

Son emplacement est également connu. Au moyen âge c'était une des places de la ville. L'archevêque Eustathe, par exemple, en parle, vers la fin du xiie siècle, comme d'un lieu que tout le monde connaissait [1]. Son contemporain Zonaras désigne l'hippodrome de Thessalonique sous le nom de *théâtre* [2].

Les voyageurs des xviiie et xixe siècles, ainsi que les auteurs modernes qui se sont occupés de la topographie de Thessalonique, placent l'hippodrome près de la porte Cassandréotique, au long du mur oriental [3].

1. Eustathe, *De obsid. Norm.*, ch. 90.

2. Zonaras, Bonn, p. 86.

3. Germain, *l. c.* ; Clarke, *Travels*, II, 3, p. 356 ; F. de Beaujour, *Tableau du Commerce de la Grèce*, 1, p. 37. « L'emplacement, écrit ce dernier, qui va de la Rotonde (Saint-Georges) à la mer par la ligne la plus courte, était le beau quartier de Thessalonique. C'est là qu'était l'hippodrome qui formait une ellipse prolongée dont le grand axe, pris du nord au sud, avait deux cent soixante toises, et le petit axe quatre-vingts. Le pourtour était fermé d'un amphithéâtre de gradins, et dans la partie occidentale régnaient de vastes galeries qui ornaient le palais de Dioclétien et qui étaient soutenues par une file d'arceaux, dont on voit encore les vestiges. Ces arceaux liaient le port à l'arc de triomphe de Constantin (l. Galère). » Ce sont probablement ces informations de Beaujour qui ont déterminé Tafel et Kinch d'admettre que le palais des empereurs romains était situé dans la ville basse (Tafel, o. c., p. 16 ; Kinch, *L'arc de triomphe de Salonique*, p. 10). La « file d'arceaux dont on voit encore les vestiges » a disparu, à moins que de Beaujour ne veuille désigner les arceaux qu'on voit encore aujourd'hui longeant, à l'extérieur, le mur oriental plus haut que l'église de Saint-Georges.

La description de Cousinéry nous paraît plus conforme à la réalité. « Après l'inspection du cirque, écrit-il (cirque qu'il place à l'endroit où était situé le monument des *Incantadas* au milieu de la voie Egnatienne, entre Cazandjilar-Djami et S.-Nicolas le Grand), et l'arc de triomphe de Constantin (l. Galère), si on se porte vers la droite, on arrive presque immédiatement à l'hippodrome. Ce quartier de la ville, quoique le temps l'ait défiguré, a conservé son ancienne dénomination ; une partie du terrain qu'il occupait forme encore une place et quelques-unes des

Seul Hadji Ioannou croit que son emplacement était en dehors des murailles. Mais on peut lui opposer deux objections. Premièrement, la tradition conservée par le peuple qui indique sous le nom de *Prodromi* [1] — déformation du mot hippodromion — un endroit en deçà du mur près de la porte Cassandréotique ; et secondement, la direction de ce mur même. Il descend, en effet, en ligne droite de l'acropole jusqu'à Islahané-Djami, et ici, il fait une courbe pour reprendre un peu plus à l'est la direction vers la mer. La seule raison de cette déviation, étant donné que le terrain est plat, est d'éviter l'église Saint-Georges — monument qui par conséquent devait exister avant la réfection de l'enceinte — et plus bas, l'hippodrome lui-même. A Constantinople, l'hippodrome a aussi déterminé l'emplacement d'un palais et du mur voisin de l'enceinte, construits ultérieurement [2].

Félix de Beaujour affirme que de son temps l'on pouvait encore voir la forme ellipsoïdale de l'hippodrome de Thessalonique, dont « le grand axe, du nord au sud, avait deux cent soixante toises, et le petit axe quatre-vingts » [3], c'est-à-dire respectivement 505 m. 70 et 155 m. 60.

Il paraît cependant que cet auteur avait compris dans ses mesures plus d'espace qu'il ne fallait ; car les dimensions qu'il donne sont une fois et demie plus grandes que celles de l'hippodrome de Byzance, lequel avait, comme plusieurs autres

---

enceintes dont il paraît avoir été entouré sont devenues les laboratoires occupés par des teinturiers. » *Voyage*, p. 34 ; cf. P. N. Papageorgiu, *Unedierte Inschriften von Mytilene*. Leipzig, 1900, p. 26.

1. P. N. Papageorgiu, *Byz. Zeit.*, VI, p. 538 ; Dimitsas, *Maced.*, p. 412.

2. Alf. Rambaud, *De byzant. hippodromo*, p. 18 ; cf. Albert Martin ; Daremberg et Saglio, *Dictionnaire des Antiquités* au mot *hippodromos*.

3. *L. c.*

hippodromes grecs, deux stades de long sur un de large [1]. Hadji Ioannou, qui visita les lieux avant qu'ils ne fussent encore défigurés, dit que l'hippodrome de Thessalonique mesurait 135 sur 20 mètres, ce qui paraît également trop peu [2]. Dans l'état actuel on ne saurait préciser les dimensions de cet hippodrome qui, comme celui de Constantinople, existait avant la construction des murailles.

L'hippodrome de Thessalonique est renommé par la scène tragique qui s'y déroula sous le règne de Théodose le Grand. Cet empereur, ayant été insulté par les Thessaloniciens, qui s'étaient révoltés à cause des impôts et des exactions de ses subalternes, feignit de pardonner, une fois le calme rétabli. Peu après, il invita la population à un concours hippique dans l'hippodrome. Le peuple ne se méfiant pas, y accourut. Mais les soldats de Théodose pénétrèrent dans les arènes et massacrèrent, d'après certains écrivains, plus de 7.000 personnes, d'après d'autres, 15.000. Pour ce forfait, l'évêque de Milan, saint Ambroise, infligea un châtiment sévère à l'empereur pénitent.

Il y avait dans le forum et autour du stade plusieurs monuments : des temples et des *stoai*. Les restes d'une de ces dernières, un portique à cariatides, étaient, comme nous venons de le dire, encore en place jusqu'en 1865, lorsque Miller les a

---

1. Labarte, *Le Palais impér. de Constantinople*, pp. 19-20; cf. Albert Martin, *l. c.*; Ebersolt, *Le grand palais de Constantinople*, pp. 49, 66, 97, etc.

2. M. Moraïtopoulos, auteur d'un petit traité de Topographie de Thessalonique, destiné aux élèves des écoles grecques de cette ville, écrit que l'hippodrome vers 1883 était une place « ornée de platanes et d'autres petits arbres », et qu'il avait 300 pas en longueur sur 40 de largeur. Τοπογραφία Θεσσαλονίκης. Athènes, 1883, pp. 16-17. Les lieux avaient, par conséquent, gardé la physionomie qu'ils avaient vers 1777, lorsque l'abbé Belley écrivait sur l'hippodrome de Thessalonique ce qui suit : « C'est une grande place ornée d'édifices et d'arbres. » *Mémoires de l'Acad. des Inscript.*, 1777, p. 134.

O. TAFRALI. — *Topographie de Thessalonique.*   9

transportés au musée du Louvre. Les Juifs espagnols, émigrés à Thessalonique au xvie siècle, appelaient ce monument *Las incantadas*, les enchantées, nom que les voyageurs des xviiie et xixe siècles ont recueilli [1], tandis que les Grecs le désignaient sous celui de *Les idoles* (Τὰ εἴδωλα), et les Turcs de *Sureth-Malch* [2] (fig. 12).

Ce portique, œuvre d'une assez basse époque romaine, appartenait à une grande stoa, ou peut-être faisait partie des propylées mêmes du stade et était situé à mi-distance de l'église moderne de Saint-Nicolas-le-Grand et de Cazandjilar-Djami, près de la voie Egnatienne [3].

Voici ce que dit à ce sujet Cousinéry : « Des parties inférieures sont enfoncées dans la maison d'un juif. Celui-ci m'a raconté que son père, ayant voulu y faire creuser un puits, fut arrêté dans son opération par de grands blocs de marbre blanc, que les travailleurs jugèrent appartenir à un escalier. Je conclus de l'existence de cet escalier que le monument formait la tribune ou le fond d'un cirque, servant sous la République romaine et surtout sous les empereurs à la célébration de jeux publics [4]. »

Certains textes du moyen âge parlent de quelques édifices publics romains, qui ont disparu sans laisser de traces :

1. *Le palais impérial*, bâti par l'empereur Maximien Galère pendant son séjour à Thessalonique, vers 306 [5]. Au temps où Clarke et de Beaujour ont visité la ville, on pouvait encore

---

1. Clarke, *Travels,* II, 3, p. 332; Leake, *Travels in northern Greece,* III, p. 245; F. de Beaujour, *o. c.,* I, p. 38. Ces deux derniers auteurs croient que cette stoa a été bâtie sous Néron.

2. F. de Beaujour, *l. c.*

3. Leake, *l. c.*; Hadji Ioannou Ἀστυγρ. Θεσσαλ. p. 91.

4. Cousinéry, *o. c.,* p. 33.

5. Μαξιμιανὸς βασίλεια κτίζοντος ἐν Θεσσαλονίκῃ. Ménologe de Basile II, t. I, p. 83; Μαξιμιανός... ἐπὶ τὰς βασιλείους αὐλὰς ἐπανήργετο. *Actes de saint Démétrius,* Migne, CXVI, col. 1180.

voir, du côté oriental près de l'hippodrome, des arceaux enfoncés dans la terre, lesquels, commençant à l'arc de triomphe de Galère, allaient jusqu'à la mer. Ces auteurs ont cru voir en ces vestiges les ruines du palais impérial romain qu'ils attribuent d'ailleurs à Dioclétien [1]. Hadji Ioannou paraît avoir vu, lui aussi vers 1880, ces arceaux [2] aujourd'hui disparus. Du reste, une tradition locale prétend que l'emplacement du palais impérial était tout près de l'hippodrome, comme à Constantinople [3]. On ne saurait dire cependant jusqu'à quel point elle est conforme à la réalité.

Les historiens byzantins du xiv⁰ siècle, Jean Cantacuzène et Nicéphore Grégoras, mentionnent un palais impérial à Thessalonique [4]. Mais il est impossible de savoir si ce palais était le même que l'ancien, ou une construction byzantine plus récente, et à quel endroit il s'élevait [5].

2. *Le Praetorium* ou le palais des éparques. Les *Actes* parlent très vaguement de cet édifice, qui « était situé loin » de Saint-Démétrius [6].

3. *Le Palais des Archives* (Γραμματοφυλάκιον, χαρτοφυλάκιον ou Tabularium), construit probablement à l'époque hellénis-

---

1. *Travels*, II, 3, p. 356; *Tableau*, l. c.

2. *O. c.*, p. 50. Ces arceaux appartenaient peut-être à l'aqueduc.

3. Ebersolt, *o. c.*, *passim*.

4. Cantac., 1, 53, 54; Grég. 11, 6.

5. Hadji Ioannou affirme que ce palais, qu'habitèrent les despotes et les empereurs byzantins, tels Théodore, Manuel et Jean V, aux xiii⁰ et xiv⁰ siècles, fut construit par Boniface de Montferrat (*o. c.*, p. 50). Mais cette hypothèse ne repose sur aucun témoignage contemporain, ni même sur une tradition. Du reste, Boniface de Montferrat régna trop peu à Thessalonique, à peine trois ans, entre 1204-1207, et fut trop occupé avec ses expéditions militaires, pour que l'on puisse admettre qu'il eut le temps de construire un palais.

6. Διὰ τὸ μακρὰν ἀφεστηκέναι τὸ πραιτόριον τῶν ὑπάρχων, cité par Hadji Ioannou, *o. c.*, p. 110.

tique par un certain Dionysodoros fils d'Asclépiodoros, ainsi que le relève l'inscription suivante :

> Πολιταρχούντων
> Ἀριστάρχου τοῦ Ἀριστάρχου, Νικίου τοῦ
> Θεοδώρου, Ξεννέου τοῦ Σιμίου
> Θεοδώρου τοῦ Εὐτύχου, Δημητ|ρίου]
> Τοῦ Ἀντιγόνου, ταμίου τῆς π[όλεως]
> Στίλβωνος τοῦ Διονυσοφάνου[ς]
> Διονυσόδωρος Ἀσκληπιοδώρ[ου]
> Τὸ γραμματοφυλάκιον τῇ πόλ[ει] [1].

On ignore l'emplacement de cet édifice.

4. *Le Tribunal*, mentionné par les *Actes* de saint Démétrius [2].

5. *Le Quaestorium*, mentionné par Cicéron, dans son discours *Pro Plancio* [3].

6. Différentes *stoai*. Celle qu'on appelait la *Stoa des Forgerons* (Χαλκευτικὴ στοά), était située à l'ouest du grand forum [4].

Grégoire Palamas, au xive siècle, nous apprend qu'une procession partait, la veille de la fête de saint Démétrius, le 25 octobre, d'une stoa souterraine, appelée *Le refuge* (καταφυγή), située dans l'église de la Vierge l'Acheiropoïétos (Eski-

---

1. Cette inscription sur marbre (0 m. 50) fut d'abord publiée, assez incorrectement d'ailleurs, par Hadji Ioannou dans son Ἀστυγραφία Θεσσαλονίκης, pp. 51-52 ; ensuite par Ern. Burton dans le *The American Journal of Theology*, t. II (1898), p. 608, n° IV, article intitulé : *The politarchs in Macedonia and elsewhere*. Dimitsas l'a aussi mal transcrite dans son dernier ouvrage où il a admis à la dernière ligne de cette inscription la lecture τῆς πόλεως au lieu de τῇ πόλει. *Macéd.*, pp. 428-429, n° 368. Enfin elle fut correctement lue par P. N. Papageorgiu, qui la republia dans le journal de Salonique Ἀλήθεια, n° (192) 40, du 16 sept. 1904.

2. Ch. 18.

3. Ch. 44 : Thessalonicam in quaestorium perduxit.

4. Migne, CXVI, col. 1176.

Djouma). C'était dans cette *stoa*, d'après la tradition, que saint Démétrius avait prêché la nouvelle foi [1]. Cependant cette tradition est en contradiction avec celle que nous rapportent les *Actes*, d'après laquelle les souterrains, où le saint avait enseigné ses disciples, étaient situés sur la même place, où plus tard Léontius éleva son église.

Quant aux temples consacrés au culte païen, ils ont disparu également, d'assez bonne heure, sans laisser de traces. C'est seulement par les inscriptions et les monnaies, que nous connaissions quelques noms.

Il y avait d'abord un *Temple de Dionysos*, d'après ce que nous révèle une inscription de l'an 15 de notre ère, trouvée près d'Eski-Djouma [2].

Dionysos était vraisemblablement fort vénéré à Thessalonique. Sur quelques monnaies de cette ville est figurée une grappe de raisin [3], pareille à celle qu'on voit sur les monnaies d'autres cités, où Dionysos était l'objet d'un culte particulier.

Apollon avait aussi un temple. Sur une monnaie de Gordien III le Pieux, on lit la légende que voici :

ΘΕCCΑΛΟΝΕΙΚΕΩΝ ΝΕΩΚΟΡ

ΠΥΘ   Ι Α

Θεσσαλονεικέων νεωκόρ(ος), Πύθια. Cette monnaie a dû être frappée pour commémorer la construction d'un temple consacré à l'empereur et des jeux pythiques ; sur d'autres mon-

---

1. Στοά τις ἐστὶν ὑπόγειος, ἐν τῷ ναῷ τῆς Ἀειπαρθένου καὶ Θεομήτορος, ἧς Καταφυγὴ τὸ ἐπώνυμον, ὅθεν ἔθος ἐστὶ παλαιὸν τῆς τοῦ μεγαλομάρτυρος πανηγύρεως τὴν ἀρχὴν δι' ἔτους ποιεῖσθαι κἀκεῖθεν διὰ τῆς λεωφόρου μεθ' ὕμνων τὸν πρὸς αὐτὸν ἀνιόντας, ἐνθάδε ταύτην ἀνύειν καὶ εἰς τέλος ἄγειν τὴν ἑορτήν. Τῆς οὖν ἀσεβείας ἐπικρατούσης...... ἐμφιλοχωρῶν ὁ μάρτυς τοῖς ὑπογείοις ἐκείνοις, μετεδίδου τοῖς προσιοῦσι τῆς οὐρανίου διδασκαλίας. Palamas, Homélie XLIII. Migne, CLI, col. 544.

2. Duchesne et Bayet, *o. c.*, pp. 18 ; 59 et 43.

3. Barclay V. Head, *A Catalogue the greek Coins in the British Museum. Macedonia*, Londres, 1879, p. 109.

naies est figuré Apollon citharide seul ou en compagnie du dieu Cabire [1].

Le « Grand-Dieu » (Μέγας Θεός), dont le culte était, comme on le sait, assez répandu en Thrace [2], en Macédoine et dans les provinces septentrionales de la Péninsule Balkanique, était aussi fort vénéré à Thessalonique, et identifié, aux derniers temps du Paganisme, au dieu Sérapis. Une inscription nous montre que dans cette ville il y avait une confrérie, qui pratiquait le culte du « Grand Dieu Sérapis », lequel vraisemblablement possédait ici un temple. La voici :

Πόπλιον Αἴλιον Νεικάνορα τὸν ἁγιώτατον Μακεδονιάρχην οἱ συνθρησκευταὶ κλείνης Θεοῦ Μεγάλου Σαράπιδος τὸν προστάτην [3].

Le culte des dieux Cabires, dont le sanctuaire principal était dans l'île de Thassos, s'est répandu aussi à Thessalonique. Seulement ici on vénérait un seul Cabire [4]. Son culte était un des plus importants, parce qu'on voit des empereurs se flattant d'être représentés comme Cabire sur les monnaies thessaloniciennes [5]. On célébrait des jeux appelés Καβείρια ou Καβείρια Πύθια [6], on considérait le dieu comme la divinité protectrice de la ville, que devait remplacer plus tard saint Démétrius. « La figure du Cabire de Thessalonique, sur une monnaie romaine de Claude le Gothique [7], fait allusion à la délivrance de cette ville, assiégée par les Goths [8]. »

1. Barclay V. Head, *A Catalogue*, pp. 124, 125, 126.
2. Albert Dumont, *Mélanges d'archéologie et d'épigraphie*, pp. 507, 204.
3. P. N. Papageorgiu, Θεσσαλονίκης κατεσφραγισμένον βιβλίον ἀνοιχθέν (Ἀνατύπωσις ἐκ τοῦ Μικρασιατικοῦ Ἡμερολογίου 1907 Ἑλένης Σ. Σβορώνου). Samos, 1907, p. 3.
4. F. Lenormant, *Cabiri*, dans Daremberg et Saglio, *Dictionnaire des Antiquités*, pp. 769-770 et Preller, *Griech. Mythol.*, 2ᵉ éd., I, p. 672.
5. *Ibid.*, p. 770, fig. 911.
6. *Ibid.*, cf. Eckhel, *Doctr. num. vet.*, II, p. 78 ; Mionnet, t. I, p. 494, nº 338.
7. Cohen, *Monn. de l'Empire romain*, t. V, p. 89, nº 62.
8. Lenormant, *l. c.*, cf. Eckhel, *o. c.*, t. VII, p. 474.

Le dieu Cabire eut à Thessalonique plusieurs temples qui
ont coexisté ou se sont succédé. On voit souvent sur les
monnaies de cette ville, d'un côté la figure du dieu, et au
revers un temple distyle ou tétrastyle. Parfois cet édifice est
représenté d'une façon schématique par deux colonnes et un
fronton, et au milieu le Cabire debout tenant ses attributs :
le marteau et le rython [1] (fig. 13).

Fig. 13. — Monnaie de Thessalonique. Le dieu Cabire et son temple.
(D'après L. Anson, *Numismata graeca.*)

Le temple distyle avec le dieu Cabire figure sur les monnaies de Julia Domna, de Caracalla, de Gordien III le Pieux
et de Salonina [2] ; un tétrastyle est représenté sur certaines
autres de Gordien III le Pieux [3]. Il s'agit, par conséquent,
soit de deux monuments différents qui coexistaient sous le
règne de cet empereur, soit d'un temple tétrastyle qui avait
remplacé un distyle.

Hors de la porte Cassandréotique on a trouvé un fragment

1. L. Anson, *Numismata graeca. Greek Coin type*, V^e partie. *Architecture*, pl. XXIV, n° 131.
2. Barclay V. Head, *o. c.*, pp. 120, 124, 125, 129.
3. *Ibid.*, pp. 125-127.

de frise de 0 m. 79 sur 0 m. 20 et 0 m. 24 d'épaisseur, avec
l'inscription suivante :

ϹΑΒΕΙΝΟϹ ΜΑΚΕΔΟΝΙ
ΤΟΝ ΝΑΟΝ · ΚΑΙ ΗΡѠΝΑ · Ιᴜ
ΘΟΝΙΟΝΕΚΤѠΝΙΔΙѠΝΤΗΠΟ ¹
Λ Ι

Σαβεῖνος Μακεδόνι[ος
τὸν ναὸν καὶ ἡρῶνα.....
Θόνιον ἐκ τῶν ἰδίων τῇ πό
λ[ε |ι.

Il s'agit, par conséquent, d'un temple et d'un hérôon construit par un certain Sabinus Macaedonius et consacré à une
divinité chtonienne (καταχ]θόνιος) qui pourrait bien être le
Cabire, vu les relations de celui-ci avec Déméter, Coré, les
Dioscures, etc. ².

Thessalonique, comme on l'a vu, avait reçu quatre fois le
titre de Νεωκόρος ³ pour avoir érigé des temples destinés au
culte des empereurs romains ⁴. Elle fut une des premières
villes qui eussent consacré un temple à Auguste.

Une inscription trouvée dans les démolitions de la porte
Cassandréotique nous donne le nom d'une certaine Annia Procla
« prêtresse d'Auguste ». Elle fut appelée ἱέρεια, « soit parce
qu'elle exerçait elle-même le sacerdoce, soit, ce qui est plus
probable, en qualité d'épouse du prêtre d'Auguste ⁵ ».

Une autre inscription également grecque nous révèle le nom
d'un certain T. Aelius Gemeinius Macaedo, prêtre du culte
de l'empereur Adrien ⁶.

Pendant la période romaine on a érigé aussi à Thessalo-

1. Duchesne et Bayet, o. c., p. 18.
2. Lenormant, *art. cité*, p. 767 et s.
3. P. N. Papageorgiu, Θεσσαλονίκης κατεσφραγισμένον βιβλίον ἀνοιχθέν.
'Εν Σάμῳ, 1907, p. 3.
4. Duchesne et Bayet, o. c., nᵒ 1, pp. 11-12, 53.
5. Duchesne et Bayet, o. c., nᵒ 86, p. 53.
6. P. N. Papageorgiu, o. c., p. 9. F. de Beaujour parle dans son livre
d'un temple d'Hercule, dont   prétend avoir vu les restes sur l'acropole.

nique deux arcs de triomphe aux deux extrémités de la voie Egnatienne [1].

L'un, comme on l'a vu, était plutôt une porte engagée dans le mur ancien occidental : la Porte d'Or.

Sur la face intérieure, du côté de la ville, de l'un des pieds-droits, on lisait l'inscription suivante :

Πολειταρχούντων
Σωσιπάτρου τοῦ Κ|λε|ο
πάτρας καὶ Λουκίου Ποντίου Σεκούνδ[ο]υ,
Υἱοῦ, Αὔλίου ᾿Λουΐου Σαβείνου, Δημητρίου τ[ο]ῦ
|Φ|αύστου, Δημητρίου τοῦ Νεικοπόλεως, Ζω|ί|λου
Τοῦ Παρμενίωνος τοῦ καὶ Μενίσκου, Γαίου ᾿Λγιλλητίου
Ποτείτου, ταμίου τῆς πόλεως, Ταύρου τοῦ ᾿Αμμίας
Τοῦ καὶ Ρήγλου· γυμνασιαρχοῦντος Ταύρου τοῦ Ταύρο|υ|,
Τοῦ καὶ Ρήγλου [2].

1. Dimitsas, d'après de Beaujour, parle d'un troisième arc de triomphe situé près de la porte de l'acropole, lequel aurait été érigé en l'honneur d'Antonin le Pieux (138-161), de sa fille Faustine et de Lucius Commodus co-régent de Marc-Aurèle. Il affirme même avoir vu et examiné les restes de ce monument qui tendait à disparaître complètement (*Macéd.*, p. 440). Cependant ni Hadji Ioannou (᾿Αστυγρ. Θεσσαλον., p. 105), ni personne autre n'ont pu voir ce monument. J. Mordtmann a raison de nier l'existence de ce prétendu arc. Ce fut F. de Beaujour qui a répandu cette fable. Il dit, en effet, ceci : « Le château n'a de remarquable que quelques colonnes de vert antique, débris d'un temple d'Hercule et un arc de triomphe dégradé, érigé sous Marc-Aurèle en l'honneur d'Antonin Pie et de Faustine, sa fille. » (*O. c.*, 1, p. 34 ; cf. Tafel, *Thess.*, p. 170.)

De Beaujour a lu sur quelques fragments, qu'il a pris pour des restes d'un arc de triomphe, une inscription que J. H. Mordtmann a pu lire et compléter.

Athen. Mittheil., XVI (1891), p. 368.

Cette inscription avait peut-être appartenu à un monument quelconque érigé par la ville en l'honneur d'Antonin le Pieux, de Faustine et de Lucius Commode, mais on ne saurait dire ce que c'était.

2. Cette inscription fut pour la première fois publiée par Muratori

Cette inscription ne portant pas de date, on ne sait au juste à quelle époque la porte fut construite.

L'autre arc fut érigé tout près de la porte Cassandréotique, à l'endroit même où s'ouvrait l'ancienne porte du mur démoli. Il est connu à Salonique sous le nom grec de *Camara*.

Aujourd'hui il ne reste de ce monument que les deux pieds-droits de la partie centrale [1]. Ils sont couverts sur toutes les faces de sculptures qui forment quatre rangées séparées par des corniches également sculptées. On y voit des scènes de guerre, des soldats romains avançant contre les ennemis, que distingue le costume ; de la cavalerie chargeant, des chars de guerre, des batailles ; puis des scènes de sacrifices, des convois de chameaux, des génies [2].

Le monument a actuellement une hauteur de 13 m. 70, s'étendant sur 29 mètres de largeur. L'épaisseur des pieds-droits est de 3 m. 80.

On a longuement discuté sur la date de sa construction. Généralement l'on admettait qu'il fut érigé par les Thessaloniciens pour célébrer la victoire que Constantin le Grand

dans son *Novus Thesaurus*, t. II, p. 595, Milan, 1740, d'après une copie de Bimard ; ensuite elle fut insérée par Boeck dans le *Corpus* sous le nº 1967 (Addenda du t. II, p. 990) avec quelques modifications dues à Pococke et Leake (*Travels in Northern Greece*, t. III, p. 236). Mgr Duchesne la republia dans la *Mission au Mont Athos*, p. 9, d'après le texte donné par Le Bas (nº 1357), auquel il joignit les variantes publiées dans les *Transactions of the Royal Society* (Litt. vol. VIII, p. III, p. 528). Enfin en dernier lieu, elle fut insérée par Dimitsas dans sa *Macédoine*, pp. 422-423, d'après le texte de Mgr Duchesne. M. Heuzey qui put examiner cette inscription lorsqu'elle était encore en place, s'est assuré qu'elle n'a jamais contenu autre chose que les noms des magistrats (*Mission archéol. de Macédoine*, p. 272). Voir aussi Ἑλλ. φιλολ. Σύλλ. παράρτημα ΙΖ τόμου (1886). C. G. Curtis, Ἐπιγραφαὶ ἐν Μακεδονίᾳ, p. 154.

1. L'arc reposant sur les deux piliers est de construction moderne, qui après un écroulement a remplacé l'ancien. Voir dans Cousinéry une esquisse faite avant 1831.

2. Kinch, *L'arc de triomphe de Salonique*, p. 1 et s.

avait remportée sur Licinius ou sur les Sarmates au commencement du IVᵉ siècle [1].

Le premier qui ait émis une opinion contraire fut Hadji Ioannou ; mais il ne l'a pas présentée d'une façon scientifique [2]. Il remarqua, en effet, avec raison, que l'empereur Maximien Galère avait séjourné à Thessalonique vers l'an 306, qu'il y avait construit un palais et donné des jeux de cirque. Comme il a été plus populaire que Constantin dans cette cité, il est probable que les habitants lui aient élevé un arc de triomphe pour le recevoir convenablement après une guerre pénible et victorieuse [3].

Hadji Ioannou a vu juste en rattachant ce monument à une victoire de Galère, mais l'honneur revient à l'archéologue danois Kinch d'avoir démontré ceci d'une façon scientifique, quoique dans son ouvrage il ne fasse aucune mention de l'opinion du savant grec [4]. Kinch utilisa les mêmes arguments que son devancier, mais il apporta d'autres preuves. En effet, en examinant les bas-reliefs il observa avec justesse que le convoi des chameaux convient plutôt à une guerre en Orient qu'à une guerre en Europe. En outre il releva sur une des faces du pied-droit gauche — pour celui qui sort de la ville — les mots grecs ποταμὸς Τίγρις, qui désignent le fleuve Tigre de Mésopotamie où les Romains se sont rencontrés avec les ennemis. Il n'y a, par conséquent, pas de doute : il s'agit d'une guerre contre les Perses que mena à bien l'empereur Galère. L'arc fut élevé après la paix. En effet, Kinch a relevé aussi les mots οἰκ|ουμέν|η| et ε|ἰρήν|η [5], c'est-à-dire « univers » et « paix ».

1. F. de Beaujour, *Tableau*, pp. 34-35 ; Cousinéry, *Voyage*, 1, p. 201 ; Tafel, *o. c.*, pp. 171-172 ; Duchesne et Bayet, *o. c.*, p. 258 ; Dimitsas, *Macéd.*, p. 440.
2. Aujourd'hui une autre légende tend à se créer à Salonique autour de ce monument. La population croit volontiers que ce fut Alexandre le Grand qui l'érigea.
3. H. Ioannou, Ἀστυγρ. Θεσσαλ., p. 106.
4. Kinch, *L'arc de triomphe de Salonique*, p. 3 et s.
5. *L. c.*

CHAPITRE II

L'intérieur de la ville (*suite*).

II

Aucune ville, la capitale exceptée, n'offrait au moyen âge un aspect plus varié, plus pittoresque, plus riche que Thessalonique. Comme importance et comme beauté elle était la seconde cité de l'Empire [1], et on lui donnait volontiers, à l'instar de Rome et de Constantinople, le surnom de Mégalopolis [2].

L'étranger qui y entrait pour la première fois était saisi d'admiration. De tous côtés s'érigeaient des monuments d'une silhouette belle et majestueuse. Des jardins, pleins de sources et plantés d'arbres, parmi lesquels se détachait la taille svelte et élancée des cyprès, entouraient les églises [3]; des espaces libres, des places [4], s'ouvraient en divers endroits. Dans les rues l'on pouvait admirer, comme à Constantinople, de grandes maisons à un ou plusieurs étages d'une belle architecture et d'un riche parement [5]. Elles se perdaient au

---

1. Cantac., III, 93 : Θεσσαλονίκην μετὰ τὴν μεγάλην παρα‘Ρωμαίων πρώτην πόλιν.

2. Pachymère, *Hist.*, 6, 23; Nic. Grégoras, II, p. 211.

3. Eustathe, *Laudatio S. Dem.* Migne, CXXXVI, col. 243.

4. Tafel, *o. c.*, p. 34, cite Hadji Chalfa, qui fait l'éloge des places de Thessalonique.

5. Nic. Chumnos. Θεσσαλ. συμβ. Boissonade, *Anecd. gr.*, II, p. 142. Cf. pour Constantinople, même époque, Gr. Cyprius, *Encômion à l'empereur Andronic Paléologue, ibid.*, p. 364.

milieu des arbres ayant en quelque sorte l'aspect des villas modernes. Parmi tous ces bâtiments le palais du gouverneur, et surtout le palais impérial, dont parle Cantacuzène au xive siècle [1], devaient être très beaux.

Dans tous les coins de la ville il y avait des fontaines, des phiales devant les églises, artistiquement travaillées; partout il y avait des sources souterraines, qui n'étaient autre chose que les bouches des conduites d'eau de l'ancien système de canalisation, mais qui pour les croyants formaient autant de sources d'eau bénite, des *haghiasmata*. Ainsi y avait-il un *haghiasma* dans l'intérieur de l'église des Saints-Apôtres; un autre dans l'église de Notre-Dame-de-la-Miséricorde, située à l'ouest de Sainte-Sophie; un autre dans l'église de Sainte-Marine, au sud de Sainte-Sophie [2]; enfin ceux de Ζωοδόχος Πηγή, de Panaghia Lagoudiané, de Saint-Paul, de Sainte-Paraskévé et autres [3]. Partout l'on voyait des établissements de bains, qui « dépassaient, dit un auteur du xive siècle, les besoins de la population [4]. » Enfin les habitants mêmes, industrieux, lettrés et accueillants contribuaient, non en moindre mesure, à l'impression forte que la ville laissait aux visiteurs. C'est pourquoi l'archevêque Eustathe disait au

1. Cantac., I, 53-54, Bonn, p. 271; Grég. V, 11, 6. On ignore l'emplacement de ce palais. D'après Tafel il aurait été situé dans la partie haute de la ville (o. c., p. 161); mais faute de renseignements précis, on ne saurait rien affirmer à ce sujet.

2. P. N. Papageorgiu, Πολιτικὰ Νέα (Journal de Salonique). N° 1237, du 11 février 1911.

3. Hadji Ioannou, Θερμαἰς, pp. 16-17 et Ἀστυγραφία Θεσσαλονίκης, pp. 65-66.

4. Nicéphore Chumnos, o. c., p. 142. Jean Anagnoste mentionne un grand établissement de bains, construit après la conquête de 1430, par le sultan Murad II, éd. de Migne, CLVI, col. 625. M. Papageorgiu croit que cet édifice n'est autre que le Yéni-Chamam, situé tout près et au nord-est de l'église de Saint-Démétrius, dans une petite rue. *Byz. Zeit.*, XVII, p. 328.

xiie siècle : « Thessalonique n'est pas une ville commune, mais
un pays de bienheureux (μακάρων γῆ) [1]. »

Il est pourtant probable que la ville n'avait plus au moyen
âge la régularité des rues des cités hellénistiques, telle, par
exemple, celle que nous ont révélée les fouilles de Priène.
Mais cette régularité existait auparavant, comme nous l'avons
vu.

L'aspect général de Thessalonique était au moyen âge tout
autre que celui qui s'offrait aux yeux d'un Dapper à la fin
du xviie siècle [2]; d'un Félix de Beaujour [3], ou d'un Clarke [4]
aux xviiie et xixe, ou même celui d'aujourd'hui. La ville que
ces voyageurs ont vue était, comme l'actuelle, mal bâtie, avec
des maisons pour la plupart petites, des rues étroites et
sales. Il serait pourtant juste de ne pas non plus exagérer les
éloges quant aux voies publiques pendant la période byzantine. Il faut plutôt penser que Constantinople même avait,
surtout dans les quartiers excentriques, des rues qui,
pendant la mauvaise saison, se transformaient en véritables
marécages, où bêtes et voitures s'enfonçaient en plein jour.
L'intervention seule des voisins, comme nous le voyons dans
une requête adressée à l'empereur Jean Comnène [5], à la
fin du xiie siècle, pouvait sauver d'un vrai danger ceux qui
s'y aventuraient.

Néanmoins le citoyen Thessalonicien, vu que sa patrie
s'étendait sur une colline, était en général exempt de pareils
accidents. Il y avait même à Thessalonique des rues larges,

---

1. Eustathe, *De Obsid. Norm.*, Bonn, p. 500.
2. Dapper, *Description des isles de l'Archipel*, p. 347.
3. *Tableau de Commerce de la Grèce*, 1, p. 27 et *Voyage militaire dans
l'Empire Othoman*, 1, p. 201.
4. *Travels*, IV, p. 348.
5. Mercatti, *Gli anneddoti d'un codice Bolognese. Byz. Zeit.*, VI,
p. 140 et s.

pavées de pierre [1], telle l'Egnatia ou Léôphoros. Une autre, qui passait devant l'église de Saint-Georges, était également, du moins jusqu'à la fin du XIIe siècle, pavée de dalles de marbre, vraisemblablement des restes des anciens temps, ainsi que la place, appelée *Pinakidion* [2], qui s'ouvrait en face de cette église même. Sur cette place, s'élevait un monument, une sorte de colonne, déjà tombée en ruines aux temps d'Eustathe. Elle portait des bas-reliefs chrétiens, parmi lesquels on remarquait une croix [3].

Thessalonique avait, comme la capitale elle-même [4], des rues à portiques, pareilles à celles que l'on voit encore aujourd'hui dans certaines villes de l'Orient. Une miniature du manuscrit de Scylitzès, qui date du XIVe siècle, est très édifiante à ce sujet (Pl. XXIII, 2).

L'on distinguait à Thessalonique, la ville basse, qui longeait a plage, la ville haute sur la pente de la colline, et l'acropole, qui était, elle aussi, habitée.

Au XIVe siècle, malgré le nombre encore considérable des habitants, il y avait certains terrains vagues [5], qui probablement n'existaient pas aux temps de grandeur de la ville.

1. Constantinople avait aussi des rues pavées de pierre. Ibn Batoutah, qui l'a visitée au XIVe siècle, dit dans son récit : « Ses rues sont larges et pavées de dalles de pierre. » *Voyages*, trad. fr. par Sanguinetti et Défréméry, II, p. 431.

2. Eustathe, *Contra injuriarum memoriam*. Migne, CXXXVI, col. 453 : Τῆς διὰ λίθων μαρμάρων ὁδοῦ, ἧς ἐπὶ πολλῆς ἱερὸς νεὼς τῷ μεγαλονύμῳ μάρτυρι Γεωργίῳ μέχρι νῦν ἵδρυται.

3. *Ibid.*

4. Le Thessalonicien Thomas Magistros, accueilli brillamment à Constantinople par ses amis, parle dans une lettre, où il fait le récit de son voyage, des ὁδοὺς κατασκίους, qui sont soit des rues à portiques, soit des rues formées de maisons à alcôves. *Lettre à Isaac*, éd. Max Treu. *Neue Jahrbuch für d. Class. Philologie und Pedagogie.* Suppl. Band 27 (1902), p. 11.

5. Cantac., III, 93 (Bonn), p. 659 : πρὸς τὰ τῆς πόλεως μάλιστα ἀοίκητα μέρη.

Les quartiers ou paroisses s'appelaient ἐνορίαι ou γειτονίαι, qui généralement empruntaient leur nom, comme aujourd'hui, à l'église la plus proche [1].

Au XIIe siècle Eustathe parle, comme on l'a vu, d'une *Tour des Bourgeois* [2]. Son nom est vraisemblablement dû au quartier voisin, habité par les *bourgeois* qui sont peut-être des Latins. C'est le quartier que les Grecs et les voyageurs des XVIIIe et XIXe siècles appellent le quartier des Francs (Φραγχο-μαχαλᾶς) [3], qui comprend les alentours de l'église catholique moderne.

Un acte du XIIIe siècle du monastère de Zographou de l'Athos mentionne un quartier Thessalonicien, appelé *Sainte-Pélagie* [4]; un autre acte du XVIe siècle mentionne également la *paroisse des Archanges*, située du côté oriental de la ville [5]. Cantacu-

---

1. Texier indique plusieurs quartiers modernes de Thessalonique, par les noms des églises ou des mosquées à proximité. *Archit. byz.*, pp. 133-134; Germain, consul de France à Salonique au XVIIIe siècle, cite les quartiers suivants :

    1) Quartier des Francs ;
    2) Yéni-Sou ;
    3) Eki Kouleh ;
    4) Eski-Sérai ;
    5) Achmet-Soubachi ;
    6) Aya Sophia ;
    7) Eski Acapoussi, où est située l'église de Saint-Démétrius ;
    8) Kalamaria ou Capou-Sou ;
    9) Aktché-Medjet-Djami ;
    10) Le quartier de l'Hippodrome ;
    11) Le vieux quartier des Juifs, du côté de la place de l'Hippo-drome. Omont, *Rev. Archéol.*, 1894, p. 201.

2. Eustathe, *De Thess. a Latinis capta*. Bonn, p. 449.

3. Germain, *l. c.*; Cousinéry, *Voyages*, I, p. 44.

4. Acte de l'an 1270 de Zographou, éd. W. Regel, E. Kurtz et B. Korablev, *Viz. Vrem.*, XIII (1907), p. 26.

5. P. N. Papageorgiu, *Byz. Zeit.*, VII, pp. 75-78 et VIII (1898), p. 73.

zène nous apprend aussi, au xiv° siècle, que du côté de la porte maritime était le *quartier des marins* [1].

En dehors de tous ces quartiers, il y en avait plusieurs autres, qui portaient les noms des églises de Sainte-Sophie, de la Vierge l'Acheiropoïétos, des Saints-Apôtres, etc.

Quant au quartier de l'Hippodrome, situé tout près de la porte Cassandréotique, dont parlent souvent les voyageurs modernes [2], les documents anciens ne le mentionnent pas.

Il y avait aussi depuis les anciens temps un quartier des Juifs. Ceux-ci, comme ailleurs, étaient vraisemblablement relégués dans un ghetto. Mais petit à petit ils l'abandonnèrent pour se faufiler parmi les autres habitants. Au xii° siècle l'archevêque Eustathe, relevant ce fait, protesta contre cette tolérance auprès du patriarche et demanda conseil sur ce qu'il devait faire [3]. Nous ignorons quel fut le résultat de cette démarche et si les Juifs gardèrent ou non leur ancien quartier. Après l'immigration en masse de leurs coreligionnaires espagnols, au xvi° siècle, ils s'installèrent un peu partout. Germain, consul de France à Salonique au xviii° siècle, parle d'un endroit du côté de l'Hippodrome, qu'il appelle « le vieux quartier des Juifs ». Est-ce celui-ci l'ancien quartier juif antérieur à l'immigration ? On ne saurait l'affirmer [4].

Parmi les monuments de la période byzantine qui restent encore à Salonique, une place importante occupe le château fort situé sur le sommet de l'acropole. Il s'appelait *Hepta-pyrgion* (Yédi-Coulé), parce que son enclos était défendu par une série de sept tours. Sa construction ressemble à celle des

---

1. Cantacuzène, III, 94, Bonn, p. 575.
2. Germain, *l. c.*; F. de Beaujour, *Tableau*, pp. 37; Cousinéry, o. c., p. 34.
3. Eustathe. Lettre XXXII. *Opuscula*, pp. 339-340.
4. *O. c.*, p. 201.

Paléologues. Les angles des tours sont renforcés par des
pierres de taille. Le blocage est coupé à divers niveaux sur la
tour gauche — pour celui qui regarde la façade de l'enclos —
par des assises de brique. On relève aussi sur cette tour
quelques motifs décoratifs en brique, et la lettre Π, initiale du
nom de Paléologue (Pl. XXII, 1).

La tour du milieu, de beaucoup plus large que les autres, fut
construite en 1431 par Tchaouch Beg. Elle porte l'inscription
arabe que voici :

« A conquis et pris de vive force cette citadelle, avec l'aide
de Dieu, le sultan Murad, fils du sultan Mehemmed, que Dieu
ne cesse de rendre victorieux son étendard, de la main des
Francs et des infidèles, et a tué et fait prisonniers quelques-
uns de leurs enfants et [pris] leurs biens. Et c'est environ un
an après [la conquête] qu'a été construite et fondée cette tour
par le roi des émirs et des grands, Tchaouch Beg, dans le
mois de Ramazan de l'an 834 [1]. »

Sur le mur de la même tour, on relève aussi quelques motifs
décoratifs en pierre sculptée ou en brique. Au haut, une
lionne allaitant un lézard. Plus bas, on distingue un cercle
à rayons, de chaque côté duquel il y a une branche de
cyprès. Et enfin, plus bas encore, on relève, d'une part deux
oiseaux affrontés et séparés par un emblème, au milieu duquel
il y a une croix ; et d'autre part un oiseau de proie dévorant
une oie (Pl. XXIII, 1).

On a employé dans la construction divers matériaux rapportés : des ronds de fûts de colonnes, des têtes de statues,
des pierres sculptées.

Les deux tours d'angle de l'arrière-partie de l'enclos, aux-
quelles on accède par un escalier en pierre byzantin, sont

---

1. Le 1er Ramazan commence le 13 mai 1431. Nous devons la tra-
duction de cette inscription à l'obligeance de Halil Bey, Directeur du
Musée Impérial de Constantinople.

carrées (Pl. XXII, 2). Elles ont deux étages. La chambre du rez-de-chaussée est carrée et non voûtée, tandis que celle du premier étage, également carrée, se termine en calotte. Une fenêtre étroite en arc plein cintre, une vraie archère, permet de surveiller la région du côté Nord, d'où surtout pouvait arriver l'ennemi.

Les marchés. — Thessalonique devait avoir au moyen âge plusieurs endroits où se faisait le marché. Mais le grand marché, mentionné pour la première fois dans les *Actes de saint Démétrius* [1], se trouvait, jusqu'au ix⁰ siècle et probablement aussi plus tard encore, à la même place que l'ancien, c'est-à-dire tout près de l'Hippodrome et de la porte Cassandréotique [2]. Il est cependant possible que, vers la fin de l'Empire, on ait changé de place en s'approchant de l'endroit où se fait aujourd'hui le marché, entre Sainte-Théodora et Saint-Ménas. En effet, Jean Anagnoste nous apprend que pendant le siège de la ville par les Turcs en 1430, les Vénitiens décidèrent que le marché aurait lieu désormais « plus près des murs ». Ils venaient de prendre cette mesure pour que les défenseurs des remparts ne s'en éloignassent pas trop pour faire leurs provisions [3]. Cela prouve que le marché à cette époque avait déjà lieu dans un endroit plus ou moins central, assez loin des murs.

Dans une partie du marché actuel, appelée Tcharchi, nous avons examiné quelques vieilles boutiques, dont la construction

1. Ch. 6.
2. S. Théodore de Stoudion, *Lettre à Platon*. Migne, IC, col. 918 ; cf. *Vie de sainte Théodora*, éd. Kurtz. *Mémoires de l'Acad. imp. des sciences de S.-Pétersbourg*, VIII sér. cl. hist.-philos., t. VI, n⁰ 1, ch. 9, p. 5 : Τὸ τοῦ ἁγίου καὶ πανευφήμου ἀποστόλου καὶ εὐαγγελιστοῦ Λουκᾶ καταλαβόντες τέμενος (a. 818), ὃ δὴ πλησίον τῆς ἀγορᾶς τῆς ἐπὶ τὴν Κασσανδρεωτικὴν πύλην διάκειται.
3. J. Anagnoste, *Monodie de excid. Thess.* Migne, CLVI, col. 596.

nous a paru byzantine. Les murs extérieurs sont décorés d'une série d'arcades, tandis qu'à l'intérieur les pièces sont quadrangulaires, étroites et couvertes de calottes sphériques. Ce sont peut-être les derniers restes du marché contemporain de la conquête turque.

Le marché était probablement organisé à cette époque comme celui de Constantinople. Il était divisé en plusieurs sections, chacune appartenant à une spécialité de marchandises. Il y avait ainsi autant de petits marchés, pourvus de portes qu'on fermait la nuit [1]. C'est probablement à ces diverses sections que fait allusion Grégoras au xive siècle, lorsqu'il dit que le peuple Thessalonicien se rassemblait dans « les agoras et les théâtres » [2]. Cependant l'expression « les agoras » peut aussi désigner les petits marchés qui existaient dans les différents quartiers de la ville [3].

1. Voici ce que nous apprend Ibn Batoutah sur les marchés de Constantinople : « Ses marchés et ses rues sont larges et pavés de dalles de pierre. Les gens de chaque profession y occupent une place distincte, et qu'ils ne partagent pas avec ceux d'aucun autre métier. Chaque marché est pourvu de portes que l'on ferme pendant la nuit. » *Voyages*, II, p. 431.

2. Grégoras, XIII, 10, Bonn, t. II, p. 675.

3. Hadji Ioannou, Ἀστυγρ. Θεσσαλ., p. 56.

CHAPITRE III

Les monuments byzantins.

I. — ÉGLISES EXISTANTES.

Ce qui rendait Thessalonique une ville presque unique dans l'Empire byzantin, ce qui constituait pour elle au moyen âge une vraie parure, un orgueil national [1], ce qui faisait, enfin, d'elle aux yeux des Byzantins un « paradis terrestre », selon une expression de l'archevêque Grégoire Palamas [2], c'étaient les nombreuses et très belles églises qu'elle possédait.

Il y avait des basiliques, construites aux ive et ve siècles ; des églises bâties entre le vi^e et le xie siècle ; il y en avait aussi d'autres un peu plus récentes.

Une tradition locale prétend que la ville possédait autant d'églises qu'il y a de jours dans une année [3], ce qui est assurément exagéré. Il n'en est cependant pas moins vrai que leur nombre était des plus considérables, auquel il faut encore ajouter les établissements religieux, tels les hôtelleries, les hôpitaux, les hospices, les orphelinats attachés généralement aux monastères [4].

Malheureusement nous ignorons combien il y en avait exactement et à quelle époque chacun de ces monuments fut construit.

1. D. Kydonis, *Monodie*. Migne, CIX, col. 644.
2. *Homélie*, XLIII. Migne, CLI, col. 548.
3. P. N. Papageorgiu, Θεσσαλονίκης ἱστορικὰ καὶ ἀρχαιολογικά. Πολιτικὰ Νέα (Journal de Salonique), n° 1237, du 11 février 1911.
4. Nicéphore Chumnos. Boissonade, *Anecdota graeca*, II, p. 146 et s.

La conquête turque a presque entièrement changé l'aspect de la ville.

Les conquérants ont transformé plusieurs églises en habitations ; ils en ont démoli un certain nombre, soit « pour trouver de l'or et de l'argent cachés sous terre » [1], soit pour se procurer des matériaux pour la construction d'autres édifices. Entre autres le sultan Murad II érigea en 1430, au centre de ville, un bâtiment de bains [2]. Le même sort eurent les monastères qui furent démolis entièrement ou en partie. On enleva leurs colonnes et leurs marbres, et on les employa aux constructions entreprises dans d'autres villes. Ainsi, Thessalonique, au lendemain de sa prise, présentait un aspect lamentable, qui provoquait grande peine à ceux qui l'avaient connue avant [3].

Il est cependant vrai que certaines églises avaient déjà disparu avant la conquête, et « seuls les vieux, dit Jean Anagnoste, pouvaient indiquer la place qu'elles occupaient jadis et les beautés que chacune d'elles possédait » [4] ; quelques autres tombèrent en ruines et disparurent sans traces au courant des siècles suivants, si bien qu'aujourd'hui il est très difficile d'établir leur nombre, la date de leur construction et surtout l'emplacement exact qu'elles ont occupé. La même difficulté se présente lorsqu'il s'agit d'identifier quelques-unes d'entre elles, transformées en mosquées ; car les noms anciens sont aujourd'hui complètement oubliés ou altérés.

Au XVIe siècle, ainsi que nous l'apprend le voyageur Gerlach d'après ce que l'archevêque contemporain de Thessalonique lui avait dit, les chrétiens de cette ville possédaient encore vingt monastères et églises où l'on officiait tous les jours, et

---

1. Anonyme, Μονῳδία εἰς τὴν Θεσσαλονίκην. Νέος Ἑλληνομνήμων, t. VI, 4 (1908), vers 217, p. 379.

2. Jean Anagnoste, *Monodie*. Migne, CLVI, col. 629.

3. *Ibid.*, col. 625, 629.

4. *Ibid.*.

dix autres où la messe se disait à certaines occasions seulement [1].

Les monuments existants se partagent en plusieurs périodes. La floraison de l'art à Thessalonique doit être placée aux IVe et Ve siècles de notre ère. C'est à cette époque que l'on a construit les formidables murailles de la ville et les splendides monuments tels que les églises de Saint-Georges, de la Vierge, l'Acheiropoiétos (Eski-Djouma), de Sainte-Sophie et de Saint-Démétrius.

Ce qui nous engage à admettre que ces monuments sont à peu près de la même époque, c'est moins le style, qui pourrait parfois être trompeur, que l'examen des matériaux dont ils sont construits.

En effet, si l'on examine et compare entre elles les briques de ces différents édifices, l'on constate une identité frappante. Non seulement elles ont les mêmes dimensions, $0{,}30 \times 0{,}40$, et sont fabriquées avec le même matériel, une sorte de mortier fin, mais leurs estampilles sont pour la plupart identiques.

Nous avons trouvé dans les débris d'une partie du mur byzantin ancien écroulé, des briques dont les marques ont déjà été décrites plus haut. A Eski-Djouma, à l'entrée latérale sud, nous avons également pu examiner un amas de briques, qui proviennent de certaines parties démolies de l'église en vue de restaurations. Leurs estampilles sont identiques à celles du mur, mais il y en a aussi certaines autres différentes.

Cependant cela ne pourrait constituer une objection quant à la ressemblance parfaite du matériel ; car nous n'avons pu examiner qu'une partie des briques du mur, dans les démolitions seulement, qui encore ne nous ont pas livré tous leurs secrets.

Il faut plutôt porter toute son attention sur les identités

---

1. *Tagebuch*, pp. 200, 208, 210. Cf. Mystakidis, Διάφοροι περὶ Θεσσαλονίκης σημειώσεις. Ἑλλ. φιλολ. Σύλλογος, XXVII (1900), p. 369.

constatées entre certaines estampilles, ce qui a une grande importance.

Toutefois, dira-t-on, est-on absolument certain que les briques, examinées à Eski-Djouma, proviennent de l'église même et n'ont pas été par hasard transportées là d'ailleurs, par exemple des démolitions du mur? Car en ce cas les constatations faites ne conserveront aucune valeur.

Nous étant posé nous-même cette question, nous avons réussi à examiner quelques briques encore en place, autant dans la partie supérieure de l'église, dans le catéchoumena, que dans une trouée pratiquée dernièrement dans le mur qui sépare le narthex du chœur, mur qui est de la même époque que le reste de l'église, et dont fait partie le pilastre gauche soutenant l'arcade de l'entrée. Ces briques portent les mêmes estampilles que celles des remparts[1] ; surtout celle-ci ⌐+⊠+ revient souvent.

Nous avons trouvé aussi cette même marque sur quelques briques qui formaient un amas dans la cour de Sainte-Sophie. D'autre part, sur le pavé du portique de l'entrée latérale sud de Saint-Georges, il y a quelques briques qui portent la même estampille à peine modifiée un peu. Le hodja nous a déclaré qu'elles provenaient des démolitions de certaines parties de l'autel de cette même église, faites à l'occasion des dernières réparations[2].

Voici ces diverses estampilles :

---

1. La lettre Θ figure aussi sur les briques, encore en place, du mur occidental, près de la porte Yéni-Capou.

2. Nous sommes malheureusement arrivé à Salonique lorsque les travaux de restauration étaient presque finis. Les murs étaient déjà recouverts de plâtre et de chaux, les matériaux de la démolition enlevés et transportés ailleurs. Nous n'avons, par conséquent, trouvé que peu de briques à examiner.

A Saint-Georges [1] :

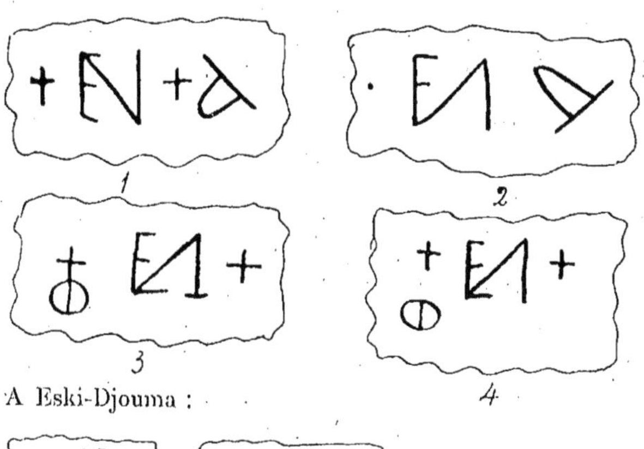

A Eski-Djouma :

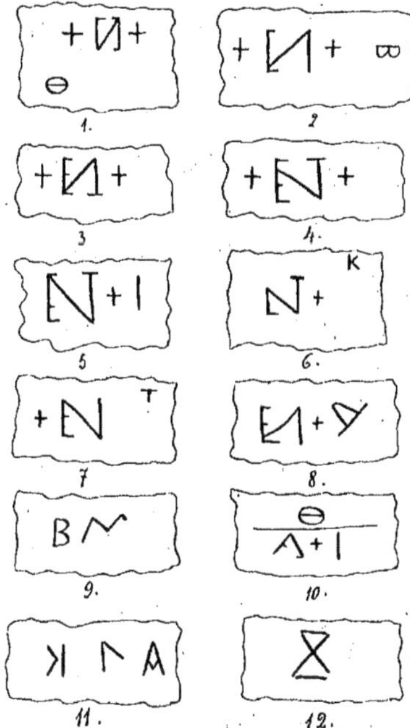

1. Germain, consul de France à Salonique vers 1746, a recueilli quelques estampilles de briques qu'il trouva dans le parvis de Saint-Georges. Elles sont analogues à celles que nous publions ici. H. Omont, *Rev. Archéol.*, 1894, p. 212.

A Sainte-Sophie :

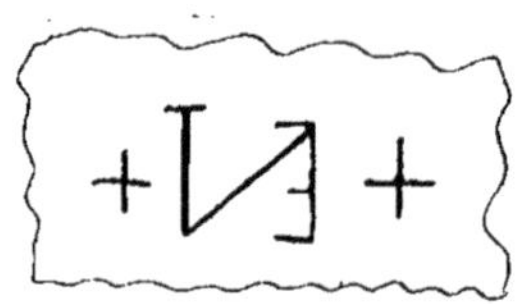

L'on peut constater en comparant le tableau qui précède avec celui donné aux pages 76 et 77 les ressemblances et les identités entre les différentes marques.

Mais il y a plus. En examinant les parois intérieures d'Eski-Djouma mises à nu aux fins de réparations, l'on constate que leur parement est identique à celui des murailles. On y voit des assises régulières de briques séparant des rangées de moellons de pierre. De distance en distance le mur est renforcé, comme celui de l'enceinte, par des arcades à doubles rangées de briques, qui ont l'aspect d'une porte bouchée.

Tous ces faits prouvent, d'une part, que les matériaux dont ces divers monuments furent construits provenaient de la même fabrique ou, si l'on veut, de plusieurs fabriques contemporaines ; et, d'autre part, que la façon de construire était identique.

Et à présent la conclusion, énoncée déjà plus haut, s'impose : tous ces monuments, remparts et églises, furent construits vers la même époque qui va de la fin du IVe siècle jusqu'au milieu du Ve [1].

En effet, parmi eux, il en est un qui est daté : c'est le mur d'Hormisdas. Or, comme nous l'avons vu, ce mur fut construit vers la fin du IVe siècle.

Saint-Georges, l'église de la Vierge l'Acheiropoiétos, Saint-Démétrius et Sainte-Sophie, formaient les quatre principales

1. On sait que ce fut Léontius, préfet de l'Illyricum, qui construisit l'église de Saint-Démétrius, vers le commencement du Ve siècle.

églises de Thessalonique, que Jean Anagnoste appelle « universelles » (καθολικαὶ ἐκκλησίαι). A la conquête turque, elles furent d'abord laissées aux Chrétiens, mais ensuite elles furent converties en mosquées [1].

1. *L'église de Saint-Georges* (Hortadji-Suleïman-Effendi-Djami [2]). — Cette église est située tout près du mur oriental, au nord de l'arc de triomphe de Galère et de la porte Cassandréotique, dans le quartier de Calamaria Capoussi [3] (Fig. 14 et Pl. XXIV, 1).

Au temps où le voyageur anglais Leake avait visité Thessalonique, la population l'appelait *Eski-Mitropoli* [4], c'est-à-dire ancienne métropole [5].

Les voyageurs des XVIIIe et XIXe siècles l'ont nommée *la Rotonde* à cause de sa forme ronde. Ils l'ont, en outre, prise pour un temple païen, consacré au dieu Cabire, et qui aurait été construit sous Néron ou sous Trajan [6].

Ce fut Texier qui, le premier, écarta de son livre [7] cette

1. Jean Anagnoste, ch. 20; Hadji Ioannou, Ἀστυγραφία Θεσσαλονίκης, p. 69.

2. P. N. Papageorgiu, Αἱ Σέρραι. *Byzant. Zeitschrift*, III, p. 248, note 1.

3. Texier et Pullan, *Architecture byzantine*, p. 133.

4. Leake, *Travels in Northern Greece*, t. III, p. 240 et s. Cf. William Smith, *Dictionary of greek and roman geography*, Londres, 1872, II, au mot : Thessalonica.

5. Hadji Ioannou cite un texte d'Eustathe, lequel indiquerait que Saint-Georges fut métropole aux temps de ce prélat. Malheureusement il a très mal compris le passage en question, où il ne s'agit pas de cette église. Ἀστυγραφία Θεσσαλονίκης, p. 70, note *b*.

6. J.-B. Germain, consul de France à Salonique en 1746. II. Omont, *Rev. Archéol.*, 1894, p. 213 ; F. de Beaujour, *Tableau*, pp. 36-37; Cousinéry, o. c., pp. 34-35 ; Leake, *Travels in north. Greece*, t. III, p. 240 et s.; cf. Prochorov, *Pamjatniki vizantijskago cerkovnago zodčestva v Thessalonikijé* dans les *Christianskija Drevnosti i Archeologija*, 1872, pp. 42-47, article écrit d'après le livre de Texier et Pullan.

7. Texier et Pullan, o. c., p. 144 et s.

Fig. 14. — L'Église de Saint-Georges en 1831. (D'après Cousinéry.)

erreur, reproduite aussi par d'autres auteurs modernes [1]. Les briques dont ce monument est entièrement construit portent des estampilles avec le signe de croix, ce qui prouve qu'il s'agit d'une construction chrétienne. Cependant il est vrai que son architecte a travaillé sous l'influence des monuments ronds, qui étaient, pour ainsi dire, à la mode durant les trois ou quatre premiers siècles de notre ère. Ainsi sans compter les monuments ronds de la Grèce, Rome aussi en possédait, outre le Panthéon d'Agrippa, toute une série, surtout sur la voie Appienne. Tels sont, par exemple, ceux qu'on est habitué aujourd'hui de désigner sous les noms de : *le sépulcre des Calatini*, *le temple de Romulus*, fils de Maxence (?), etc. [2]. D'autres villes et régions en possédaient aussi. L'empereur Trajan a érigé de même, vers 108 de notre ère, dans la plaine de Dobroudja près du Danube, un monument colossal rond pour commémorer ses victoires sur les barbares du Nord [3].

L'église de Saint-Georges fut construite vraisemblablement avant le mur oriental de l'enceinte byzantine, lequel fait, en cet endroit, une grande courbe vers l'est parce qu'on a vraisemblablement voulu éviter ce monument. C'est donc, après l'arc de triomphe, le plus ancien monument de Thessalonique [4].

Son plan est circulaire, formant à l'intérieur une vaste salle de vingt-quatre mètres de diamètre. Huit baies dans l'épaisseur du mur paraissent former autant de chapelles. Un grand

---

1. Tafel, *o. c.*, p. 131 ; Hadji Ioannou, Ἀστυγρ. Θεσσαλ., p. 70.

2. J. Ripostelli et H. Marucchi, *La via Appia*, pp. 114-115, 122-123, etc. ; Canina, *La prima parte della via Appia dalla porta Capena a Boville*, t. II, Rome, 1853, pl. VI, X, XVI, XXXVII.

3. Gr. Tocilescu, *Das Monument von Adam-Clissi*, Vienne, 1895 ; et l'édition roumaine, Vienne, 1895.

4. H. Holzinger, *Die altchristliche und byzantinische Baukunst*, Stuttgart, 1899, pp. 136-138.

tholus en voûte hémisphérique, dont le pourtour a plus de 72 mètres de développement, couvre l'édifice entier [1].

Sur la coupole il y a de très belles mosaïques représentant des saints. Sur les voûtes des baies l'on peut également en admirer d'autres, formant des dessins géométriques ou représentant des figures d'oiseaux [2]. Dans l'abside de l'autel, il y avait autrefois une grande mosaïque, représentant le Pantocrator, que le voyageur anglais Leake a pu voir, et qui depuis a disparu [3].

L'entrée du monument se fait de deux côtés : de l'ouest et du sud. Les portes sont précédées d'un portique postérieur à l'édifice, portique qui existait déjà au xe siècle [4]. Mais jadis il devait exister une troisième entrée du côté nord, faisant pendant à celle du sud, et qui fut bouchée postérieurement.

Par leurs portiques, ces trois entrées, ainsi que l'autel qui fait également saillie sur la rondeur du bâtiment, formaient les quatre branches d'une croix ; leur disposition prouve l'intention du restaurateur de donner à l'édifice — transformé en église lorsque sa destination était peut-être primitivement tout autre — la forme d'une croix.

Devant l'église se dresse la phiale, entourée de plusieurs colonnes en pierre verte de Thessalie. Dans le parvis on voyait encore au xviiie siècle un souterrain [5], dont on ne connaissait pas la destination et qui depuis a complètement disparu.

Quant au saint, à qui cette église fut primitivement consa-

---

1. Texier et Pullan, o. c., p. 149.
2. Voir la description des sujets de ces mosaïques dans l'ouvrage cité de Texier et Pullan. Les parties détruites ont été aujourd'hui remplacées par une peinture grossière imitant la décoration existante.
3. *Travels*, t. III, p. 240 (Almigthy).
4. J. Caméniate, Bonn, p. 557.
5. Germain. Omont, *Rev. Archéol.*, 1894, p. 213.

créé, on ne peut l'affirmer avec certitude. Elle fut probablement consacrée à saint Georges durant le moyen âge à une époque qu'on ne saurait déterminer. De pareils exemples de changement de noms d'église sont assez fréquents. A Thessalonique même le monastère de Saint-Étienne, à partir du ixe siècle, fut plus connu sous le nom de sainte Théodora qui s'y était faite religieuse.

Tafel et Hadji Ioannou croient que l'ancien nom de l'église était celui de Pantocrator [1]. Hadji Ioannou cite à cet effet Eustathe qui parle d'une église consacrée au « Grand Dieu » [2]. Cependant ce passage est trop vague, et rien ne nous prouve qu'il s'agissait de l'église dont nous nous occupons. Du reste, on a le témoignage de Caméniate, auteur du xe siècle, qui parle de la grande église de Saint-Georges, dans l'intérieur de laquelle plus de 200 personnes [3] furent massacrées par les Arabes en 904.

Il est pourtant possible que ce sanctuaire ait porté deux noms, celui de Saint-Georges et celui de Pantocrator ou du Sauveur [4]. Un acte de 1337 parle, en effet, d'une église du Sauveur, que la population négligeait préférant celle de Saint-Démétrius [5]. Pour que l'on pût faire cette comparaison,

1. M. P. N. Papageorgiu admet l'hypothèse de ces deux savants.
2. Hadji Ioannou, o. c., p. 70 ; Eustathe, ch. 103, pp. 296, 301 et 157 : Τοῦ μεγάλου Θεοῦ.
3. J. Caméniate, o. c., Bonn, p. 557.
4. Cousinéry croit que cette église, après avoir servi comme temple des Cabires, fut consacrée aux saints Pierre et Paul. Mais on ne sait pas sur quoi il s'appuie pour faire une pareille hypothèse. Est-ce sur une tradition locale, ou bien, parce que dans la cour de l'église il y avait un autel ancien que le peuple croyait être la chaire dont s'est servi saint Paul pour prêcher aux Thessaloniciens la nouvelle foi ? Cousinéry, o. c., p. 34, fig. de la planche V, dessin de Fauvel, consul de France. La chaire mentionnée fut étudiée et publiée par Ch. Bayet dans la *Mission au Mont Athos*, pp. 249-283.
5. Συναθροίζονται μὲν παμπληθεὶ εἰς τὸν ναὸν τοῦ ἁγίου μεγαλομάρτυρος μυρο-6λύτου Δημητρίου, τὸν δὲ ναὸν τοῦ δεσπότου Σωτῆρος Χριστοῦ παρατρέχουσιν. Miklosich et Müller, *Acta*, I, p. 175.

l'église du Sauveur devait être une des plus importantes. Toutefois on ne saurait être trop prudent pour résoudre à la légère une question aussi délicate.

L'église de Saint-Georges fut convertie en mosquée, d'après ce que nous apprend une inscription turque, en 999 de l'hégire, par Hortadji Suléiman Effendi, qui appartenait à la confrérie des derviches halvétis, dont le chéikh et le principal couvent sont en Égypte [1]. C'est pour cela que les Turcs l'appellent Hortadji-Suléiman-Effendi-Djami [2].

2. *L'église de la Vierge.* — (Ἡ Πάναγνος Θεομήτωρ ou Παναγία ἡ Ἀχειροποίητος ou Ὁδηγήτρια = Eski-Djouma-Djami.)

Elle est située dans le quartier de Tscharchi, tout près de la grande rue du Vardar ou voie Egnatienne.

On croit généralement à Salonique que cette église, transformée en mosquée et appelée Eski-Djouma, était consacrée à sainte Paraskévé, (ἁγία Παρασκευή, saint Vendredi), parce que Eski-Djouma signifie vendredi ancien. Cette légende fut connue des voyageurs qui ont visité la ville aux xviiᵉ et xixᵉ siècles. Félix de Beaujour, en la recueillant, émit l'hypothèse que ce sanctuaire ne serait qu'un ancien temple païen, consacré à *Venus thermaea* [3]. Leake et Cousinéry sont à peu de choses près du même avis [4].

---

1. Texier et Pullan, *o. c.*, p. 133 ; cf. Hadji Ioannou, p. 76.

2. Hortadji Effendi est enterré dans la cour même de la mosquée. La population turque l'adore comme saint. Hadji Ioannou, *ibid.* D'après ce dernier auteur, l'église de Saint-Georges fut convertie en mosquée vers 1591. *O. c.*, p. 90.

3. *Tableau du Commerce de la Grèce*, 1, p. 44. Inutile de dire que Vénus Thermaea a été inventée par de Beaujour. Tafel cependant paraît indécis sur ce sujet. D'une part, il déclare n'avoir jamais rencontré dans les textes anciens cette épithète de Thermaea donnée à Vénus (*De Thessalonica*, p. 172), et d'autre part, il semble admettre l'existence d'une Vénus appelée ainsi (*Ibid.*, p. 173).

4. Leake, *o. c.*, III, p. 241 ; Cousinéry, *Voyage en Macédoine*, I,

Or, cette hypothèse ne repose sur aucun fondement. La construction du bâtiment est certainement d'époque chrétienne, ainsi que nous le prouvent les signes de croix qu'on relève sur les briques.

La population grecque qui habite aux alentours donne à cette église deux noms, celui de sainte Paraskévé et celui de Panaghia la Grande [1]. Or, le second seulement correspond au vrai. Voici pourquoi.

D'abord, le mot *djouma*, qui paraît la cause de la confusion, signifie en turc vendredi, et en arabe confrérie ou assemblée (djouma ou djemâa) [2]. Cousinéry nous apprend, d'autre part, que le nom de Vendredi ancien est dû à « une tradition qui concerne le souvenir du lieu où furent faites les premières prières des musulmans, lorsqu'ils se furent rendus maîtres de la ville [3] ». Il y a peut-être aussi une autre explication. On sait qu'il existait à Thessalonique, comme à Constantinople, avant la conquête turque, une confrérie de religieux, appelée τῶν Ἀβραμιτῶν, dont le but était d'étudier les textes sacrés et de pratiquer la philanthropie [4]. Or, dans son sermon prononcé dans l'église même de la Vierge l'Acheiropoiétos au xive siècle, Constantin Harménopoulos fait allusion à cette confrérie qui tenait ses réunions dans ce sanctuaire [5].

En second lieu, aucun texte byzantin ne mentionne une

p. 42 : « Eski-Djuma, écrit-il, paraît être un monument beaucoup plus ancien (que la Rotonde) ; il passe parmi les Francs (de Salonique) pour avoir été consacré à Vénus. »

1. Hadji Ioannou, Ἀστυγρ. Θεσσαλον., p. 82. M. P. N. Papageorgiu paraît admettre les deux noms. Il dit, en effet, quelque part : ναός Πανάγνου Θεομήτορος ἢ Παλαιᾶς Παρασκευῆς = Ἐσχί-Δζουμᾶ. Ἀρχαία εἰκών ἁγ. Δημητρίου. *Byz. Zeit.*, I, p. 48 ; cf. Αἱ Σέρραι. *Ibid.*, III, p. 24.

2. Texier et Pullan, *o. c.*, p. 128, note 2.

3. Cousinéry, *o. c.*, p. 42, note.

4. Nic. Chumnos. Boissonade, *Anecdota graeca*, II, pp. 146-147.

5. Ms. gr. Salonique, nᵒ 49, ff. 6 v.-7.

église consacrée à sainte Paraskévé. Ce silence est d'autant plus significatif qu'il s'agit d'une très grande église, la plus importante après Saint-Démétrius.

On sait, d'autre part, que la Vierge était associée au culte de saint Démétrius. La grande fête en l'honneur du saint patron commençait justement à l'église de la Vierge l'Achéropoiétos, qui possédait en dehors de la grande icone de la Vierge « non faite par des mains d'homme », une image en mosaïque de saint Démétrius [1]. Or, on vient de découvrir à Eski-Djouma des mosaïques sous les arcades des colonnes qui séparent les nefs ainsi que sur les arcades de l'atrium. Ces mosaïques, il est vrai, ne représentent que des motifs de fleurs ou d'oiseaux, mais leur existence même fait penser que l'église devait en avoir d'autres représentant des saints, parmi lesquels figurait vraisemblablement l'image de saint Démétrius. Le sermon mentionné plus haut de Constantin Harménopoulos nous apprend aussi que dans l'église de l'Achéropoiétos, l'on pouvait admirer à l'intérieur de magnifiques colonnades superposées et un décor splendide [2].

Enfin, plusieurs écrivains du xive siècle nous apprennent également que l'église d'Acheiropoiétos était située au centre de la ville sur la voie Egnatienne [3], et qu'elle possédait une crypte

1. Ἀνάστα καὶ τῷ εὐκτηρίῳ οἴκῳ γενόμενος, τῆς Παναγνου καὶ Θεομήτορος, οἰκονομεῖον τῷ τόπῳ τὸ ὄνομα, ἔνδον εὑρήσεις με καὶ ὀφθήσομαί σοι καὶ ἔσῃ παραχρῆμα βλέπων τὸ φῶς. Ἔξυπνος ὁ ἄνθρωπος παραυτίκα γενόμενος, ἀνίσταται, τρέχει, τὸν θεῖον οἶκον ἐκεῖνος τῆς Παναγνου ἀνερευνᾷ· εὑρίσκει· εἴσεισι τῷ ναῷ. ἐρωτᾷ ποῦ ὁ μέγας Δημήτριος· ἀκούει ὡς ἰδοὺ εἰκὼν ἡ θεία τοῦ μάρτυρος· ἦν δὲ ἐκ ψηφίδων συγκειμένη φιλοτέχνως εὖ μάλα καὶ ἄριστα. Jean Staurakios, *Homélie sur saint Démétrius.* Miracle de la guérison d'un aveugle. Ms. gr. Paris. Coislin, 146, fol. 61 v.

4. οὐχ... οὕτως καθίδρυται, τοίχοις λέγω καὶ πινσοῖς καὶ κίοσι συνιστάμενος, ἀλλὰ κίοσι, μόνος τοῦτο δὴ τὸ θαυμασιώτατον τοῖς θεάμασιν, ὑπανεχόμενον πάντοθεν· ὃν τάχ' ἄν τις δήπου μὴ δὲ τῶν ἐγγείων, ἀλλὰ τῶν ἐναερίων εἶναι λογίσαιτο, τῶν κιόνων οὕτως ἰδὼν ἀνέχοντα. Ms. gr. Salonique, nᵒ 49, ff. 6 v.-7.

3. Τὸν ἐπὶ μέσης τῆς πόλεως νεὼν τῆς Ἀχειροποιήτου Παρθένου καὶ Θεοτόκου.

souterraine, appelée *le Refuge* (Καταφυγή), d'où partait la procession qui avait lieu le soir du 25 octobre, la veille de la fête de saint Démétrius [1].

Or, Eski-Djouma est à peu près au centre de la ville et à peine écartée de quelques mètres de la voie Egnatienne, qui auparavant était certainement plus large qu'elle ne l'est aujourd'hui, et devait s'étendre jusqu'à l'église. La largeur de l'arc de triomphe de Galère, qui dépasse celle de la rue actuelle, le prouve suffisamment. Enfin, Germain, consul à Salonique en 1746, écrit : « Eski Juma autrefois la Panaghia des Grecs [2] », ce qui montre que de son temps on conservait encore, comme aujourd'hui, la mémoire du nom ancien de cette église.

Par conséquent, nul doute qu'Eski-Djouma ne soit l'église de la Vierge l''Αχειροποίητος, que la population appelait au xviiie siècle Panaghia. Certains écrivains parlent d'une église de la Vierge, l'Hodégétria [3]. Elle est la même que l'Achéro-

---

Cantacuzène, *Hist.*, 3, 93 ; Τοὺς δὲ τοὺς ἱεροὺς οἴκους παρακατέσχε (Murad II), τόν τ'ἐπὶ μέσης τῆς πόλεως νεὼν τῆς 'Αχειροποιήτου Παρθένου καὶ Θεοτόκου. Jean Anagnoste, ch. 18, Bonn, p. 520. Le voyageur russe Ignace de Smolensk la mentionne également en 1405, il l'appelle *Akiropilie*. *Itinéraires russes*, p. 147 ; ainsi que le recenseur anonyme du xve siècle qui a écrit quelques notes dans le manuscrit grec de la Bibliothèque Nationale de Paris, n° 2953. Aux folios 1 et 2 v. on lit : 'Η Πανάχραντος 'Οδηγήτρια καὶ 'Αχειροποίητος, ce qui montre que l'église était également connue sous le nom de Hodégétria.

1. Palamas, *Homélie*, XLIII. Migne, CLI, col. 544 ; cf. C. Harménopoulos. Ms. gr. Salonique, 49, f. 17 : 'Η διὰ τῆς Λεωφόρου ἐκ τῆς οὕτω λεγομένης Καταφυγῆς,. διὰ τὸ τοῦτον ἐκεῖσε ἀριστέα, ὑπογέω γάρ εἰσιν ἐνταῦθα στοαί, κατὰ τὴν ὅταν ἐντεῦθεν ἡμᾶς διώκωσιν, ἐκεῖσε ἰέναι κελέουσαν ἐντολήν, ζητούμενον μὲν τόπον δὲ τῇ ὀργῇ κατὰ τὸ γεγραμμένον διδόντα, καταπεφευγέναι μικρὸν ἀποκρυπτόμενον, εἰς τὸν θεῖον τούτου καὶ περιβόητον ναὸν μετ' ᾠδῆς πρόεισι καὶ θείου παιῶνος καὶ φωτοχυσίας, etc.

2. H. Omont, *Inscriptions grecques de Salonique recueillies au XVIIIe siècle par J.-B. Germain. Rev. archéol.*, 1894, pp. 209 et 212.

3. Eustathe, *Opuscula*, Tafel, p. 130 ; Eustathe, *Narration de la prise de la ville par les Normands*, ch. 37.

poiétos ainsi que nous l'apprend une notice d'un recenseur thessalonicien du xv⁰ siècle [1].

On trouve la plus ancienne mention de ce sanctuaire dans Jean Caméniate, au x⁰ siècle [2] ; l'archevêque Eustathe en parle aussi au xii⁰ [3], ainsi que les auteurs cités du xiv⁰ siècle.

On ne doit cependant pas confondre cette église, comme on l'a déjà fait [4], avec une autre consacrée également à la Mère de Dieu, dont parlent les *Actes de saint Démétrius*, au vii⁰ siècle ; car cette dernière était située dans la partie occidentale, près de l'Escale Ecclésiastique [5], et non pas au centre de la ville.

L'église de la Vierge est une basilique à trois nefs, séparées par une colonnade de douze colonnes aux chapiteaux théodosiens et avec atrium. A l'étage supérieur, aux catéchouména, il y avait aussi une très belle colonnade, mais les Turcs ont bouché les entrecolonnements. Les travaux récents de restauration mettront bas les maçonneries parasites postérieures. L'édifice était très bien éclairé par une série de baies séparées par des colonnettes doubles engagées et qui s'ouvraient de deux côtés de l'édifice. L'entrée principale se faisait du côté ouest, mais postérieurement on en a ouvert une seconde porte latérale du côté sud.

L'église fut convertie en mosquée, à la conquête, en 1430,

---

1. Ἡ Πανάχραντος Ὀδηγήτρια καὶ Ἀχειροποίητος. Ms. gr. Paris., 2953, ff. 1 et 2 v.

2. Ch. 11.

3. Ch. 6.

4. Tafel, o. c., pp. 111-113 ; Dimitsas, *Macéd.*, p. 345.

5. Texier croyait que l'ancien nom d'Eski-Djouma était soit S. Pantéleimon, ce qui est une erreur, soit Théotokos. Pourtant il hésita à admettre ce dernier, parce que cette église « était plutôt voisine du port », ce qui montre que lui aussi faisait la même confusion. *O. c.* p. 161.

ainsi que nous l'apprend Jean Anagnoste[1], dont le témoignage se trouve confirmé par une inscription turque[2].

3. *Sainte-Sophie* (Aïa-Sophia-Djami). — Cette église est située dans la ville basse, non loin de la mer et de la porte Cassandréotique, dans le quartier qui porte son nom, Aïa-Sophia.

C'est une basilique à coupole[3], inférieure, autant au point de vue technique que de la sveltesse des formes, à Sainte-Sophie de Constantinople.

Les écrivains byzantins ne nous apprennent rien sur la date de sa construction. La plus ancienne information que Tafel ait pu recueillir est celle de Jean Caméniate au xe siècle[4]. Il y en a pourtant une autre, antérieure de plus d'un siècle. C'est saint Théodore de Stoudion qui la donne dans une lettre écrite vers 795, adressée de Thessalonique, où il était exilé, à son père spirituel Platon[5].

Ces derniers temps un grand débat s'est ouvert autour de la question de la date de construction de cette église.

Vu les ressemblances qu'elle présente avec Sainte-Sophie de Constantinople, on admettait généralement que ce n'est

1. Ch. 18, Bonn, p. 520.
2. Texier et Pullan, o. c., p. 158.
3. Texier et Pullan, o. c., pl. XXXV et s. ; Choisy, *L'art de bâtir chez les Byzantins*, pl. XXIII, 2 ; J. Strzygowski, *Kleinasien*, p. 116 ; Ch. Diehl, *Les origines asiatiques de l'art byzantin. Études Byzantines*, pp. 342, 344-345 ; et *Manuel d'art byzantin*, pp. 120.
4. *De Thess.*, p. 109.
5. Χρηστὰ ἐφθέγξατο ἡμῖν (le gouverneur de Thessalonique). Παρέπεμψέ τε πρὸς τὸν ἀρχιεπίσκοπον, πρῶτον προσευξαμένους ἐν τῇ ἁγίᾳ Σοφίᾳ. Migne, 1C, col. 918.
Cette lettre a dû être écrite par l'auteur dès son arrivée à Thessalonique, parce qu'elle contient la description du voyage de Constantinople à cette ville. L'on sait que l'exil de s. Théodore fut ordonné par Constantin VI, environ l'an 795 (E. Ehrhard dans Krumbacher, *Geschichte der byzantinischen Litteratur*, p. 148.

qu'une copie de cette dernière, et qu'elle fut construite aussi sous le règne de Justinien. Cependant on avait quelques doutes. On se demandait, en effet, comment il se faisait que Procope, l'historien contemporain, en énumérant les constructions de cet empereur, ne fait aucune mention de Sainte-Sophie de Thessalonique. Mais on passait outre sur cette difficulté, en cherchant à expliquer que Justinien avait vécu dix ans après la date de la composition du *de Aedificiis* de Procope, et l'on datait l'église d'après des considérations d'ordre technique. Le plan, la façon de sa construction était pour Texier une preuve que Sainte-Sophie de Thessalonique n'est que la copie de celle de Constantinople [1]. Contre cette opinion s'est levé M. Strzygowski, pour qui la lourdeur de la construction, certains partis pris par l'architecte pour se tirer le mieux possible des difficultés rencontrées, notamment en ce qui concerne la coupole, sont autant de preuves qu'il s'agit d'une époque de tâtonnements antérieure au magnifique monument qu'est Sainte-Sophie de Constantinople, où le problème est nettement résolu et les difficultés écartées [2].

A cette façon de voir se sont ralliés d'autres savants [3]. Cependant certains autres cherchèrent, avec l'appui des mosaïques que Sainte-Sophie de Thessalonique possède, à soutenir qu'elle est de beaucoup postérieure à l'époque de Justinien [4]. Ainsi M. Laurent, après avoir daté une inscription

1. Texier et Pullan, o. c., p. 154.
2. J. Strzygowski, *Kleinasien*, p. 118 ; et *Die Sophienkirche in Salonik* l'*Oriens Christianus*, t. 1, pp. 153 et s.
3. Ch. Diehl, *Manuel d'art byzantin*, pp. 120-121 et G. Millet, *L'art byzantin* dans l'*Histoire de l'Art* d'André Michel, I, p. 145 ; cf. aussi Choisy, *L'art de bâtir chez les Byzantins*, p. 162 ; N. Kondakoff, *Makedonija*, pp. 89 et s.
4. O. Wulff, *Koimesiskirche in Nicaea und ihre Mosaiken*, p. 44 ; J. Laurent, *Sur la date des églises de S.-Démétrius et Sainte-Sophie à Salonique. Byz. Zeit.*, IV, pp. 432-433.

en mosaïque découverte sur la coupole, de l'année 645, émet l'hypothèse que l'église aurait pu être tout aussi bien copiée sur le plan de Sainte-Sophie de Constantinople, cent ans après le règne de Justinien [1]. Or, si l'an 645 convient aux mosaïques rien ne s'oppose à ce que le bâtiment ne soit beaucoup plus ancien. Et il l'est effectivement, car les estampilles des briques découvertes sont identiques à celles des remparts, ce qui nous ramène sinon à la fin du IVe au moins au milieu du Ve siècle.

L'église fut à plusieurs reprises restaurée ou retouchée aux temps des Byzantins, surtout en ce qui concerne la décoration intérieure. Les belles mosaïques qu'on peut admirer sur la coupole et sur l'abside centrale ne sont pas de la même époque. Ainsi la grande image de la Vierge avec l'Enfant, qu'on voit sur cette dernière, y fut insérée au VIIIe siècle sur un fond de mosaïques antérieures. Derrière elle on voit encore les traces d'une grande croix [2].

Les mosaïques de la coupole, représentant l'ascension du Christ entouré des douze apôtres et de la Vierge sur un fond de couleur or, ne sont également pas de la même époque, la figure du Christ étant plus ancienne que le reste [3].

---

1. *L. c.*

2. Ch. Diehl et Letourneau, *Les mosaïques de Sainte-Sophie de Salonique* (Monum. et mémoires publiés par l'Acad. des Inscript. et Belles-Lettres, t. XVI, p. 52. Paris, 1908. Fondation Piot); cf. Texier et Pullan, *o. c.*; Paul Lucas, *Voyages*, a. 1720, p. 204; Aïnalov, *Viz. Vrem.*, XV (1908), p. 1-7 de l'extrait.

3. Pour les discussions qu'ont provoquées ces mosaïques voir P. N. Papageorgiu, Ἑστία, II, 40 (3 octobre 1893), pp. 218-219; J. Laurent, article cité; V. Smirnov, *Vizantijskij Vremennik*, V (1898), pp. 368-392 et en polémique avec Rjédin, *Ibid.*, VII (1900), p. 60; Rjédin, *Ibid.*, VI (1899), p. 370; Kurth, *Die Mosaikinschriften von Salonik* Athenische Mittheilungen, XXII (1897), pp. 463-473; O. Wulff, *Repertorium f. Kunstwissenschaft*, XXIII (1900), p. 337 et s. L'article cité de MM. Diehl et Letourneau résout définitivement la question.

Devant le monument on a postérieurement ajouté un portique de huit colonnes en vert antique et en marbre, soutenant des arcades, reconstruit plus tard par les Turcs [1].

Avant l'incendie de l'an 1890, qui endommagea beaucoup l'édifice, l'on pouvait encore voir sur le parvis la phiale et des constructions de maisons byzantines assez intéressantes [2]. L'église s'élevait ainsi au milieu d'une enceinte plantée d'arbres, autour de laquelle il y avait des bâtiments, qui servaient autrefois aux prêtres grecs; les Turcs les ont transformés en écoles et hospices.

Sainte-Sophie fut convertie en mosquée par Raktoub-Ibrahim Pacha en 993 de l'hégire.

4. *Saint-Démétrius* (Kassimié-Djami [3]). — Le saint patron de la ville avait depuis le ve siècle une très belle église. Elle existe encore aujourd'hui et est située dans le quartier d'Eski-Acapoussi, dans la partie centrale de la ville, à l'extrémité de l'ancien stade [4], sur la rue de Midhat Pacha [5].

C'est une basilique à cinq nefs, d'aspect assez modeste à l'extérieur, du type hellénistique, avec atrium, narthex, les

---

1. Texier et Pullan, o. c., p. 155.

2. Kondakoff, o. c., pp. 90-91; fig. 29 et 30. Hadji Ioannou dit que parmi ces bâtiments se trouvait le clocher de l'église. Du côté gauche existait le tombeau de Grégoire Palamas, transporté ensuite ailleurs, et qui aujourd'hui est déposé dans l'église métropolitaine. Ἀστυγραφία Θεσσαλονίκης, p. 77.

3. Kassim, c'est le nom que les Turcs donnent à S. Démétrius. Hadji Ioannou. Ἀστυγρ. Θεσσ., p. 90.

4. Μέσον τοῦ δημοσίου λουτροῦ καὶ τοῦ σταδίου. Μαρτύριον τοῦ ὁσίου μεγαλομάρτυρος Δημητρίου μαρτυρίσαντος ἐν Θεσσαλονίκῃ. *Ms. gr. Paris*, 770, f. 33. Cf. Νεοφύτου πρεσβυτέρου ἐγκώμιον εἰς τὸν ἅγιον καὶ ἔνδοξον μεγαλομάρτυρα Δημήτριον. *Ms. gr. Paris*, 1189, f. 127 : Μεταξὺ τοῦ δημοσίου λουτροῦ καὶ τοῦ προρηθέντος σταδίου.

5. Texier et Pullan, o. c., p. 133. Cf. Prochorov, *Pamjatniki vizantijskago cerkovnago zodcestva v Thessalonikije* dans les *Christ. Drevnosti i Archeologija*, 1872, p. 38.

nefs séparées par des colonnades à arcades. (Pl. XXV, 2.) Elle possède un transept, qui est une addition postérieure, formant un péristyle de chaque côté de la grande nef [1]. Elle a deux étages de catéchouména, soutenus par des colonnades à arcades. La largeur de l'édifice est environ de 33 mètres, et sa longueur de 43. Les 60 colonnes, qui séparent les nefs et les bas-côtés, sont couronnées de très beaux chapiteaux, d'un dessin très varié et d'une finesse d'exécution admirable. Des pierres de différentes couleurs, appliquées sur les parois de la grande nef, forment aussi une riche et très belle décoration.

L'entrée se faisait, comme aujourd'hui, de deux côtés, de l'ouest et du sud. Cette dernière était l'entrée principale, construite à cet endroit pour faciliter l'accès dans le sanctuaire de ceux qui venaient de l'agora et du stade.

Au moyen âge l'église possédait un ciborium du saint en or et en argent [2], qui naturellement à la conquête fut une des premières choses disparues.

Dans la cour, à l'ouest, s'élève encore aujourd'hui la phiale, entourée de plusieurs colonnes simples. Autour d'elle, il y avait pendant la période byzantine un jardin planté d'arbres, au milieu desquels jaillissaient des sources, ce qui donnait aux lieux un aspect des plus pittoresques [3]. Cela faisait dire

---

1. Ch. Diehl, *Manuel d'archéol. byz.*, p. 120.

2. *Actes*. Migne, CXVI, col. 1241 et s.

La pierre tombale que les hodjas montrent aux visiteurs dans une pièce obscure située dans le bas-côté gauche, pièce couverte d'une calotte sphérique et destinée vraisemblablement, aux temps des Byzantins, à servir comme chambre de débarras, n'est sûrement pas celle du tombeau de saint Démétrius. Les sculptures grossières qui la couvrent révèlent un art de très basse époque.

3. Τῷ τεμένει (égl. de Saint-Démétrius) τοῦτον, ὃ καὶ φυτά, ὥσπερ αἱ ἐμπεπηγυῖαι λόγχαι ἐκόσμησαν, καὶ πηγαὶ δὲ ποταμηδὸν ἐκρέουσαι. Eustathe, *Laudatio S. Demetr*. Migne, CXXXVI, col. 213.

à Eustathe : « O ! Saint martyr Démétrius, nous voyons ton église comme un autre paradis » [1] !

Les opinions des savants ont également été très partagées sur la date de la construction de ce splendide monument.

Tafel, qui le premier s'en est occupé, crut établir qu'en l'honneur de saint Démétrius, trois églises ont été érigées et se sont succédé sur la même place. La première, construite dans le courant du iv⁰ siècle, étant trop petite, fut remplacée, au début du v⁰, par un magnifique édifice, élevé par Léontius, préfet d'Illyricum, d'après le témoignage des *Actes de saint Démétrius*. Mais ce monument étant détruit par un incendie, vers 690, les Thessaloniciens construisirent une autre église, qui serait celle d'aujourd'hui [2].

A l'encontre de cette opinion, Texier, pour des raisons d'ordre technique tirées de l'étude du monument même, reconnut en celui-ci une œuvre du v⁰ siècle [3].

Longtemps ces deux thèses s'opposèrent l'une à l'autre, lorsque M. Laurent vint soutenir l'opinion de Tafel, tout en la modifiant un peu. Il essaya de démontrer que l'incendie, qui a détruit l'église, eut lieu non pas à la fin mais vers le milieu du vii⁰ siècle, et que, par conséquent, le monument actuel serait une œuvre de cette époque [4].

Nous-même, nous avons combattu cette manière de voir en nous appuyant sur quelques textes, en partie inédits. Nous croyons avoir démontré que l'incendie, qui eut lieu entre 629 et 634, n'endommagea que partiellement l'église, le toit et les boiseries seulement, que les dommages furent réparés, probablement durant le règne même d'Héraclius. Ainsi le monu-

---

1. Ὡς παράδεισον βλέπομεν ἄλλον τὸν ναόν σου, μάρτυς Δημήτριε. Eustathe, *Invocationes S. Demetrii*. Migne, CXXXVI, col. 164.

2. *De Thessalonica*, pp. 58-69.

3. Texier et Pullan, *o. c.*, p. 139 et s.

4. J. Laurent, *art. cité*, p. 420 et s.

ment existant n'est autre que celui érigé au ve siècle par Léontius, avec certaines modifications postérieures.

La date de sa construction doit être placée environ l'an 412-413, parce que c'est à cette époque que l'on voit figurer un Léontius sur les listes de préfets d'Illyricum ; en tout cas avant l'an 444, date de la destruction de Sirmium, sur lequel se dirigeait ce personnage, parti de Thessalonique [1].

On est d'accord aujourd'hui sur ce point [2].

On vient de découvrir, il y a quelques années, dans cette église de très belles mosaïques [3].

C'est toute une série sur le mur d'au-dessus des arcades de la petite colonnade, qui sépare les deux nefs gauches (Pl. XXVI, 1-2) ; il y en a aussi sur les deux faces des deux piliers de l'abside principale ; enfin dans le collatéral sud, en haut du mur occidental, on en a découvert encore une [4].

---

1. O. Tafrali, *Sur la date de l'église et des mosaïques de Saint-Démétrius de Salonique. Rev. archéol.*, 1909, p. 101. — *Sur les réparations faites au VIIe siècle à l'église de S. Démétrius de Salonique. Rev. archéol.*, 1909, pp. 381-386. Cf. Tafel, *o. c.*, p. 115.

2. Th. Uspenskij, *O vnov otkrytych mozaikach v cerkvi sv. Dmitrija v Soluni. Izvjestija russkago archeologičeskago instituta v Kjje*, t. XIX, 1, 1909, pp. 1-61 ; Ch. Diehl, *Manuel d'art byzantin*, p. 120.

3. Paul Lucas (*Voyage*, Amsterdam, 1714, I, p. 205), nous apprend que dans les catéchouména au second étage, qu'il n'avait pas pu visiter parce que des femmes turques y avaient installé les outils nécessaires pour travailler la soie, «le pavé de l'église a été autrefois à la mosaïque ».

4. Les *Actes* parlent d'un mur extérieur de l'église qui regardait le stade, c'est-à-dire la mer, recouvert de figures en mosaïque, représentant les exploits guerriers du saint patron : Εἰ δέ τις ψευδῆ με λέγειν ὑποτοπάξει, ἱστορείτω τὴν ἐκ μουσείου συντεθειμένην ἐκεῖσε γραφὴν ἔξω τοῦ ναοῦ πρὸς τὸν ἀφορῶντα τοῖχον ἐπὶ τὸ τῆς πόλεως στάδιον, καὶ πληροφορηθεὶς πιστεύσει τοῖς προειρημένοις. *Actes*. Migne CXVI, col. 1220 et plus loin, col. 1333 : Εἰ γὰρ καί τις ὡς ψευδῆ με ταῦτα συγγράψει λογίσεται, σκοπείτω, ὡς ἐν γραφῇ τυγχάνουσι πρὸ τοῦ παναγίου τεμένους τοῦ ἀειμνήστου μάρτυρος Δημητρίου τοῦ πρὸς τῷ μέρει τοῦ καλουμένου ξύλου, δηλοῦντα τὴν ἅπασαν τοῦ πολέμου παράταξιν, καὶ τὴν εἰς ἡμᾶς διὰ τοῦ ἀθλοφόρου σωτηρίαν. Ce mur pourrait très bien être celui du sud.

Les premières représentent divers sujets concernant les miracles de saint Démétrius et de la Vierge, qui était, comme nous l'avons dit, associée à son culte.

Sur le pilier gauche de l'abside, sur le côté regardant l'ouest, l'on voit également Saint-Démétrius avec deux enfants; sur l'autre face du pilier il y a la Vierge et un saint [1].

Sur le pilier droit, d'un côté est figuré saint Serge, et de l'autre saint Démétrius, flanqué de deux personnages — les constructeurs, comme le dit l'inscription placée au-dessous, — dont l'un est probablement un éparque, tenant de la main droite une bourse et de la gauche le bâton de commandement et l'autre l'évêque contemporain, tenant l'évangile. Comme ces dernières mosaïques révèlent un style postérieur, le mot « constructeurs » pourrait signifier non pas les premières personnes qui ont érigé le monument, mais ceux qui ont contribué soit à achever la décoration intérieure, soit à faire certaines modifications dans la structure architecturale, dont les traces sont bien visibles.

Enfin la mosaïque du collatéral sud représente un miracle de saint Démétrius. On y voit le Saint accueillant un garçon présenté par un personnage féminin.

Ces mosaïques appartiennent à diverses époques. Les plus anciennes, comme nous venons de le dire, sont celles de la nef septentrionale. Mais là encore on voit des traces de retouches. Sans vouloir approfondir cette question [2], nous tenons à indiquer

---

1. M. Th. Uspenskij croit qu'il s'agit du préfet Marianos, dont parlent les *Actes* (*O vnov. otkrytych mozaikach v cerkvi Sv. Dimitrija v Soluni Izvjestija russ. archeol. Instituta v. K/polje*, p. 5 et pl. xiv). On ne saurait admettre cette hypothèse, car le personnage a une auréole. Il s'agit donc d'un saint.

2. Nous donnons de simples renseignements pour que notre étude ne paraisse incomplète. Ceux qui s'intéressent aux monuments de l'Orient auront les plus amples informations sur ceux de Thessalonique dans l'étude approfondie et détaillée que notre maître, M. Charles Diehl, prépare en ce moment.

seulement que les trois médaillons du milieu sont une inscription certainement postérieure. Celui du centre représente saint Démétrius, et les deux autres des personnages ecclésiastiques. Au-dessous il y a une inscription, qui nous apprend qu'au temps d'un certain Léon, l'église, endommagée par un incendie, « fut rajeunie ». Nous avons montré ailleurs que cet incendie a eu lieu entre 629 et 634, et que Léon n'est pas l'empereur Léon III l'iconoclaste, comme on l'a pensé, mais un simple éparque de Thessalonique [1].

A la prise de la ville par les Turcs, en 1430, l'église de Saint-Démétrius, après avoir été pillée aux premiers moments de l'envahissement, fut rendue par Murad II aux Chrétiens [2].

Elle leur fut laissée jusque vers 1481, car c'est de cette année que date le tombeau d'un certain notable Thessalonicien appelé Spandonis, tombeau encastré dans le mur intérieur gauche, vers la partie occidentale [3]. M. Papageorgiu

---

1. O. Tafrali, *Articles cités. Rev. archéol.*, 1909, pp. 83-101, et 381-386. Pour l'ensemble voir P. N. Papageorgiu, Μνημεῖα τοῦ ἁγίου Δημητρίου. *Byz. Zeit.*, XVII (1908), pp. 321-381. Th. Uspenskij, *Article cité.* Ch. Diehl, *Manuel d'art byzantin*, pp. 190-196 et 345. Pour la technique de ces mosaïques voir l'étude de M. N. K. Kluge, *Technika mozaičnoj raboty v cerkvi sv. Dimitrija. Izvjestija* de l'Institut russe de Constantinople t. XIX, 1909, p. 62 et s.

2. Τὰ δὲ τῶν μοναστηρίων κρειττότερα, ὧν αἱ φῆμαι πανταχοῦ ἐκηρύττοντο, ἐποίησε βωμοὺς τῆς αὐτῶν θρησκείας (Murad II), πλὴν τοῦ ναοῦ τοῦ μεγάλου μάρτυρος Δημητρίου· καὶ γὰρ ἐν αὐτῷ εἰσελθὼν καὶ θύσας κριὸν ἕνα οἰκείαις χερσὶν, προσηύξατο, εἶτα ἐκέλευσε τοῦ εἶναι ἐν χερσὶ χριστιανῶν· πλὴν καὶ τὸν τοῦ τάφου κόσμον καὶ τοῦ ναοῦ καὶ τῶν ἀδύτων ἅπαντα οἱ Τοῦρκοι ἐνοσφίσαντο, τοίχους μόνον ἀφέντες κενούς. Ducas, Bonn, p. 201.

3. Les hodjas expliquent aux voyageurs que ce tombeau est celui d'une impératrice byzantine. Rien de plus faux. L'inscription qui se trouve au-dessous montre que c'est le tombeau d'un riche notable grec. Elle fut pour la première fois publiée par P. Lucas, dans le tome II (a. 1714), fin; sur Spandonis et l'inscription voir M. Papageorgiu, Ἀστήρ (Thessalon. 1908), nᵒˢ 33, 34, 35 et 37; cf. aussi Duchesne et Bayet, *Mission au Mont Athos*, p. 69; Hadji Ioannou, Ἀστυγρ., pp. 83 et 90 Th. Uspenskij, o. c., p. 31.

croit que l'église était encore entre les mains des Chrétiens
en 1484, d'après une inscription qu'il y a découverte. En tout
cas elle fut convertie en mosquée sous Bajazet II (1481-1512);
car il y a au-dessus de la porte une inscription arabe qui parle
des réparations faites sous le règne de ce sultan [1].

A côté de ces quatre anciennes et importantes églises, Thessalonique en possédait d'autres, dont la plus grande partie a
disparu sans traces.

Voici cependant celles qui existent aujourd'hui et que nous
allons énumérer d'après leur ancienneté.

5. *Église des Archanges* (Τῶν Ἀσωμάτων, Ἀρχαγγέλων ou
Ταξιαρχῶν Iki-Chérifé-Djami). — Cette église est déjà mentionnée à la fin du viiie siècle dans une lettre de saint Théodore
de Stoudion [2]. Certains documents des xive, xve et xvie siècles
en parlent aussi [3]. Elle avait une assez grande importance.
Tout un quartier, dans lequel entrait même le grand monastère
des Vlatéôn [4], ainsi que la troisième porte du mur oriental,
portaient son nom. Vers 1576, elle était l'église métropo-

---

1. P. N. Papageorgiu, Ἀστήρ (1908), n° 35, du 24 sept. Texier affirme
que l'église fut convertie en mosquée sous Bajazet I en 898 de l'hégire,
o. c., p. 133.

2. Εἰς τὸν λεγόμενον τοῦ Ἀρχαγγέλου ἱερὸν δόμον τετύφθαι τὸν μάρτυρα (Il
s'agit de l'higoumène Euthymios). S. Théodore de Stoudion, *Lettre à
Naucratios*. Migne, IG, col. 1097. Tafel n'a pas connu ce texte, *De Thessalonica*, pp. 104 et 139.

3. Voir plus haut la discussion concernant la porte des Archanges. Un
recenseur anonyme de Thessalonique, auteur des quelques notes du
manuscrit de la Bibl. Nat., n° 2953, qui vont depuis 1405 jusqu'à 1448,
mentionne aussi cette église, ff. 1 r. et 2. Enfin quelques documents du
xvie siècle en parlent également. P. N. Papageorgiu, *Byz. Zeit.*, VIII
(1898), p. 73. Surtout l'acte de l'année 1531, où il est question du quartier des Archanges.

4. Une bulle patriarcale, conservée au monastère des Vlatéôn, dit ceci :
« Ἡ μονὴ τῶν Βλατέων κειμένη ἐν τῇ συνοικίᾳ (τῶν) Ἀσωμάτων » cité par Hadji
Ioannou, p. 91.

litaine des Grecs, comme nous l'apprend le voyageur Étienne Gerlach [1]. Cependant elle ne l'était pas encore en 1405, lorsqu'Ignace de Smolensk visita la ville ; car ce voyageur distingue l'église métropolitaine de celle des Archanges [2]. Plus tard celle-ci fut convertie en mosquée et appelée Iki-Chérifé-Djami. Elle est située dans la ville haute, vers le nord-est de Saint-Démétrius. Voici les raisons pour lesquelles nous identifions Iki-Chérifé à l'église des Archanges. D'abord la mosquée d'Iki-Chérifé n'est pas bien éloignée du monastère des Vlatéôn, qui, comme on l'a vu, était situé dans le quartier des Archanges. Ensuite, non loin d'elle, vers l'est, s'ouvrait la porte, que Cantacuzène appelle Porte des Archanges. Dans toute cette partie de la ville il n'y a pas une autre église convertie en mosquée. Enfin, la tradition locale indique cette mosquée comme l'église des Archanges [3].

L'édifice actuel est assez petit. Son plan primitif, aujourd'hui remanié, devait être tel que nous l'indiquons sur notre plan. Aujourd'hui on voit encore en place trois colonnes, du portique du côté sud, qui forme une terrasse avec une vue superbe sur la mer. Le bâtiment, de construction byzantine d'assez basse époque, repose sur un soubassement plus ancien qui forme une sorte de souterrain voûté (Pl. XXVII, 1).

6. *Saint-Ménas.* — C'était une des plus anciennes églises que les conquérants ont laissée aux Chrétiens.

---

1. *Tagebuch*, pp. 20, 208 et 210. Cf. B. A. Mystakidis, Διάφοροι περὶ Θεσσαλονίκης σημειώσεις. Ἑλληνικὸς φιλολ. Σύλλογος, XXVII (1900), p. 369 ; Hadji Ioannou, o. c., p. 91.

2. « Sainte-Sophie, la Métropole, l'Akiropitie, les Saints-Archanges et beaucoup d'autres », écrit-il. *Itinéraires russes*, p. 147.

3. La mosquée a deux balcons au minaret. La population grecque prétend que c'est un symbole faisant allusion aux deux Archanges. Hadji Ioannou, *l. c.* ; Mystakikis, *l. c.*

Grégoire le Décapolite y a fait un séjour, vers 830-842 [1]. Elle était, par conséquent, construite, avant cette date, dans la ville basse à l'est et près du port de Constantin le Grand [2]. Plusieurs incendies, et les reconstructions qui suivirent aux XVIIIe et XIXe siècles, ont entièrement transformé ce monument.

Cependant les restaurations faites entre 1833 et 1840 avaient conservé le plan primitif, qu'Antoine Wernieski put relever dans sa carte de Salonique. L'église avait la forme d'un T entouré de trois côtés d'un portique extérieur, formé de douze colonnes, quatre de chaque côté. Malheureusement un nouvel incendie, survenu en 1890, détruisit complètement ce monument intéressant, qui fut ensuite reconstruit de fond en comble sur un autre plan. Il ne reste aujourd'hui de l'ancien bâtiment que deux colonnes anciennes, engagées dans le portique du narthex. Dans la cour on trouve aussi quelques fragments sculpturaux, surtout des chapiteaux de colonnes. Leur style

1. M. J. Gédéon, Βυζαντινὸν ἑορτολόγιον. Ἑλλην. φιλολ. Σύλλογος, t. XXVI, p. 289. L'église de Saint-Ménas est également mentionnée dans les notices d'un recenseur anonyme de Thessalonique (1405-1448) : Ἔδωκέ μοι ὁ Καβάσιλας ἀπὸ τοῦ κλήρου τοῦ ἁγίου Μηνᾶ. *Ms. gr. Paris*, 2953, ff. 1, 1 v. et 2.

2. Pouqueville, dans une lettre adressée à Tafel, parle d'un incendie qui avait détruit l'église en 1770; mais en 1833 elle était déjà restaurée (Tafel, *De Via Egnatia*, p. 10). Le nom du restaurateur nous est révélé dans une notice de Minoïdès Ménas : ce fut le notable grec Jean Kaphtantzoglou, qui par ses libéralités contribua à ce que les travaux fussent achevés en 1840 (*Ms. gr. Paris, suppl.*, 735 f. 62). L'incendie, dont parle Pouqueville, n'avait pas détruit entièrement l'église; car Cousinéry a vu ses ruines après cet incendie et admiré les décorations en vert antique « tout à fait semblables à celles de la Rotonde ». Voici ce qu'il dit entre autres : « A côté du quartier franc, en allant vers la douane, on trouve les ruines d'une belle église consacrée à saint Ménas. Il y a plus de soixante ans qu'elle fut incendiée. » *Voyage dans la Macédoine*, I, p. 44; cf. Leake, *Travels in Northern Greece*, III, p. 243; Texier et Pullan, o. c., pp. 133-134 et Dimitsas, *Maced.*, p. 413.

prouve que la construction de l'ancienne église ne pourrait remonter au delà du ixe ou du viiie siècle.

Dans le mur de la façade occidentale, on a encastré quelques bas-reliefs, représentant des animaux qui décoraient vraisemblablement l'ancien bâtiment. Il y a une tête de bélier, un taureau, un dauphin, etc. [1].

7. *Saint-Élie* (Eski-Séraï ou Saralie-Djami [2]). — Cette église est située dans la ville haute, au nord et non loin de Saint-Démétrius.

Texier la considère du xe siècle [3]. Cependant certains traits de style, dont nous n'aurons à nous occuper ici, classent cette église parmi les monuments d'une époque postérieure.

Saint-Élie est construit sur un plan cruciforme. Au milieu s'élève par l'intermédiaire des pendentifs une coupole qui a vingt mètres de hauteur au-dessus du sol. Le narthex carré est couvert d'une calotte soutenue par quatre colonnes (Pl. XXVII, 2).

A l'extérieur l'édifice a un aspect très lourd, à cause de ses énormes contreforts qui soutiennent le mur oriental. Mais la décoration en briques, formant des grecques, des dents de scie et autres ornements, est assez belle.

Devant l'église, convertie en mosquée par Féthi Murad [4], on voit encore la phiale entourée des colonnes simples.

8. *Église de la Vierge* (Kazandjilar-Djami). — A l'ouest d'Eski-Djouma s'élève la petite et élégante église, consacrée à

---

1. N. Kondakoff, *Makedonija*, pp. 122.

2. P. N. Papageorgiu, Βυζαντινοὶ ναοί. *Byz. Zeit.*, X, p. 33.

3. Texier et Pullan, *o. c.*, p. 165. Texier parle d'une inscription datée de l'an 1074, qui se trouvait dans l'église. Mais elle y fut probablement rapportée d'ailleurs et, par conséquent, on ne saurait tirer aucune conclusion de sa présence à Saint-Élie.

4. Texier et Pullan, *o. c.*, p. 133.

Théotokos, qu'une méprise de Texier a baptisée Saint-Bardias [1]. Elle est connue aujourd'hui sous le nom de Kazandjilar-Djami ou Mosquée des Chaudronniers, parce que le quartier est le centre de l'industrie de la fabrication des chaudrons.

L'église fut construite en 1028 par le protospathaire Christophore, gouverneur de la Longobardie, de sa femme Marie et de leurs enfants, Nicéphore, Anne et Katakalé, ainsi que nous l'apprend l'inscription gravée sur le linteau de la porte d'entrée [2]. C'est sur un plan dit en croix grecque que cette église est bâtie. Elle est surmontée de deux coupoles. Le parement extérieur en briques est très intéressant (Pl. XXVIII, 2). A l'intérieur, les parois étaient jadis couvertes de fresques, dont les traces sont encore visibles aujourd'hui.

9. *Saint-Pantéléimon* (Issakié-Medjid-Djami). — A l'est d'Eski-Djouma, tout près et à l'ouest de l'arc de triomphe de Galère, non loin et au nord de la voie Égnatienne, s'élève la mosquée Issakié-Medjid, l'ancienne église de Saint-Pantéléimon.

Elle est construite sur un plan en croix grecque, surmontée d'une coupole sur pendentifs. Le narthex est couvert d'une calotte (Pl. XXVIII, 1).

1. Texier et Pullan, o. c., pp. 162-163.

2. Voici cette inscription : +'Αφιερώθη ὁ πρὶν βέβηλος τόπος εἰς ναὸν περίβλεπτον τῆς Θ(εοτό)κου παρὰ Χριστοφό(ρου) τοῦ ἐνδοξοτάτ(ου) βασιλικοῦ‖ (πρωτο)σπαθαρίου κ(αὶ) [κατεπάνω λαγου]βαρδίας (καὶ) τῆς συνβίου αὐτοῦ Μαρίας κ(αὶ) τῶν τέκνων αὐτῶν Νικηφό(ρου), Ἄννης κ(αὶ) Κατακαλῆς, μηνὶ σεπτεμβρίῳ ἰνδ(ικτιῶνος) ιϛ', ἔτει Ϛφλζ + = 1028. Elle fut publiée d'abord par Kirchhoff dans le *C. I. G.*, n° 8705, d'après Texier qui ne l'avait pas bien lue. Cependant l'an 1029, que Kirchhoff donne comme date, est inexact, ainsi qu'il a été démontré par d'autres. Cette date est l'an 1028 (Duchesne et Bayet, *Mission au Mont Athos*, p. 59). Mais Mgr Duchesne a reproduit lui aussi cette inscription d'après une assez mauvaise copie. Ce fut Mordtmann qui le premier la publia correctement. Ce fut lui aussi qui rétablit la lecture κατεπάνω Λαγουβαρδίας. *Rev. Archéol.*, XXXVI (1878), pp. 172-174.

On trouve dans un acte de l'an 1169 la plus ancienne mention de cette église, qui faisait partie d'un monastère portant le même nom, et qui était métoc du monastère Rossicon de l'Athos.

10. *L'église des Saints-Apôtres* (Soouk-Sou-Djami [1]). — Elle est située dans la partie occidentale de la ville, non loin de la porte Yéni-Capou, dans le quartier Soouk-Sou (Eau fraîche). C'est une église avec narthex, présentant une disposition intérieure particulière. Elle est surmontée de cinq coupoles, dont une très haute au milieu et quatre autres sur les quatre angles du bâtiment [2]. L'entrée du côté sud est précédée d'un portique (Pl. XXIX, 1).

La décoration des murs extérieurs en briques forme de très beaux dessins géométriques. Mais le parement n'est pas partout le même.

La question de la date de sa construction paraît encore assez incertaine.

Texier a considéré cette église comme un monument du viiie siècle — ce qui est certainement inexact ; elle aurait servi de modèle à l'architecte de Saint-Élie [3].

Aujourd'hui l'on admet que ce n'est qu'une construction du xive siècle [4]. En effet, une inscription gravée sur le linteau de la porte principale, du côté sud, donne le nom du ctitor, Niphon, patriarche de Constantinople entre 1312 et 1315 [5].

1. Hadji Ioannou, *o. c.*, p. 91 ; P. N. Papageorgiu, *Byz. Zeit.*, VII (1894) et III, p. 255 ; Prochorov, *o. c.*, pp. 47-48.

2. Voir les planches XLVI et XLVII dans le livre de Texier et Pullan.

3. *Ibid.*, pp. 161, 165.

4. G. Millet, *L'art byzantin* dans l'*Hist. de l'art*, par André Michel, p. 150 ; O. Wulff, *Die Koimesiskirche in Nicaea*, p. 27, note 1 ; Ch. Diehl, *Manuel d'art byzantin*, p. 417.

5. Cette inscription fut d'abord insérée dans le *C. I. G.*, n° 8834, d'après Texier. Celui-ci l'avait publiée dans la *Description de l'Asie*

Son nom et son titre figurent aussi, en monogramme, sur les chapiteaux des deux colonnes, qui forment le portique du narthex, des deux côtés de la porte. Par conséquent, dira-t-on, cette église fut bâtie au xive siècle du moment que le patriarche Niphon fut son constructeur.

Cependant une information que nous donne un acte du patriarche Alexis de Stoudion de l'année 1027, peut soulever quelques doutes. On y trouve, en effet, mentionnée une église des Saints-Apôtres à Thessalonique [1]. La question, par conséquent, se pose : Est-ce la même église ou non ? Sommes-nous en présence d'un monument restauré ou reconstruit par Niphon — ainsi que l'a déjà pensé Mgr Duchesne — qui aurait usurpé le nom de ctitor, ou bien s'agit-il tout simplement d'une autre église des Saints-Apôtres ?

On ne saurait l'affirmer avec certitude.

Les parois de l'église, à l'intérieur, étaient couvertes de fresques. La couche de chaux qui les cache, en tombant, en laisse par endroits voir quelques-unes.

Devant l'église on voit la phiale. A gauche, il y a les ruines d'un mur byzantin, appartenant, croyons-nous, à l'ancienne enceinte qui entourait l'église.

Mineure, t. III, p. 68, mais il n'avait pas réussi à lire le nom du ctitor. Mgr Duchesne prouva qu'il s'agissait du patriarche Niphon du xive siècle (*Mission au Mont Athos*, pp. 59-60). Néanmoins, il émit l'hypothèse que Niphon n'est probablement pas le vrai ctitor, mais le restaurateur d'une église plus ancienne.

1. Περὶ δὲ τοῦ ἑτέρου γράμματος, ἐν ᾧ ἦτε τοῦ λουτροῦ τοῦ ἁγίου Δημητρίου ὑπόθεσις ἀνεγράφετο, καὶ περὶ τοῦ χρυσίου τοῦ δοθέντος παρὰ τοῦ πατρικίου ἐκείνου τοῦ Χάλδου ἐν τῷ ναῷ τῶν ἁγίων Ἀποστόλων πρὸς τὸ ἀνεκποίητον συντηρεῖσθαι καὶ ἐκ τοῦ τόκου αὐτοῦ φωταγωγεῖσθαι τὸν τοιοῦτον ναὸν γραφὴν ἐξαπεστείλαμεν κατὰ τὴν ὑμετέραν αἴτησιν πρὸς τὸν τοῦ θέματος δικαστὴν, ὡς ἂν μεθ' ὑμῶν συνεδριάσῃ καὶ κινηθῶσιν αἱ τοιαῦται ὑποθέσεις. Ψῆφος τοῦ πατριάρχου κυροῦ Ἀλεξίου πρὸς Θεοφάνην ἐπίσκοπον Θεσσαλονίκης περὶ ἁρπαγῆς γάμου ,μην. ἰανουαρίου ἰνδ. ι' ἔτους ͵Ϛφλέ (6535-5508 = 1027). V. Beneševič, *Vizant. Vremennik*, XII (1905), p. 517.

11. *L'église de Sainte-Catherine* [1] (Yacoub-Pacha-Djami). — Au nord des Saints-Apôtres est située une autre ancienne église, convertie aussi en mosquée. D'après la tradition elle serait l'église de Sainte-Catherine. Sa structure architecturale présente de grandes ressemblances avec celle des Saints-Apôtres [2]. Elle a aussi cinq coupoles, dont celle du milieu plus élancée et plus haute que les autres, ainsi qu'une disposition intérieure presque identique à celle des Saints-Apôtres (Pl. XXX, 2). Cela nous ramène, par conséquent, à la même époque.

12. *L'église de la Vierge la Miséricordieuse, dite « l'Accouchée »* (Παναγία ἡ Λεχοῦσα = τῆς Ἐλεούσης). — C'est une petite église moderne, située à l'ouest de Sainte-Sophie, mais qui repose sur des fondements byzantins anciens. Le sous-sol, rempli à moitié d'eau jusqu'à un mètre de hauteur, est soutenu par plusieurs colonnes puissantes aux chapiteaux byzantins sans décoration. La légende que le curé nous a racontée prétend que la construction date du temps de Théodose II. Le peuple appelle cette église la Vierge l'Accouchée (λεχοῦσα), protectrice des femmes enceintes. Le mot pourtant paraît provenir d'une déformation de celui de Ἐλεοῦσα, la miséricordieuse [3].

13. *Saint-Nicolas-l'Orphelin* (Ὁ ἅγιος Νικόλαος ὁ ὀρφανός ou ὁ μικρός, Fakir-Aï-Nicola) [4]. — C'est une petite chapelle qui faisait partie de l'ancien monastère-orphelinat de Saint-

1. P. N. Papageorgiu, Βυζαντινοὶ ναοί. *Byz. Zeit.*, X, p. 33.
2. Ch. Diehl, *o. c.*, pp. 417 et 712-713.
3. P. N. Papageorgiu, Αἱ Σέρραι. *Byz. Zeit.*, III, p. 256.
4. P. N. Papageorgiu, Αἱ Σέρραι. *Byz. Zeit.*, III, p. 252, note 1 ; cf. idem, Ἡ μονὴ τῶν Βλαταίων. *Byz. Zeit.*, VIII, pp. 426-427 ; Hadji Ioannou, Ἀστυγρ. Θεσσαλ., pp. 62-63.

Nicolas. Elle est située dans une petite rue au nord de Saint-Georges.

L'édifice appartient à deux époques différentes. Sur un noyau assez ancien, du xiiiᵉ ou du xivᵉ siècle, qui forme une toute petite chapelle, on a ajouté, vers 1802, une galerie fermée l'entourant de trois côtés (Pl. XXXII, 1). Les parois intérieures et extérieures de la petite chapelle sont couvertes de fresques du xivᵉ ou du xvᵉ siècle [1].

M. Papageorgiu parle dans ses divers articles de deux autres églises et d'une chapelle que nous n'avons pu voir. Les voici :

14. *L'église de Georges Pragama.* — Située dans la partie nord-ouest de la ville, elle fut découverte en 1888 à un niveau de 1 m. 1/2 au-dessous du sol [2]. On y a trouvé des mosaïques, ce qui prouve qu'il s'agit d'un monument ancien.

15. Tout près de cette église on a également mis au jour une petite chapelle bâtie par un certain « nobilissime Jean Comnène » [3].

16. Enfin une troisième église fut découverte derrière l'église Sainte-Sophie, à gauche. On y a trouvé une inscription qui donne le nom d'un certain Georges τοῦ . . . ρεμη [4].

17. *Chapelle du Sauveur* [5], située au sud de l'arc de triomphe de Galère et à l'est de l'église de Panagouda. Elle se compose de deux pièces carrées. La première est surmontée

---

1. N. Kondakoff, *Makedonija*, p. 130.
2. P. N. Papageorgiu, Ἀρχ. Εἰκὼν ἁγ. Δημητρίου. *Byz. Zeit.*, I, p. 485.
3. *Ibid.* M. Papageorgiu n'a pas encore publié, à notre savoir, cette inscription.
4. *Ibid.*, pp. 482-483.
5. Hadji Ioannou, Θερμαΐς, 1879, p. 19.

d'une coupole, dont le parement extérieur en briques présente les caractères du style des monuments des XIIIᵉ et XIVᵉ siècles (Pl. XXXI, 1).

18. *Chapelle de Saint-Paul*, située à l'ouest de Saint-Georges. Hadji Ioannou affirme avoir trouvé « dans ce métoc les restes d'une église de la Transfiguration, bâtie par un certain Dasyméris, qui y fut enterré » [1]. Malheureusement nous ne saurions rien affirmer à ce sujet, parce que la propriétaire de l'immeuble, dans la cour duquel se trouve cette chapelle, ne nous a pas permis l'entrée.

19. *Chapelle de Saint-Georges*, située à l'ouest de celle du Sauveur. La façade seulement est de construction byzantine. C'est un mur à pignon, avec un parement en briques, qui rappelle celui des tours de l'enceinte, construites à l'époque des Paléologues, et de l'église Saint-Nicolas-l'Orphelin (Pl. XXX, 1).

20. *Chapelle de Sainte-Paraskévé* [2]. — C'est un tout petit édifice moderne avec une seule pièce, dans la cour d'une maison particulière, située au sud de la chapelle du Sauveur. Elle indique probablement la place qu'occupait jadis une église consacrée à la même sainte.

21. *Chapelle de Sainte-Persiótissa* (Ἁγία Περσιώτισσα), citée par Hadji Ioannou [3], et dont nous ignorons l'emplacement.

II. — ÉGLISES MODERNES.

Nous énumérerons les églises modernes de la ville, parce

----

1. *Ibid.*
2. Hadji Ioannou, Ἀστυγρ. Θεσσαλ., p. 98.
3. *Ibid.*

que la plupart d'entre elles sont construites sur l'emplacement
qu'occupaient d'autres plus anciennes.

Sur la voie Egnatienne il y en a quatre :

1. *L'église Saint-Athanase.* — Elle est située à l'ouest de
l'arc de triomphe de Galère. C'est une reconstruction moderne,
exécutée en 1848, d'une église plus ancienne, mentionnée
déjà dans des actes du xvie siècle et consacrée aussi à saint
Athanase [1].

2. *La Panagouda ou La petite Panaghia*, située à l'est de la
précédente. C'est une église moderne sans intérêt artistique,
mais qui possède d'anciennes icones et un très bel *épitaphios*
du xive siècle [2].

3. *Église Hypapanti ou Papandi* (Ὑπαπαντή). — Elle s'élève
non loin de la porte Cassandréotique. C'est l'église de l'ancien
couvent, aujourd'hui disparu, appartenant à un certain Joël [3].

4. *Panaghia Dexa ou Hypatiou* (Δέξα ἡ Ὑπατίου). — Elle
s'élève tout près et à l'est de l'arc de triomphe de Galère

---

1. Un acte du métropolite de Thessalonique Joasaph Argyropoulos
de l'année 1569 parle de cette église. Les moines du Vatopedi la ven-
dirent à l'archevêque de Verria Théophane, qui la donna ensuite au
monastère des Vlatéôn. Mystakidis, Διάφορα περὶ Θεσσαλονίκης σημειώματα.
Ἑλλην.φιλ. Σύλλ. Κ/λεως. ΚΖ΄ (1900), pp. 376 et 387.

2. N. Kondakoff, *Pamjatniki*, p. 258 et s. *Idem, Makedonija*, p. 139 et s.
G. Millet et Letourneau, *Un chef-d'œuvre de broderie byzantine, Bull. de
Corresp. Hellén.*, XXIX (1905), p. 262. Ch. Diehl, *Manuel d'art byz.*,
p. 802 et s.

3. P. N. Papageorgiu, Περὶ χειρογρ. Εὐαγγ. Θεσσαλον. *Byz. Zeit.*, VI,
p. 544 et Ἐκδρομὴ εἰς τὴν μονὴν τῆς ἁγ. Ἀναστασίας τῆς Φαρμακολυτρίας.
Byz. Zeit., VIII, p. 78. Le même auteur parle d'une église de la Vierge,
mentionnée dans un manuscrit, laquelle s'appelait Παναγία τοῦ κὺρ Ἰωήλ
et était située dans le quartier des Archanges ; cf. Zerlentis, Θεσσαλ.
μητροπ. *Byz. Zeit.*, XII, p. 135.

non loin de la porte Cassandréotique. Elle a remplacé une église plus ancienne, mentionnée dans deux manuscrits du XIVᵉ siècle [1].

5. *L'église dite Lagoudianê* (Λαγουδιανή, Λαγουδάτου, Taus-chan-Monastir). — Elle est située tout près et à l'ouest de Saint-Nicolas-l'Orphelin et occupe la place où s'élevait jadis l'ancien couvent de religieuses qui portait le même nom [2].

6. *L'église de Saint-Georges*. — Les chrétiens, pour se consoler de la perte de la grande église de Saint-Georges, convertie en mosquée, en construisirent une autre qui est située juste en face et à l'ouest de celle-ci. C'est une construction moderne sans importance, mais qui possède une belle collection d'icones anciennes dont une partie provient, dit-on, de la grande église de Saint-Georges.

7. *L'église de Sainte-Théodora*. — Elle s'élève sur l'emplacement de l'ancien monastère de Saint-Étienne, connu plus tard sous le nom de Sainte-Théodora [3]. On y conserve, dans un sarcophage du XVIᵉ siècle, les reliques de cette sainte et quelques icones assez anciennes, parmi lesquelles une sur bois, de très grandes dimensions, représentant le Sauveur.

Dans le portique de l'exonarthex il y a quelques colonnes intéressantes réemployées et qui proviennent probablement de l'ancien bâtiment.

Enfin, nous énumérerons, seulement à titre documentaire,

---

1. P. N. Papageorgiu, *Byz. Zeit.*, VII, p. 78. Actes de 1542 et 1546. M. Papageorgiu appelle cette église Μεγάλη, Τρανή Παναγία, construite en 1727. *Ibid.*, VI, p. 538 ; cf. Mystakidis, *art. cité*, p. 387.

2. Une notice de Ménas Minoïdès nous apprend que ce fut le même commerçant Kaphtantzoglou qui reconstruisit cette église au commencement du XIXᵉ siècle. Ms. grec Paris. Suppl. 735, f. 62.

3. Il en sera question plus loin.

les églises très modernes : 8. *Saint-Antoine* ; 9. *Saint-Constantin* ; 10. *Sainte-Marie-Mère-de-Dieu*, situées tout près du mur oriental démoli ; 11. *Saint-Nicolas-le-Grand* (Τρανὸς ἅγιος Νικόλας) [1], située vers le nord-est de Kazandjilar-Djami ; 12. *Saint-Haralampos*, et 13. *Saint-Démétrius*, église qu'on vient à peine d'achever, située au sud de Sainte-Sophie sur l'emplacement qu'occupait jadis une église plus ancienne, consacrée au même saint. Elle sert aujourd'hui d'église métropolitaine et possède le corps du fameux hésychaste du xive siècle, l'archevêque de Thessalonique, Grégoire Palamas.

III. — ÉGLISES DISPARUES.

Nous énumérerons par ordre alphabétique les noms des églises que nous livrent les documents, églises qui ont existé à Thessalonique avant la conquête turque.

1. *L'église des saints Alphée, Alexandre, Zosime, dits Kalyténoi* (Καλυτηνοί) *et de leur co-martyr Marc.* — Eustathe qui la mentionne, au xiie siècle, nous apprend qu'elle était située au centre de la ville [2].

2. *L'église de Saint-André.* — Elle était située dans la partie nord-ouest de la ville, non loin de la porte Litéa [3].

---

1. Le nom de Saint-Nicolas-le-Grand lui fut donné par la population grecque pour la distinguer de l'église Saint-Nicolas-l'Orphelin. P. N. Papageorgiu, *Byz. Zeit.*, I, p. 485.

2. Ναὸς τε γὰρ αὐτοῖς ἐγήγερται ἀστεῖος καὶ οὐκ ἀνάξιος λόγου καὶ ὁ τῆς μητροπόλεως οἶκος αὐτὸν ὀρφέπει. Eustathe, *Sermo de S. Alpheo et sociis*. Migne, CXXXVI, col. 265. Texier par méprise croit qu'il s'agit de deux églises différentes. Texier et Pullan, o. c., p. 133 ; Hadji Ioannou, Ἀστυγρ. Θεσσαλ., p. 70, note b, croit, à son tour, que le passage cité se rapporte à Saint-Georges.

3. Voici les raisons qui nous ont déterminé de placer ce sanctuaire dans cette région de la ville. Lorsque les Sarrasins pénétrèrent, en 904,

De ce côté nous avons trouvé quelques ruines d'une ancienne construction byzantine, sur lesquelles est bâtie aujourd'hui le sanctuaire turc Sali-Téké[1]. On ne saurait cependant affirmer que ces ruines appartiennent ou non à une église et que celle-ci fût vraiment Saint-André. On trouve dans Caméniate la plus ancienne mention de cette église. Un chrysobulle du xe siècle, de Constantin VII Porphyrogénète, nous apprend que Saint-André n'était qu'un métoc de la Grande Laure de l'Athos[2], ce qui est confirmé par un autre chrysobulle du xie siècle de Constantin Ducas[3].

3. *L'église de Saint-Barthélemy.* — Elle avait été construite par Joseph, le poète des canons. Celui-ci, étant de passage à Thessalonique, prit l'habit de moine dans le monastère du Latomou. Devenant possesseur, dit-on, des reliques de l'apôtre Barthélemy, il lui érigea avant l'an 886 une église dans cette ville[4].

4. *L'église de Saint-Clément.* — Elle est mentionnée dans un acte de 1265, comme métoc du monastère Iviron de l'Athos[5].

---

dans Thessalonique, Jean Caméniate et ses compagnons se réfugièrent dans une tour « en face de l'église de Saint-André » (J. Caméniate, o. c., ch. 43, Bonn, p. 547). Or, les barbares qui vinrent les attaquer, quelques instants après, étaient ceux qui avaient massacré la foule qui se pressait devant la porte Litéa (*Ibid.*, ch. 45, p. 589).

1. L. c.

2. E. Z. v. Lingenthal, *Die Handbücher des Geistlichen Rechts*, dans les *Mémoires de l'Acad. Imp. des Sciences de Saint-Pétersbourg*, VIIe série, t. XXVIII, n° 7 (1881), p. 13.

3. Idem, *Einige ungedruckte Chrysobullen. Ibid.*, t. XLI, n° 4 (1893), p. 13.

4. M. J. Gédéon, Βυζαντινὸν ἑορτολόγιον· Ἑλλ. φιλολ. Σύλλογος, XXVI (1895), p. 184.

5. Acte de transmission de propriété à un certain Nicolas Kamoudin. *Archives d'Iviron.* V. Langlois, *Le Mont Athos*, p. 39.

5. *L'église de Saint-Démétrius.* — Elle s'élevait sur l'emplacement qu'occupe aujourd'hui l'église métropolitaine de Saint-Démétrius et était bâtie, d'après une inscription, par un certain Alexis [1]. On ignore la date de sa construction.

6. *La chapelle de Saint-Grégoire Palamas.* — Après la mort de ce fameux hésychaste, survenue vers 1358, les Thessaloniciens élevèrent un « paracclésion » qui lui fut consacré [2]. Ses reliques y étaient conservées. Cette chapelle, étant récemment brûlée, le corps du saint fut transporté à l'église métropolitaine [3].

7. L'église qu'Ignace de Smolensk appelle *Kourthiat* [4].

8. *L'église de Saint-Luc.* — C'est dans la *Vie de sainte Théodora* (a. 818) qu'on trouve la première mention de cette église qui était située près de la porte Cassandréotique [5].

La population chrétienne de Salonique, qui ignore probablement ce texte, indique par tradition un endroit vers l'ouest et tout près de l'arc de triomphe, c'est-à-dire non loin de la porte mentionnée où s'élevait l'ancien sanctuaire consacré à saint Luc. Nous avons visité ce « paracclésion ». On nous a montré dans une sorte de grange d'une maison particulière une cheminée sur laquelle étaient déposées quelques icones. Les

1. P. N. Papageorgiu, Ἀρχαία εἰκὼν ἁγ. Δημητρίου. *Byz. Zeit.*, 1, p. 485.
2. Migne, *Patr. grecque*, CLI, col. 712.
3. P. N. Papageorgiu, Ἡ ἐν Θεσσαλονίκῃ μονὴ τῶν Βλαταίων. *Byz. Zeit.*, VIII, p. 423.
4. Il n'est pas le même que le monastère des Vlatéôn, car le voyageur russe le distingue de celui-ci, qu'il appelle Biblotades. *Itin. russes*, p. 147.
5. Τοῦ ἁγίου καὶ πανευφήμου ἀποστόλου καὶ εὐαγγελιστοῦ Λουκᾶ καταλαβόντες τέμενος (a. 818), ὃ δὴ πλησίον τῆς ἀγορᾶς τῆς ἐπὶ τὴν Κασσανδρεωτικὴν ἰούσης πύλην διάκειται. <Γρηγορίου τοῦ Κληρικοῦ.> Βίος καὶ πολιτεία τῆς ὁσίας μητρὸς ἡμῶν Θεοδώρας. E. Kurtz, *Mémoires de l'Acad. imp. des Sciences de S.-Pétersb.*, VIIIᵉ série, cl. hist. phil., vol. VI, nº 1, ch. 9, p. 5.

chrétiens, quand les locataires le permettent, y viennent allumer des cierges.

9. *L'église de Saint-Marc.* — On trouve mentionnée cette église au vi⁰ siècle, dans la correspondance échangée entre Germanos et le pape Hormisdas[1]. L'on ignore cependant l'époque de sa construction, de sa destruction, ainsi que de son emplacement.

10. *L'église de Sainte-Matrona.* — L'archevêque Alexandre, probablement celui qui participa en 325 au concile de Nicée[2], éleva dans Thessalonique, près de la voie Egnatienne, une église pour y déposer les reliques de la sainte martyre Matrona, d'origine thessalonicienne[3]. Le monastère, consacré à cette sainte, mentionné par les *Actes de saint Démétrius* comme existant au vii⁰ siècle aux environs de la ville, fut probablement construit après cette église, bâtie par l'archevêque Alexandre.

11. *L'église de Saint-Nestor.* — Une tradition locale indique comme emplacement de cette église celui qu'occupe aujourd'hui le sanctuaire musulman Fétié Téké, situé en face et au sud de l'église de Saint-Démétrius[4]. On y voit, en effet,

---

1. Pour l'année 519. Mansi, *Conciliorum tomus X*, Paris, 1644, p. 553 ; cf. Tafel, o. c., p. 151.

2. L. Petit, *Les évêques de Thessalonique. Échos d'Orient*, t. IV, p. 139.

3. Ἄθλησις τῆς ἁγίας μάρτυρος Ματρώνης ἐκ πόλεως Θεσσαλονίκης. Αὕτη θεράπαινα ὑπῆρχε Παντίλλης τινὸς Ἰουδαίας, γυναικὸς στρατοπεδάρχου ἐν τῇ Σαλονικέων πόλει. Ταύτης ἡ Παντίλλη τὸ λείψανον, διά τινος Στρατονίκου ἀπὸ τοῦ τείχους ἐν δέρει ἐνειλήσασα, ῥίπτει κάτω, ὅπερ οἱ Χριστιανοὶ λαβόντες, κατέθεντο πλησίον τῆς Λεωφόρου. Μετὰ δὲ τὸν διωγμόν, Ἀλέξανδρος ἐπίσκοπος ἔνδον τῆς πόλεως εὐκτήριον οἶκον δειμάμενος, τὸ ἅγιον λείψανον κατέθηκεν. Alex. Dmitrievskij, *Opisanie liturgičeskich rukopisej*, vol. I. *Typica*, Kiev, 1895, p. 61.

4. Dimitsas, *Macéd.*, p. 509.

un pan de mur byzantin qui forme une partie du mur
oriental de la construction turque de ce sanctuaire [1]. Le parement en briques ressemble à celui des ruines que nous avons
relevées près de l'église Saint-Nicolas-l'Orphelin.

12. *L'église de Saint-Nicolas appelée « Eau Douce »* (Τοῦ ἁγίου
Νικολάου τοῦ ἐπιλεγομένου τὸ Γλυκὺ Νερό). — C'était un métoc
du monastère de Zographou de l'Athos, ainsi que nous
l'apprennent certains actes de la fin du XIIIe ou du commencement du XIVe siècle [2]. Nous ignorons à quel endroit de la
ville était située cette église. C'est peut-être à l'est et tout
près de Saint-Nicolas-l'Orphelin, où il y a quelques ruines
d'une église, que la population croit être de Saint-Nicolas
(Pl. XXIX, 1). M. Papageorgiu affirme que sur l'emplacement
de l'église moderne Saint-Nicolas « le Grand », existait,
d'après la tradition, une autre église du même nom [3]. Est-
ce celle-ci ? On ne saurait le dire.

13. *L'église de Saint-Nicolas dite* τοῦ Σγουροῦ et

14. *L'église de Saint-Nicolas dite* τοῦ Κύρου étaient deux
métocs du monastère de Zographou de l'Athos [4].

15. *L'église de Sainte-Pélagie.* — Un acte du même monastère, daté de l'an 1270, mentionne dans Thessalonique un.

---

1. Texier, qui ignore la tradition, croit que ces ruines appartiennent
à une église consacrée à la Vierge qui fut convertie en mosquée par le
sultan Murad II, *o. c.*, p. 133.
2. Chrysobulle d'Andronic II. E. Z. v. Lingenthal, *Einige ungedruckte
Chrysobullen, Mémoires de l'Acad. imp. des Sciences de S.-Pétersb.*,
t. XLI, n° 4 (1894), p. 17 ; cf. un acte de l'an 1287. *Actes de Zographou*,
éd. W. Regel, E. Kurtz et B. Kovablev. *Viz. Vrem.*, XIII (1907), p. 30.
3. P. N. Papageorgiu, Περὶ χειρογρ. εὐαγγ. Θεσσαλ. *Byz. Zeit.*, p. 546.
4. Elles sont mentionnées dans trois actes de 1320, 1326 et 1342.
Actes de Zographou, éd. W. Regel, E. Kurtz et B. Kovablev. *Viz.
Vrem.*, XIII (1907), pp. 44, 53, 77.

quartier et une église de Sainte-Pélagie. Elle n'était pas située bien loin de l'église métropolitaine [1]. Mais, comme on ignore quelle était à cette époque la métropolitaine, on n'est pas fixé sur l'emplacement qu'occupait cette église qui devait être importante, vu qu'un quartier entier avait emprunté son nom.

16-18. Églises de la Vierge. — On a vu que les *Actes de saint Démétrius* parlent d'une église consacrée à la Vierge et voisine du port ecclésiastique [2]. Elle n'existe plus aujourd'hui.

Dans la mosquée Hamza Bey, située sur la voie Egnatienne, au nord de Saint-Ménas, nous avons fait une constatation intéressante : les colonnes qui forment dans l'intérieur de cet édifice, de construction turque, une grande salle péristyle, appartiennent certainement à un monument byzantin démoli. Les chapiteaux, décorés aux angles d'aigles aux ailes déployées, sont identiques à ceux de la basilique de Saint-Démétrius. Ce sont, par conséquent, des matériaux pris à un monument contemporain de celle-ci (Pl. XXXII, 2).

Or, l'église de la Vierge, dont parlent les *Actes* au viie siècle, pouvait être de la même époque que Saint-Démétrius. Elle était en tout cas située aux alentours de Saint-Ménas, peut-être sur la même place ou du moins non très loin de la mosquée mentionnée. Il se pourrait qu'une fois ce monument démoli ou brûlé, les Turcs eussent employé les matériaux de la démolition pour la construction de leur sanctuaire. Germain parle, en effet, vers le milieu du xviiie siècle, d'une « Panaghia brûlée [3] ». Malheureusement il ne nous dit rien sur l'emplacement qu'elle occupait.

---

1. Μετόχιον ἡμῶν τὸ ἐν Θεσσαλονίκῃ, τὸ εἰς ὄνομα μὲν τοῦ ἐν ἁγίοις πατρὸς ἡμῶν Νικολάου τιμώμενον, ἐν τῇ γειτονίᾳ δὲ τῆς ἁγίας Πελαγίας διακείμενον, πλησιάζον δὲ καὶ τῇ ἁγιωτάτῃ μητροπόλει. *Ibid.*, p. 26.

2. Πρὸς τῶν πανυμνήτῳ τεμένει τῆς ἀχράντου Θεοτόκου, τοῦ ὄντος πρὸς αὐτῷ τῷ λιμένι. *Actes*, ch. 16 ; Tafel, *o. c.*, p. 111 et *Hist. Thess.*, p. 51.

3. Omont, *Rev. Archéolog.*, 1894, p. 204.

Nous faisons ces quelques remarques sans prétendre avoir résolu la question de la provenance des colonnes anciennes, réemployées dans Hamza-Bey-Djami.

Au xvᵉ siècle, avant l'an 1429, l'archevêque de Thessalonique, Syméon, consacra une église de Théotokos. A cette occasion il composa une prière spéciale [1]. On ne saurait cependant affirmer qu'il s'agisse d'une nouvelle église ou d'une ancienne restaurée.

A droite du monastère de Saint-Étienne (l'église actuelle de Sainte-Théodora), il y avait une *stoa* où fut déposé au commencement le corps de sainte Théodora. Cet édifice fut ensuite, au ixᵉ siècle, transformé en église et consacré à la Vierge [2].

19. *L'église de Sainte-Zénaïde.* — C'était un métoc qui appartenait, au xivᵉ siècle, à des moines russes [3].

IV. — Monastère existant.

Monastère des Vlatéôn (Τῶν Βλαταίων, Tchaouch-Monastir). — Du grand nombre des monastères que Thessalonique possédait, il n'en reste qu'un seul : le monastère des Vlatéôn, fondé

1. Εὐχὴ ἐπὶ τοῖς ἐγκαινίοις τοῦ θείου ναοῦ τῆς παναγίας Θεοτόχου, λέγεται δὲ καὶ πρὸ τῶν πυλῶν τοῦ ναοῦ τῆς Θεοτόχου, ἡνίκα μετὰ λιτανείας εἰσέρχεται ὁ ἀρχιερεὺς ὑπαλλάσσων μικρὸν περὶ τῶν ἐγκαινίων ῥήματα. Syméon de Thessalonique, *Secunda praecatio.* Migne, CLV, p. 19, note α.

2. Ἐν δὲ τῷ μέσῳ τῆς ἐκ δεξιῶν τῆς αὐτῆς ἐκκλησίας στοᾶς, ἢ καὶ τέμενος τῆς ὑπεραγίας Θεοτόχου καθέστηκεν, ἐν ᾧ καὶ τὸ ἅγιον τῆς ὁσίας κατέχειτο λείψανον. E. Kurtz, *Vie de sainte Théodora,* l. c., p. 31, 9.

3. "Ὅθεν καὶ ἐπεὶ ἀνέφερον οἱ τοιοῦτοι ῥῶσσοι μοναχοί, ὡς ἡ κατ'αὐτοὺς σεβασμία μονὴ κέκτηται ἀνέκαθεν καὶ μέχρι τοῦ νῦν διὰ δικαιωμάτων ἐντὸς τῆς Θεοσώστου πόλεως Θεσσαλονίκης μετόχιον εἰς ὄνομα τῆς ἁγίας Ζηναΐδος μετὰ δικαίων αὐτοῦ, etc. Chrysobulle d'Andronic Paléologue. E. Z. v. Lingenthal, *Einige ungedruckte Chrysobullen. Mémoires de l'Académie des Sciences de S. Pétersbourg,* t. XLI, nᵒ 4 (1893), pp. 18-19.

par deux frères Crétois qui portaient ce nom [1]. Après la conquête il fut appelé par les Turcs Tchaouch-Monastir [2].

Il est situé tout près de l'acropole, non loin de la porte Yédi Coulé, en face de la tour des Paléologues, sur un rocher à 130 mètres au-dessus de la mer.

De ce grand monastère il ne reste aujourd'hui que quelques maisonnettes et cellules, habitées par un higoumène et deux ou trois moines.

La plus ancienne mention de ce monastère se trouve dans un acte de l'an 1380, émanant du patriarche de Constantinople, Neilos [3].

L'église, aujourd'hui reconstruite [4] et consacrée à la Transfiguration [5], conserve encore quelques parties anciennes, la coupole entre autres, et une petite pièce qui forme à droite une chapelle consacrée aux SS. Paul et Pierre (Pl. XXXI, 2). Cette dernière seule a les parois et le plafond, terminé en calotte, couverts de fresques du xvᵉ siècle [6].

1. P. N. Papageorgiu, Περὶ χειρογράφου εὐαγγελίου Θεσσαλονίκης. *Byz. Zeit.*, VI, p. 546 ; Ἡ μονὴ τῶν Βλαταίων. *Ibid.*, VIII, p. 402 et s. ; Ignace de Smolensk l'appelle *Blolades*. *Itin. russes*, p. 147.

2. D'après M. Papageorgiu ce monastère fut fondé par deux frères nommés Vlatades ou Vlatéoi. La chronique d'Iérax (C. Sathas, *Bibl. Med. Aevi*, I, p. 245), nous raconte une légende, d'après laquelle l'appellation *Tchaouch Monastir* est due à un quartier turc qui s'appelle tchaouch. Cependant M. Papageorgiu croit que ce dernier nom provient plutôt de la tour voisine de la citadelle construite en 1517 par Tchaouch Beg. Ἡ μονὴ τῶν Βλαταίων, *l. c.*, pp. 421-423. Le nom de Tchauch Beg nous est donné par l'inscription arabe de cette tour.

3. Mystakidis, Διάφοροι περὶ Θεσσαλ. σημειώσεις. Ἑλλ. φιλολ. Σύλλ., 27 (1900), p. 368.

4. Une inscription moderne, placée au-dessus de la porte de l'exonarthex, rappelle que ce furent les frères crétois Vlatéoi qui fondèrent le monastère. Il fut reconstruit en 1801 par Jean Kaphtantzoglou qui, comme on l'a vu, répara aussi Saint-Ménas et Lagoudiané (Mystakidis, *art. cité*, p. 370). Tout dernièrement l'église a subi d'autres réparations.

5. P. N. Papageorgiu, *art. cité*, pp. 402-414 et Φάρος τῆς Θεσσαλονίκης (journal paraissant à Salonique), 31ᵉ année, nouv. sér., nᵒ 661, du 21 avril 1907.

6. *Ibid.*, nᵒ du 21 avril 1907.

O. Tafrali. — *Topographie de Thessalonique.* 13

V. — Monastères disparus.

1. *Le monastère d'Acapniou.* — Il est mentionné dans deux documents de 1307 [1] et 1339, ainsi que dans le récit du voyageur russe Ignace de Smolensk, qui l'appelle Apoenia [2]. Il était consacré au Sauveur [3].

2. *Le monastère d'Acatoniou.* — Mentionné au xiiie siècle par Georges Pachymère [4].

3. *Le couvent d'Acroulliou.* — Jean Caméniate le cite dans sa description, comme un ancien couvent de religieuses [5].

4. *Le monastère Gorgonico.* — Il est mentionné par Ignace de Smolensk vers 1405 [6]. Il se pourrait cependant que le nom de Gorgonico ne fût qu'une appellation courante aux xive-xve siècles et que le monastère eût un autre nom.

1. Διήγησις ἐπωφελὴς περὶ τῆς θεανδρικῆς εἰκόνος τοῦ κυρίου ἡμῶν Ἰησοῦ Χριστοῦ τῆς φανερωθείσης ἐν τῇ κατὰ τῶν Θεσσαλονικέων μονῇ τῶν Λατόμων, συγγραφεῖσα παρὰ Ἰγνατίου μοναχοῦ τοῦ καθηγουμένου τῆς ἐν Θεσσαλονίκῃ μονῆς τοῦ Ἀκαπνίου. Ms. gr. n° 277 du monastère de Cosinitsa, ff. 230-236[a], écrit vers 1307. Papadopoulos-Kérameus, Ἔκθεσις παλαιογραφικῶν καὶ φιλολογικῶν ἐρευνῶν ἐν Θράκῃ καὶ Μακεδονίᾳ. Ὁ ἐν Κ/λει. Ἑλλ. φιλολ. Σύλλογος. Ἀρχαιολ. ἐπιτρ., suppl. au t. IZ (1886), p. 51.

2. *Itin. russes*, p. 147.

3. Διένεξις ἀνέκυψε μέσον τῶν τε ἐνασκουμένων μοναχῶν τῇ κατὰ τὴν Θεσσαλονίκην σεβασμίᾳ πατριαρχικῇ μονῇ τῇ εἰς ὄνομα τιμωμένῃ τοῦ δεσπότου Σωτῆρος Χριστοῦ καὶ ἐπεκεκλημένου τοῦ Ἀκαπνίου, καὶ τοῦ μέρους τῆς ἁγιωτάτης μητροπόλεως Θεσσαλονίκης. Miklosich et Müller, *Acta*, p. 191.

4. Ἐπὶ τῆς τοῦ Ἀκατονίου μονῆς ὑμνολογεῖται παράκλησις νυκτὸς ἀφ'ἑσπέρας. Pachymère, *Hist. Michel Paléologue*, a. 1258, 1, 10. Cependant est-elle exacte la lecture Ακατονίου, ou s'agit-il d'une confusion, le ῶ étant pris pour το? En ce cas nous aurions ἀκαπνίου, et le monastère d'Acatonius devrait être rayé de notre liste.

5. Ἤλθομεν δὲ κατά τινα τόπον ἔνθα μονή τίς ἐστι παρθένων ἀσκουσῶν γυναικῶν, ἥτις πάλαι τοῦ Ἀκρουλλίου κατονομάζεται. J. Caméniate, ch. 51, Bonn, p. 557.

6. *Itin. russes*, p. 147.

On ignore l'emplacement de ces quatre établissements religieux.

5. *Le monastère de Côme et Damien.* — Il était situé dans la partie supérieure de la ville, près de l'acropole, ainsi que nous l'apprend un *encômion* du xᵉ siècle en l'honneur de saint Photius de Thessalonique [1].

6. *Le monastère de Saint-Jean le Précurseur.* — La plus ancienne mention de ce monastère se trouve dans la *Vie de sainte Théodora* (ixᵉ siècle). Seulement, il y est question d'une église consacrée au Prodrome et située à gauche de l'église de Saint-Démétrius et non pas d'un monastère [2]. Dans une bulle d'or de Constantin VII le Porphyrogénète, datée de l'an 946 [3], Saint-Jean apparaît déjà comme monastère. Ignace de Smolensk et [4] Jean Anagnoste, au xvᵉ siècle, l'indiquent également comme tel. Anagnoste nous en donne, en outre, une information intéressante. Il nous apprend qu'à la prise de Thessalonique, en 1430, Murad II enleva aux Chrétiens l'église de la Vierge, « comme symbole de sa victoire », et le monastère du Prodrome, « qui avait déjà été jadis pris par les Turcs », qui l'avaient converti en mosquée [5].

1. Dans un manuscrit de la bibliothèque synodale de Moscou, éd. Ev. Arsenij. Novgorod, 1897, 35 p., cité par Éd. Kurtz, *Byz. Zeit.*, II, p. 314.

2. Τὸ γοῦν πανάγιον καὶ ἀθλητικώτατον αὐτοῦ σῶμα (de saint Antoine, qui fut archevêque de Thessalonique vers 839. L. Petit, *Échos d'Orient*, t. IV, p. 217), ἐνδόξως κηδεύσαντες κατέθεντο ἐν τοῖς λαιοῖς μέρεσι τοῦ θείου ναοῦ τοῦ πανενδόξου μάρτυρος Δημητρίου, ἐν τῷ ἐκεῖ ὄντι ναῷ τοῦ ἐν γεννητοῖς γυναικῶν ὑπὲρ ἅπαντας προφήτου καὶ βαπτιστοῦ Ἰωάννου. *Vie de S. Théodora*, éd. Kurtz, *l. c.*, p. 11.

3. Archives d'Iviron. V. Langlois, *Le Mont Athos*, p. 36.

4. *O. c.*, p. 147.

5. Μετὰ τοὺς ἱεροὺς παρακατέσχε (Murad II) τὸν τ'ἐπὶ μέσης τῆς πόλεως νεὼν τῆς ἀχειροποιήτου Παρθένου καὶ Θεοτόκου καὶ τὴν εἰς ὄνομα πάλαι τιμωμένην τοῦ τιμίου Προδρόμου μονὴν ἱεράν, τὸν μὲν ὡς σύμβολον νίκης καὶ τῆς γεγενημένης ἁλώσεως, τὴν δ'ὡς· καὶ πρὸ χρόνου παρὰ τῶν Τούρκων ληφθεῖσαν καὶ εἰς συναγωγὰς αὐτῶν τούτους μετήμειψε. Jean Anagnoste, ch. 18, Bonn, p. 520.

7. *Le couvent de la Vierge l'Hodégétria, dite Lagoudiané* (Ἡ Λαγουδιανή, τοῦ Λαγουδάτου, Tauchan-Monastir [1]).

C'était un couvent de religieuses sur l'emplacement duquel s'élève aujourd'hui l'église moderne qui porte le même nom.

8. *Le monastère de Latomou.* — On le trouve pour la première fois mentionné dans des textes du ixe siècle. Il était consacré au Sauveur. Ce fut ici que s'est fait moine l'hymnographe Joseph venu de Sicile (avant l'an 886) [2].

D'après une tradition ancienne, recueillie par Ignace, — higoumène d'Acapniou vers le commencement du xive siècle, — la construction de ce monastère remonte à l'époque où Maximien séjourna à Thessalonique. Ce fut, dit-on, la fille de cet empereur appelée Théodora qui le construisit. Elle avait reçu le baptême de l'archevêque Alexandre qui siégea plus tard au concile de Nicée en 325. Ayant demandé à son père de lui construire « dans un endroit de la ville qui se trouve le plus au nord », appelé par la population « Les Carrières » (Λατομία), un palais et des bains, Maximien s'empressa de lui donner satisfaction [3]. Peu après celui-ci partit en guerre contre les Sarmates. Théodora, profitant de cette absence, aménagea en église les nouvelles constructions.

Primitivement celle-ci était consacrée au prophète Zacharie [4].

---

1. Mystakidis, *o. c.*, p. 386.

2. Manuel J. Gédéon, Βυζαντ. ἑορτολ. Ἑλλ. φιλολ. Σύλλογος, t. XXVI (1895), p. 184.

3. Αἰτεῖται τὸν πατέρα δομηθῆναι αὐτῇ περὶ τὰ βορειότερα μέρη τῆς πόλεως, ἃ δὴ Λατομία ἐγχωρίως ὀνομάζονται, διὰ τὸ τοὺς λίθους ἐκεῖθεν, οἶμαι, λατομεῖσθαι τοὺς χρησίμους εἰς οἰκοδομάς, οἶκον καὶ βαλανεῖον. Διήγησις ἐπωφελὴς περὶ τῆς θεανδρικῆς εἰκόνος τοῦ κυρίου ἡμῶν Ἰησοῦ Χριστοῦ, τῆς φανερωθείσης ἐν τῇ κατὰ Θεσσαλονικέων μονῇ τῶν Λατόμων, συγγραφεῖσα παρὰ Ἰγνατίου μοναχοῦ καὶ καθηγουμένου τῆς ἐν Θεσσαλονίκῃ μονῆς τοῦ Ἀκαπνίου. Papadopoulos-Kérameus, Ὁ ἐν Κ/λει. Ἑλλ. φιλολ. Σύλλογος ἀρχαιολ. ἐπιτρ. παράρτημα ΙΖ΄ τόμου (1886), p. 54.

4. Ἡνίκα καὶ τοῦτο δὴ τὸ πολυθρύλητον ἱερὸν τὸ εἰς τύπον δῆθεν βαλανείου

Le récit d'Ignace, qui du reste n'est pas très clair, nous apprend en outre, que Théodora aurait chargé un artiste d'exécuter « dans l'abside orientale » de l'église l'image de la Vierge. Mais celui-ci, s'étant mis au travail, s'aperçut qu'à cette place il y avait une autre image : c'était celle du Christ, représenté « sur un nuage brillant, s'en allant et marchant sur les ailes des vents, ainsi que le dit le divin David. Et sur les quatre angles de ce nuage ont apparu quatre figures entièrement différentes de la nôtre, ayant des ailes et tenant en mains des livres. En haut, c'était une sorte de figure humaine et un aigle ; en bas, une figure représentant un lion, et une autre, un bœuf »…. Aux pieds de cette image il y avait aussi une inscription ainsi que sur le livre que tenait le Christ dans la main gauche. A droite et à gauche de l'auréole qui entourait le Christ, étaient aussi représentés les prophètes Jézékiel et Abbacuq « étonnés et éblouis de ce qu'ils voient[1] ». Ignace ajoute que l'artiste fit part de sa découverte à Théodora qui démolit les bains et ne conserva que la partie portant l'image du Christ. C'est précisément cette image en mosaïque qui fut découverte par le moine égyptien Sénouphios[2].

Le récit d'Ignace, que nous venons de résumer, contient deux parties : une tradition, d'après laquelle le monastère de Latomou aurait été fondé par Théodora, fille de Maximien, et un événement réel qui s'est probablement passé aux temps d'Ignace : la découverte de Sénouphios.

Il est bien entendu que l'higoumène d'Acapniou fait volon-

οἰκοδομηθέν…. εἰς ὄνομα τοῦ προφήτου Ζαχαρίου μετονομάσθη καὶ εἰς μοναστήριον ἀποκατέστη. *Ibid.*, p. 52.

1. *Ibid.*, p. 51 ; cf. E. Kurtz, *Byz. Zeit.*, II (1893), p. 314.

2. Μοναχός τις Σενούφιος ὀνομαζόμενος ἀφίκετο ἐξ Αἰγύπτου εἰς Θεσσαλονίκην καὶ δι'ὀπτασίας ἀνακαλύπτει τὸ προπεριγραφὲν τοῦ Σωτῆρος ἐκτύπωμα, κεκαλυμένον ἐπὶ αἰῶνας διατελέσαν ὑπὸ τιτάνου καὶ ὀπτῆς πλινθεύσεως. Papadopoulos-Kérameus, *o. c.*, p. 52.

tairement une confusion, croyons-nous, lorsqu'il attribue la
découverte de l'image du Christ au peintre que Théodora
aurait chargé de décorer l'église. Il oublie cependant ce qu'il
avait lui-même dit, que cette princesse avait élevé des constructions *nouvelles*, qui, par conséquent, ne pouvaient pas
cacher des images saintes.

Du reste, le sujet de la mosaïque tel que nous le révèle la
description d'Ignace, montre qu'il s'agit d'une œuvre certainement de beaucoup postérieure au IVe siècle.

Il faut plutôt porter son attention sur la partie concernant
Sénouphios. Il est fort probable que les moines de Latomou,
voulant faire quelques réparations au monastère, appelèrent
un peintre moine égyptien. Celui-ci, s'étant mis à l'œuvre et
ayant mouillé le mur pour y exécuter une fresque, provoqua
l'apparition de l'ancienne image du Christ en mosaïque. Cette
découverte frappa l'imagination des contemporains et déter-
mina aussi la composition de l'écrit d'Ignace. Les moines de
Latomou ne conservèrent — ce que le récit met sur le compte
de Théodora — des anciennes constructions que la partie où
l'on venait de découvrir l'image du Seigneur.

Le monastère de Latomou, consacré au Sauveur, était devenu
métoc au XIIIe siècle [1]. Il est probablement celui qu'Ignace de
Smolensk désigne sous le nom d'Elathon [2].

9. *Le monastère de Saint-Laurent*, mentionné dans deux
actes de 1310 et 1406 [3].

10. *Le monastère de Léontiou* (Λεοντίου). — Basile II par

1. Chrysobulle de Michel Paléologue. Miklosich et Müller, *Acta*, IV,
p. 336 ; Migne, CLXI, col. 1046.

2. *Itin. russes*, p. 147.

3. M. Papageorgiu affirme que ce monastère était situé près de
l'église de Saint-Nicolas ; mais il oublie de nous dire aussi laquelle,
car il y en a, comme on l'a vu, plusieurs églises consacrées à ce saint.
P. N. Papageorgiu, Περὶ χειρογράφου Εὐαγγ. Θεσσαλ. *Byz. Zeit.*, VI, p. 546.

une ordonnance, datée de l'an 980, le fit métoc du monastère d'Iviron de l'Athos [1].

11. *Le monastère de Saint-Nicolas-l'Orphelin* (Τοῦ ὀρφανοῦ) [2]. — Comme on l'a vu, il ne reste de ce monastère-orphelinat que la chapelle.

12. *Le monastère de Pantodynamos.* — Il est mentionné par Ignace de Smolensk en 1405 [3]. On ne saurait l'identifier avec le monastère de Latomou, consacré aussi au Sauveur, parce que le voyageur russe les cite tous les deux séparément, ce qui prouve qu'il s'agit de deux établissements religieux différents.

13. *Le monastère de Saint-Pantéléimon.* — Aujourd'hui, comme on l'a vu, il n'en reste que l'église, appelée Issakié-Djami [4].

14. *Le monastère de Philocallou.* — Il en est question dans une lettre du pape Innocent III [5]. Ignace de Smolensk cite aussi ce monastère [6].

15. *Le monastère de Simoni.* — Cité par Ignace de Smolensk seul [7].

16. *Le couvent de Sainte-Théodora.* — Le couvent Sainte-Théodora s'élevait vraisemblablement sur la même place où se trouve l'actuelle église consacrée à cette sainte, à l'ouest

1. M. J. Gédéon, Ὁ Ἄθως, p. 171.
2. Hadji Ioannou, Ἀστυγρ. Θεσσαλ., pp. 62-63 ; P. N. Papageorgiu, Αἱ Σέρραι., *Byz. Zeit.*, III, p. 252, note 1 ; cf. Ἡ μονὴ τῶν Βλαταίων. *Ibid.*, VIII, pp. 426-427.
3. *Itin. russes*, p. 147.
4. Texier l'appelle par méprise Sankié, *o. c.*, p. 133.
5. *Lettres*, 13, 145, éd. Baluze, Paris, 1682, t. II, p. 480.
6. *L. c.*
7. *L. c.*

de Sainte-Sophie. Primitivement il était consacré à saint Étienne [1]. Mais depuis que sainte Théodora, qui s'y était faite religieuse, l'illustra, le nom ancien fut presque oublié par le peuple. Les auteurs des XIVe et XVe siècles le mentionnent souvent [2].

17. *Le monastère des saints Théodore et Mercure, dit* τῶν Κουκουλλεώτων. — Il est mentionné dans la *Vie de saint David* de Thessalonique (VIIe siècle)[3]. Il était situé dans la partie septentrionale de la ville et s'appelait aussi monastère τῶν Ἀπροίτων, nom que portait également la poterne du mur de sa proximité [4].

18. *Le monastère de la Vierge.* — Près de l'église moderne, appelée la « Grande Panaghia »[5], on a trouvé vers 1873 une inscription en marbre — transportée depuis au musée Tsinili-kiosk de Constantinople — laquelle indique que sur cette même place s'élevait jadis un monastère consacré à la Vierge. C'est un certain moine Jean, qui vivait environ l'an 1325 [6], qui est l'auteur de cette inscription. Le ctitor de l'église du monastère, bâti en 1185, est un certain Hilarion Mastounis, d'après ce qu'affirme M. Papageorgiu [7].

19. *Le monastère de la Vierge.* — Une notice du manuscrit

---

1. P. N. Papageorgiu, *Byz. Zeit.*, X, p. 150.
2. *Vie de sainte Théodora*, éd. Kurtz, *l. c.*, pp. 12 et 50.
3. Philothée, *Encômion.* Migne, CLI, col. 269 ; Phrantzès, II, Bonn, pp. 139-140.
4. Ἐν τῇ μονῇ τῶν ἁγίων μαρτύρων Θεοδώρου καὶ Μερκουρίου ἐπιλεγομένῃ Κουκουλλεώτων ἐν τῷ ἀρκτικῷ μέρει τῆς πόλεως, πλησίον τοῦ τείχους, ἐν ᾧ ἐστι τὸ παρακόρτιον τῶν Ἀπροίτων. Valentin Rose, *Leben des heiligen David von Thessalonike*, Berlin, 1887, pp. 3 et 14.
5. P. N. Papageorgiu, Περὶ χειρογρ. Εὐαγγ. Θεσσαλ. *Byz. Zeit.*, VI, p. 538 ; cf. Mystakidis, *art. cité*, p. 387.
6. Papageorgiu, *l. c.*
7. *Ibid.*, p. 542.

n° 885 de l'Ambrosienne nous révèle un autre monastère consacré à la Théotocos Péribleptos. Il était situé au centre de la ville et fut bâti « depuis les fondements par le moine Isaac [1] ».

Le pèlerin russe Ignace de Smolensk parle aussi d'un monastère de Thessalonique appelé Isaac, qui vraisemblablement est celui dont [2] nous nous occupons [3].

1. Βιβλίον ἡ ἀπογραφικὴ παρατήρησις τῆς σεβασμίας μονῆς τῆς ὑπεραγίας Θεοτόκου τῆς Περιβλέπτου, ἣν ἐν μέσῃ τῇ περιφανῇ πόλει Θεσσαλονίκῃ, ὁ περιφανὴς τῷ ὄντι καὶ ὅσιος πατὴρ ἡμῶν, ἐξ αὐτῶν τῶν κρηπίδων ἐδείματο, Ἰσαάκ. A Martini et D. Bassi, *Catalogus codicum graecorum bibliothecae Ambrosianae*, Milan, 1906, t. II, p. 984.

2. V. Langlois, *Le Mont Athos*, p. 53. Cf. Kalligas, Μελέται βυζαντινῆς ἱστορίας, p. 330.

3. *Itinéraires russes*, p. 147.

[illegible]
[illegible]
[illegible]
[illegible]
[illegible]
[illegible]

CONCLUSION

Nous avons exclu de notre étude les monuments bâtis par
les Turcs et par la communauté israélite de Thessalonique,
parce qu'ils sont insignifiants au point de vue de l'art.

Nous n'avons étudié que les monuments anciens et byzantins.

Cependant nous avons parfois été obligé de décrire, très
brièvement d'ailleurs, des églises grecques postérieures à la
conquête. La raison en est qu'elles occupent souvent l'emplacement d'un monument plus ancien, où qu'elles possèdent
des œuvres d'art intéressant les byzantinistes.

Vu et approuvé

le 10 octobre 1911 :

Le Doyen de la Faculté des Lettres
de l'Université de Paris,
A. CROISET.

Vu et permis d'imprimer :

Le Vice-Recteur de l'Académie de Paris,
L. LIARD.

TABLE ALPHABÉTIQUE DES NOMS ET DES MATIÈRES

TABLE DES MATIÈRES

LIVRE PREMIER

CHAPITRE PREMIER.

CHAPITRE II.

CHAPITRE III.

CHAPITRE IV.

LIVRE II

CHAPITRE PREMIER.

CHAPITRE II.

CHAPITRE III.

MACON, PROTAT FRÈRES, IMPRIMEURS

1. Vue générale de la ville prise du côté du Port.

2. Vue générale de la ville prise du côté de la Tour-Ronde.

1. Le mur oriental.

2. Le mur oriental, continuation du précédent.

1. La Tour de Hormisdas (côté Est). Vue prise dans l'intérieur du cimetière protestant.

2. Le mur oriental près de la Tour de Hormidas.
En avant, les restes d'un mur à arceaux, appartenant probablement à l'aqueduc.

1. Mur oriental. Tour de Hormisdas.

2. Les remparts vus de l'intérieur de la ville. Chemin de Ronde.

1. Les remparts de l'Acropole du côté Nord-Est.

2. Mur Théodosien et mur de l'époque des Paléologues. Côté Nord.

1. Restes du mur hellénistique enveloppé par le mur de Théodose-le-Grand. Côté Nord.

Restes du mur hellénistique en face de l'École Idadié. Côté Est.
(Photographie communiquée par Mme et M. G. Surgot)

1. Restes de l'enceinte hellénistique. Rempart septentrional.

2. Les remparts du côté Ouest près de la porte Litéa.

1. Les remparts de la ville du côté Nord et la porte Eski-Délik.

2. Les remparts de la ville du côté Nord.

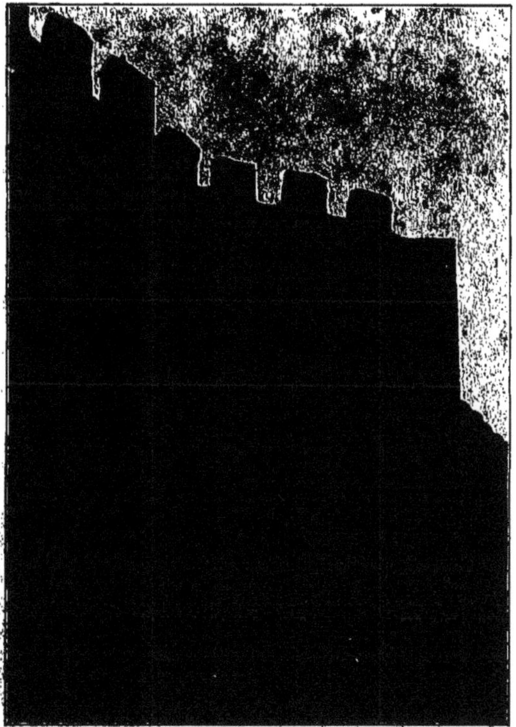

1. La Tour de Manuel Paléologue. Côté Nord.

2. L'Inscription de Manuel Paléologue. Même tour.

1. Le mur de l'époque des Paléologues portant une inscription.

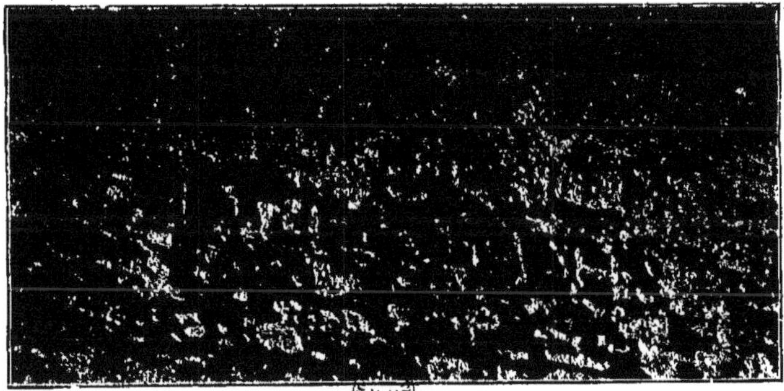

2. La partie avec l'inscription.

1. La Tour-Ronde. Gingirli-Coulé.

2. Une de deux tours hexagonales du mur septentrional.

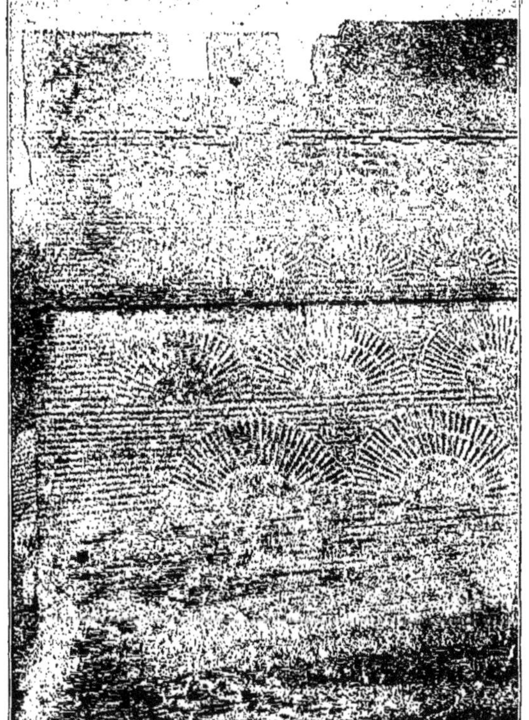

1. Les remparts du côté Nord-Ouest.

2. Les remparts du côté Nord.

1. Les remparts du côté Nord-Ouest près du Monastère des Derviches Tourneurs.

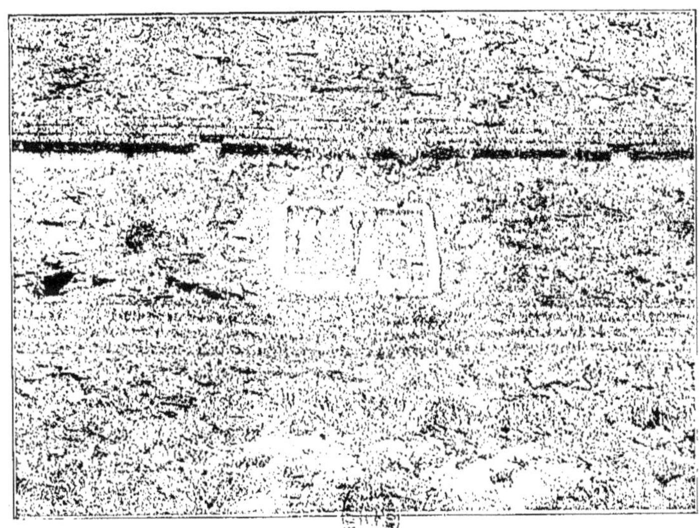

2. Détail du même rempart. Un bas-relief ancien y est encastré.

1. Les remparts du côté Ouest.
En bas on voit les restes en marbre rapportés ici du théâtre ancien de la ville.

2. Le mur et l'avant-mur. Côté Nord-Ouest.
(Photographie de M. Laurent. Collection des Hautes-Études).

1. Le mur maritime voisin de Top-hané du côté Est. Un bas relief ancien y est encastré.

2. Le même mur.

1. La poterne secrète de l'Acropole.

2. Le mur qui sépare la ville de l'Acropole vu de l'intérieur de celle-ci.

1. Le mur qui sépare la ville de l'Acropole.

2. Le même mur avec l'entrée actuelle.

1. Une des tours du mur qui sépare la ville de l'Acropole portant une inscription d'Andronic Paléologue.

2. Une des tours du même mur portant une inscription.

1. Porte extérieure de l'Acropole. Côté Est.

2. Porte du mur septentrional. (Eski-Délik).

1. Porte d'Anne Paléologue. Vue prise de l'extérieur, côté Est.

2. Porte d'Anne Paléologue du côté de la ville et l'ancienne porte de l'Acropole.

1. L'enclos avec l'entrée intérieure de la Porte Litéa (Yéni-Capou).

2. Porte extérieure de Litéa (Yéni-Capou).

1. Le château-fort *Heptapyrgion* (Yédi-Coulé). Vue prise de l'Ouest.

2. Le château-fort *Heptapyrgion* (Yédi-Coulé). Vue prise du côté Est.

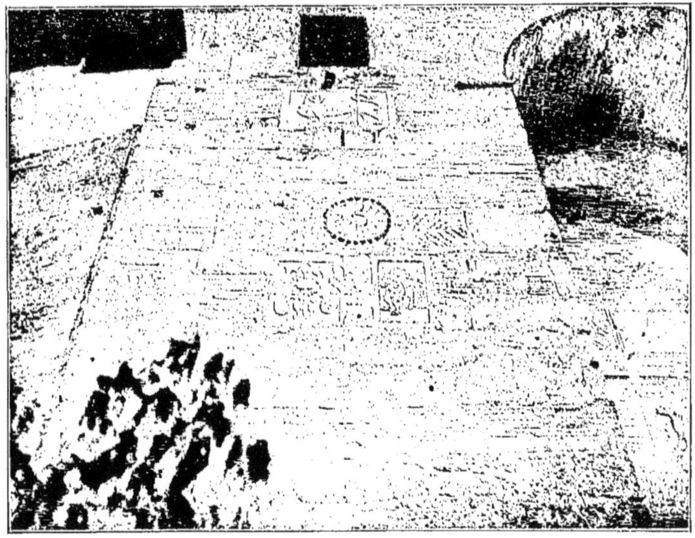

1. Détails de la tour de Tchauch-Beg du château Yédi-Coulé.

2. Prise de Thessalonique par les Sarrasins en 904. Miniature du ms. de Skylitzès.
(Collection des Hautes-Études.)

1. Eglise de Saint-Georges (Hortadji-Djami). Côté Sud.

2. Sainte-Sophie, (Aïa-Sophia-Djami), Côté Est. (Collection des Hautes-Études)

1. Eglise de la Vierge (Eski-Djouma). Intérieur, côté Nord. Vue prise de l'autel.

2. Eglise de Saint-Démétrius (Kassimié-Djami). Intérieur, côté Nord. Vue prise du narthex.

1. Eglise de Saint-Démétrius. La Vierge entourée de deux Anges. Mosaïque dans la nef Nord.

2. Eglise de Saint-Démétrius. Saint Démétrius. Mosaïque dans la nef Nord.

1. Eglise des Archanges. (Iki-Chérifé-Djami). Côté Sud-Est.

2. Eglise de Saint-Elie. (Eski-Séraï ou Saralic-Djami). Côté Nord-Ouest.

1. Eglise de Saint-Pantéléimon (Issakié-Djami). Côté Nord-Est.

2. Eglise de la Vierge. (Kazindjilar-Djami). Côté Sud-Est.

1. Eglise des Saints-Apôtres. (Soouk-Sou-Djami). Côté Est. *(Collection des Hautes-Études)*.

2. Ruines de l'Église de Saint-Nicolas (?)

1, Chapelle de Saint-Georges.

2. Église de Sainte-Catherine (?) (Yacoub-Pacha-Djami).

1. Chapelle du Sauveur. Côté Ouest.

2. Eglise du monastère des Vlatéôn. (Tchaouch-Monastir). Côté Sud-Est. (*Collection des Hautes-Etudes*)

1. Eglise de Saint-Nicolas-l'Orphelin. Côté Est.

2. Hamza-Bey-Djami. Intérieur, côté Nord.

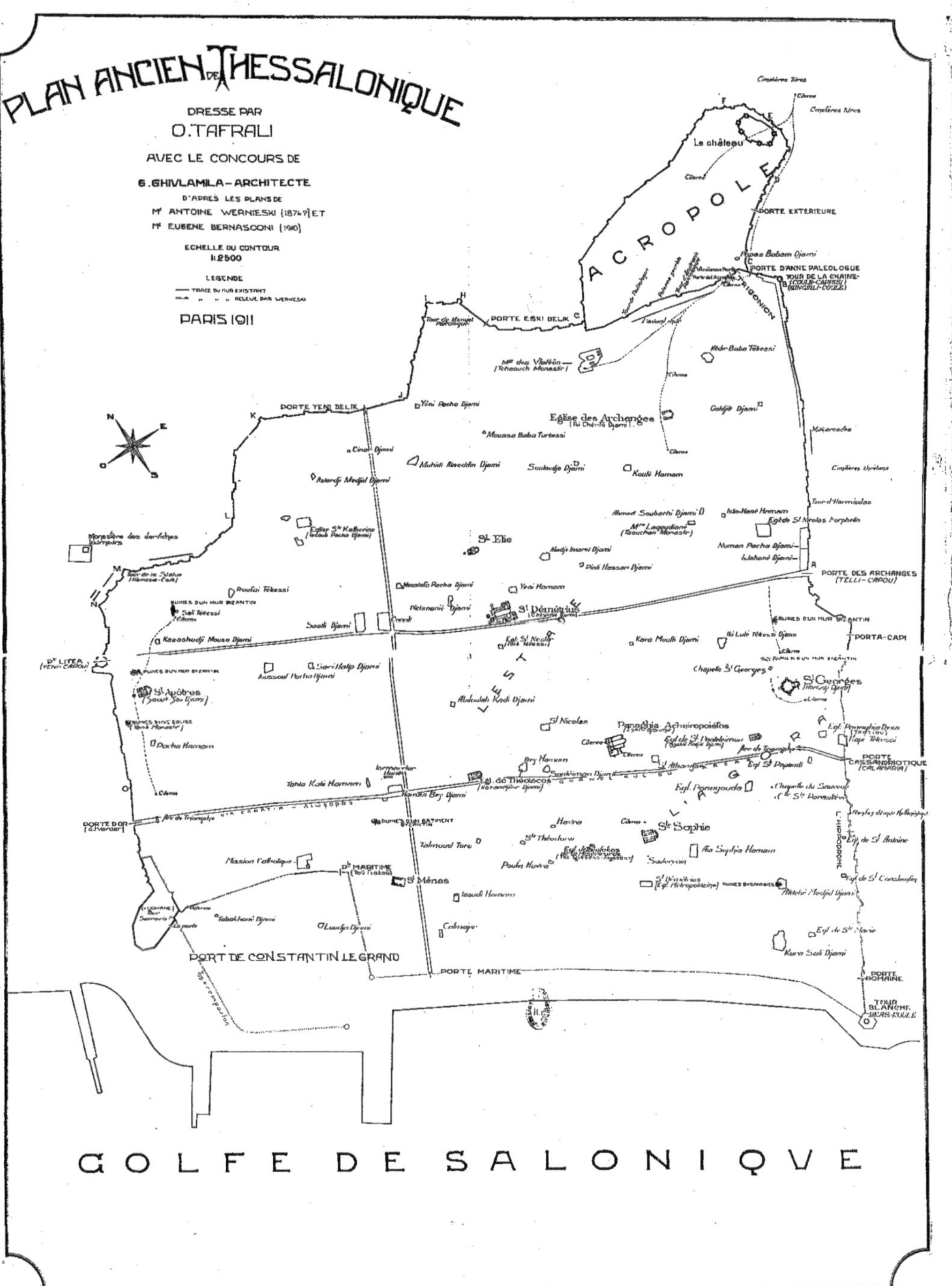

PLAN ANCIEN DE THESSALONIQUE
DRESSÉ PAR
O. TAFRALI
AVEC LE CONCOURS DE
G. GHIVLAMILA - ARCHITECTE
D'APRÈS LES PLANS DE
Mr ANTOINE WERNIESKI (1874?) ET
Mr EUGENE BERNASCONI (1910)
ECHELLE DU CONTOUR
1:2500
LEGENDE
TRACÉ DU MUR EXISTANT
RELEVÉ PAR WERNIESKI
PARIS 1911
ACROPOLE
Le château
PORTE EXTERIEURE
PORTE D'ANNE PALEOLOGUE
TOUR DE LA CHAINE
Papas Baba Djami
PORTE ESKI DELIK
Egl S. Nicolas Morphnön
PORTE DES ARCHANGES
(TELLI-CAPOU)
PORTE YENI DELIK
Eglise des Archanges
St Elie
St Démétrius
PORTA-CAPI
St Georges
PORTE
CASSANDRIOTIQUE
(CALAMARIA)
Panaghia Acheiropoïétos
St Nicolas
Eg. de Théotocos
St Sophie
PORTE D'OR
Mission Catholique
PORTE MARITIME
St Ménas
PORT DE CONSTANTIN LE GRAND
PORTE MARITIME
PORTE
DOMAINE
TOUR BLANCHE
GOLFE DE SALONIQUE

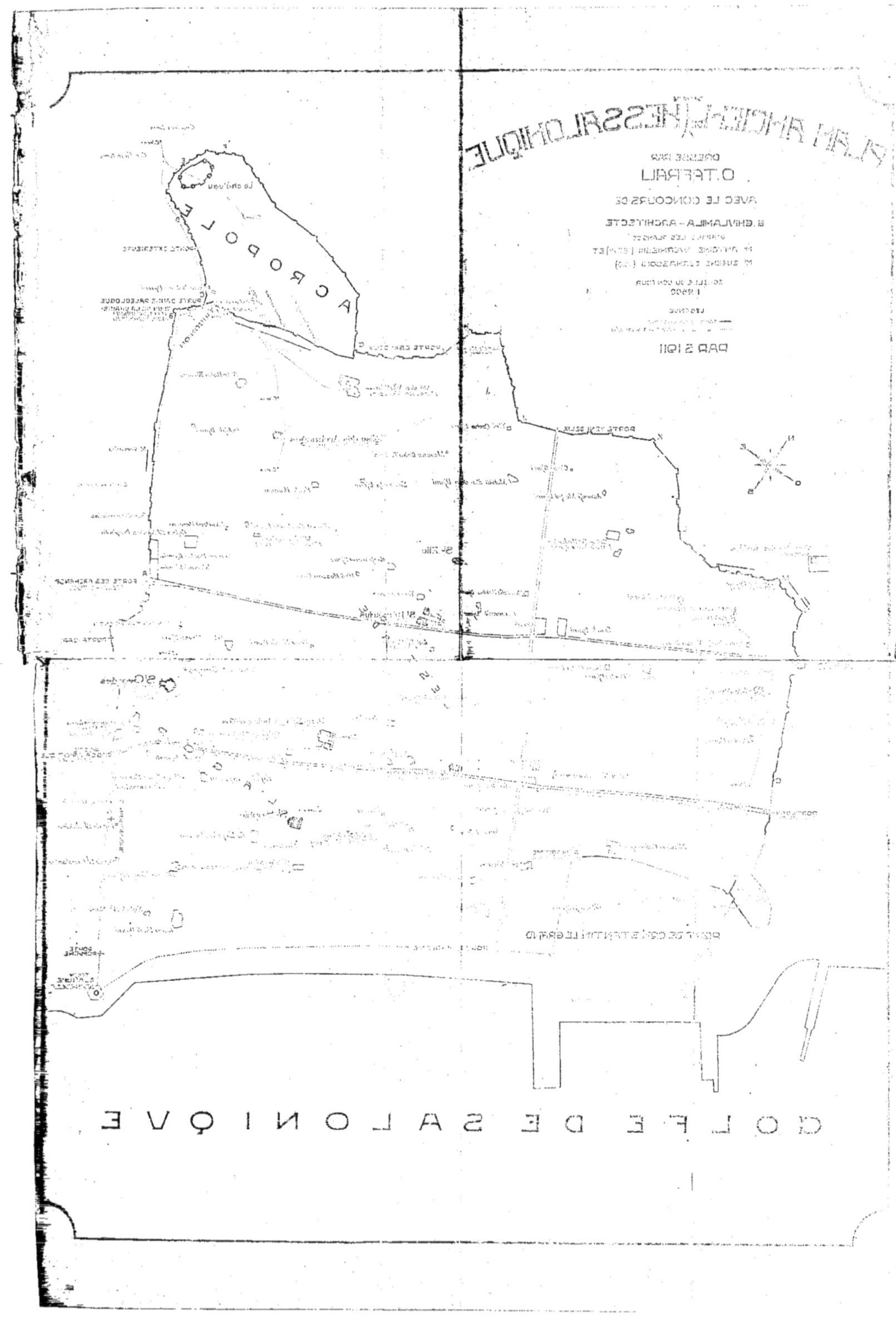

PLAN ANCIEN DE THESSALONIQUE
DRESSÉ PAR
O. TAFRALI
AVEC LE CONCOURS DE
B. GHILAMILA - ARCHITECTE
PAR S 1911
ACROPOLE
GOLFE DE SALONIQUE

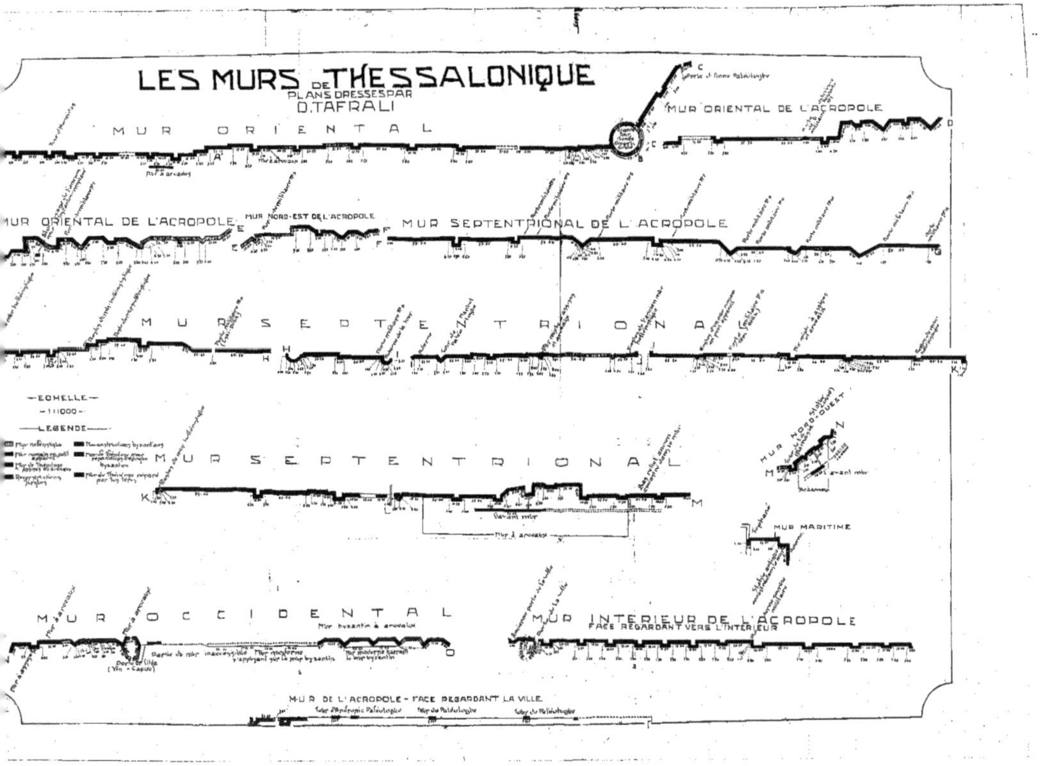

LES MURS DE THESSALONIQUE

PLANS DRESSÉS PAR
O. TAFRALI

MUR ORIENTAL

MUR ORIENTAL DE L'ACROPOLE

MUR NORD-EST DE L'ACROPOLE

MUR SEPTENTRIONAL DE L'ACROPOLE

MUR SEPTENTRIONAL

MUR NORD-OUEST

MUR MARITIME

MUR OCCIDENTAL

MUR INTÉRIEUR DE L'ACROPOLE
FACE REGARDANT VERS L'INTÉRIEUR

MUR DE L'ACROPOLE - FACE REGARDANT LA VILLE

— ÉCHELLE —
— 1:1000 —

— LÉGENDE —

Porte d'Anne Paléologue

Porte de Lila
(Yéni - Capou)

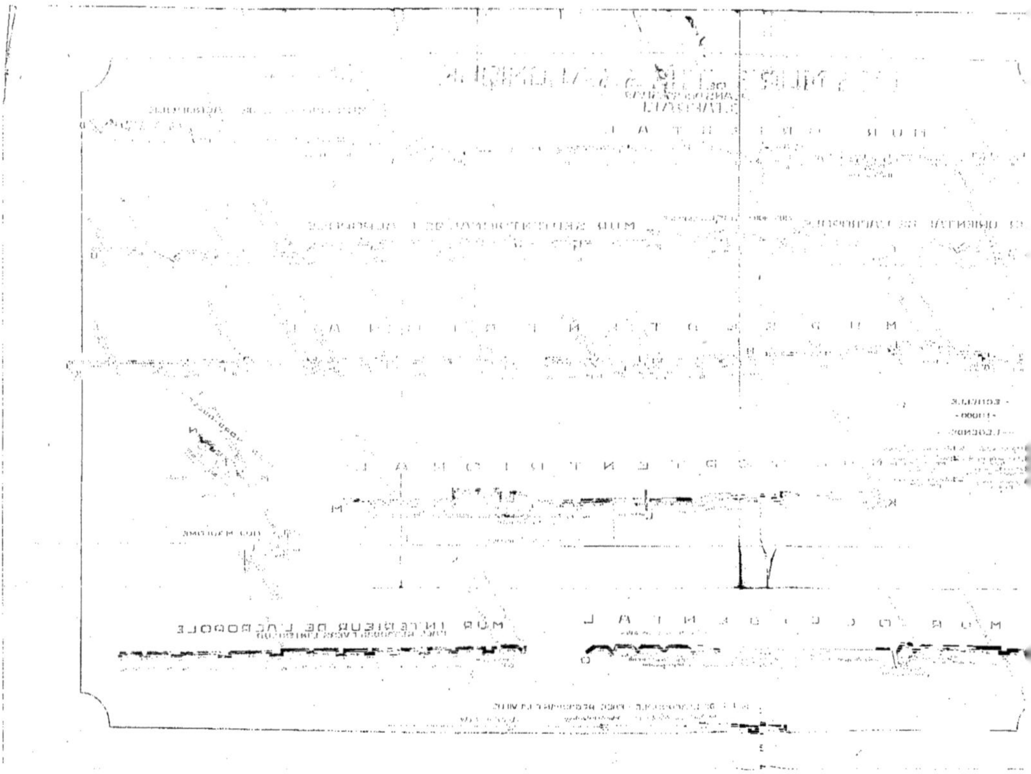

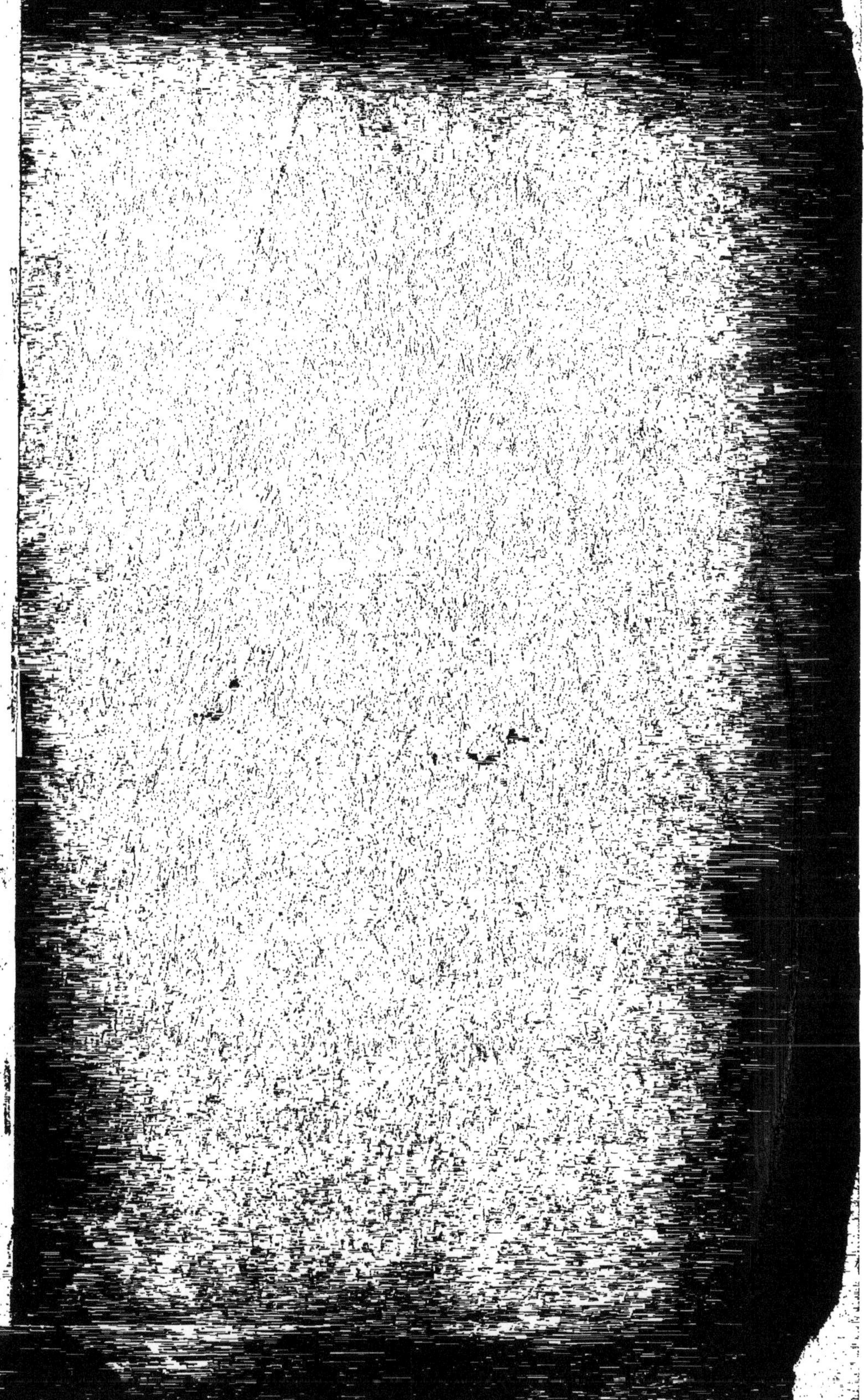

MACON, PROTAT FRÈRES, IMPRIMEURS

9 782019 925567